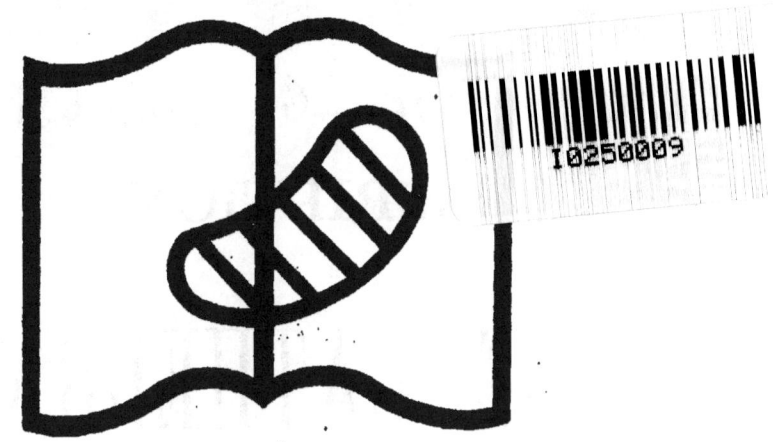

Original illisible
NF Z 43-120-10

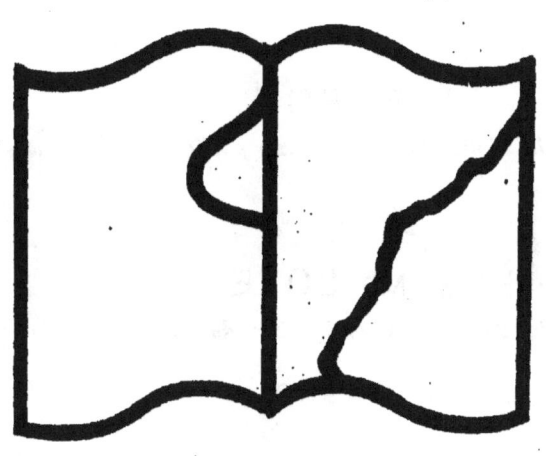

Texte détérioré — reliure défectueuse
NF Z 43-120-11

"VALABLE POUR TOUT OU PARTIE
DU DOCUMENT REPRODUIT".

DESCRIPTION

DE

L'ÉGLISE CATHÉDRALE

NOTRE-DAME

D'AMIENS

PAR

J. BARON

Conservateur de la Bibliothèque communale publique de la même ville

PUBLIÉE PAR

ÉDMOND SOYEZ

de la Société des Antiquaires de Picardie

1815-1900

AMIENS
IMPRIMERIE YVERT ET TELLIER
64, Rue des Trois-Cailloux et 10, Galerie du Commerce

M DCCCC

DESCRIPTION

DE

L'ÉGLISE CATHÉDRALE

NOTRE-DAME

D'AMIENS

DESCRIPTION

DE

L'ÉGLISE CATHÉDRALE

NOTRE-DAME

D'AMIENS

PAR

J. BARON

Conservateur de la Bibliothèque communale publique de la même ville

PUBLIÉE PAR

Edmond SOYEZ

de la Société des Antiquaires de Picardie

1815-1900

AMIENS

IMPRIMERIE YVERT ET TELLIER

64, Rue des Trois-Cailloux et 10, Galerie du Commerce

M DCCCC

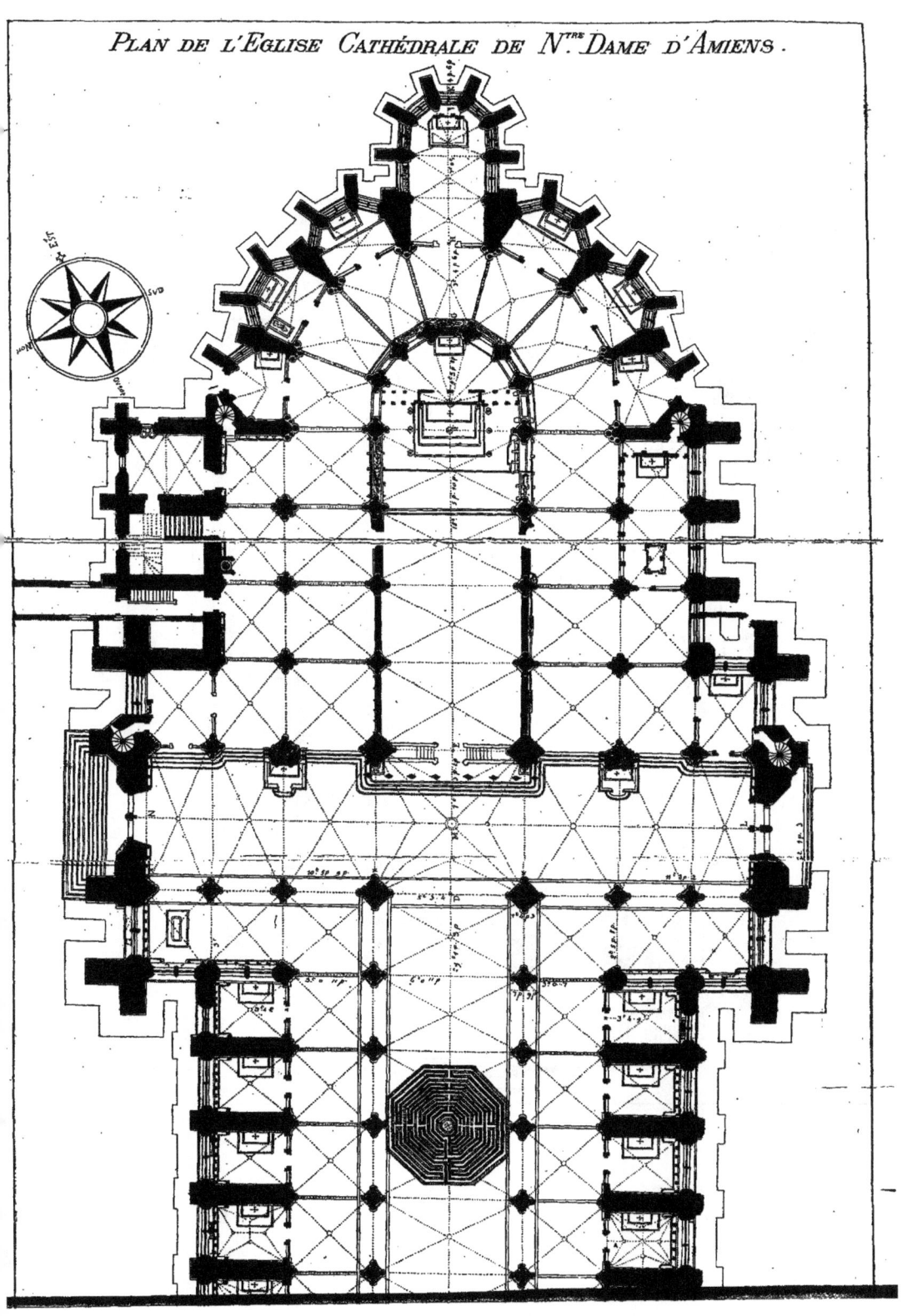
Plan de l'Église Cathédrale de Nᵗʳᵉ Dame d'Amiens.

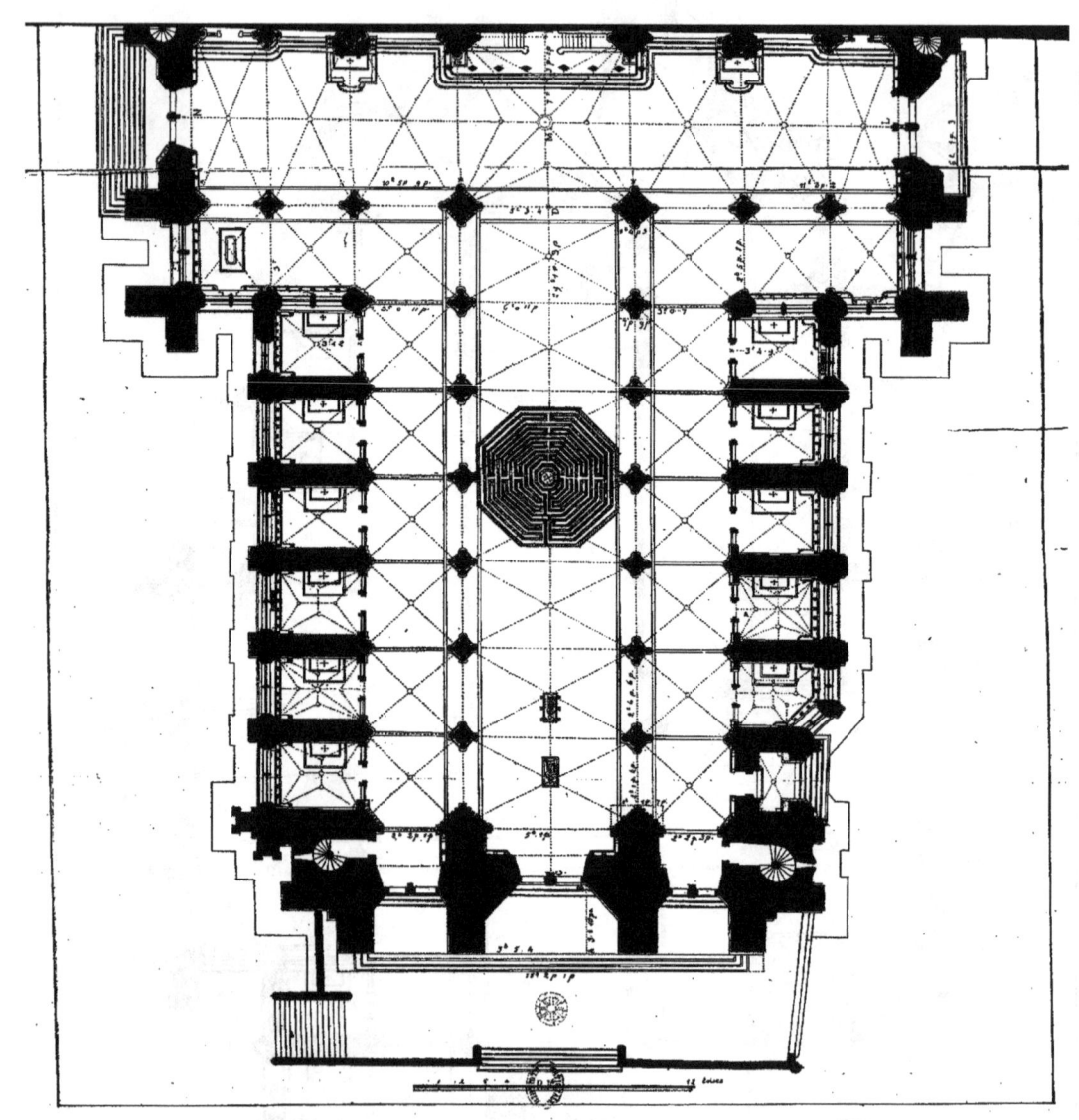

L'ouvrage que nous publions, bien que datant de longtemps déjà, était demeuré inédit jusqu'à ce jour.

Une bienveillance envers laquelle nous ne saurions nous montrer trop reconnaissant, nous a permis de prendre communication du manuscrit, ignoré du plus grand nombre de ceux qui se sont occupé de la Cathédrale d'Amiens, de le copier et de le livrer à l'impression.

Nous remercions bien sincèrement le possesseur de cette pièce, précieuse pour l'archéologie et l'histoire locale ; nous sommes certain que les lecteurs des pages qui vont suivre s'associeront à nous pour louer son désintéressement : c'est bien mériter de ses concitoyens, des hommes d'étude, des amis de l'art chrétien, que de mettre à la portée de tous un livre d'aussi haut intérêt (1).

(1) Le manuscrit de Jean Baron, appartient à Mademoiselle Madeleine Abar, d'Amiens, qui a recueilli ce précieux document par héritage. Il forme un volume petit in-4°. Il est assez grossièrement cartonné. L'écriture est très lisible. L'*Extrait abrégé* n'est point paginé ; il paraît avoir été transcrit sur des feuillets provenant d'un ancien registre. La *Description* proprement dite, œuvre de J. Baron, a une pagination spéciale. L'*Avertissement*, la *Table sommaire* (il est à noter que cette table est transcrite une première fois, sans indication des numéros des pages qui vont suivre, immédiatement après l'Extrait abrégé), la *citation des vers de Berville*, sont foliotés en chiffres romains. A partir du commencement de la *Description*, nous trouvons des chiffres arabes, qui nous donnent le nombre de 275 pages écrites des deux côtés.

II

On va donc lire une description de la Cathédrale d'Amiens, écrite en 1815, par M. Jean Baron, conservateur de la Bibliothèque communale de cette ville.

Quelques lignes biographiques sur l'auteur de cette notice ne seront pas ici hors de propos.

Jean Baron naquit à Amiens sur la paroisse Saint Germain, le 31 janvier 1761 ; il mourut dans sa ville natale le 4 février 1822. Il avait eu pour père Jean-Louis-Charles Baron, garde-marteau de la maîtrise des eaux et forêts ; pour mère, Marie-Madeleine Bertin. Il passa sa vie dans le célibat.

C'était un lettré et un ami des beaux-arts. Au temps de sa jeunesse, il avait fait des études juridiques, qui lui valurent le titre de Docteur en Droit. Il fit partie de l'Académie des sciences, belles-lettres et arts, établie en notre ville en 1750, et à la fondation définitive de laquelle Gresset prit une si grande part (1).

Une étude littéraire, présentée il y a quelques mois à cette Académie, par l'un de ses membres les plus vénérés et chez qui l'âge n'enlève rien à la finesse de l'esprit ni à la grâce du talent, nous montre Baron fréquentant un groupe d'hommes spirituels et de haute culture intellectuelle (2).

Un bel hôtel de la rue Gloriette (3), habité durant les premières années du xix° siècle, par un anglais nommé Sir Herbert Croft (4),

(1) Baron n'appartint que pendant peu de temps à cette compagnie : il y avait été reçu le 15 mars 1821.

(2) Le travail dont il s'agit a été analysé, avec autant d'exactitude que de talent, par Mgr Francqueville, Évêque de Rodez, ancien vicaire général d'Amiens, dans le Rapport que le Prélat a présenté en séance publique de l'Académie d'Amiens, le 26 janvier 1900. Le Secrétaire perpétuel de cette compagnie savante s'acquittait alors pour la dernière fois, avant de recevoir l'onction épiscopale et d'aller prendre possession de son siège, des fonctions qu'il a si bien remplies pendant un temps trop court à l'Académie.

(3) Voir à la fin du volume, une notice sur cet hôtel.

(4) « Sir Herbert Croft était-il, comme le croit Sainte-Beuve, un prisonnier de guerre interné à Amiens, ou, comme d'autres l'ont pensé, un observateur intéressé de notre situation politique, ou simplement un érudit attiré sur le continent par le désir d'utiliser sa connaissance de notre langue et de nos écrivains ? Cette dernière supposition paraît la plus fondée..... Sir Croft paraît avoir eu, avec des goûts élevés, l'âme généreuse et la main prompte à s'ouvrir....... [Dans ses lettres] il ne marchande pas la louange à la ville où son choix l'a fixé. Il admire les nombreux canaux de la petite Venise, il lui semble que la Somme a l'air de prendre tant de détours pour la commodité et les plaisirs des habitants d'Amiens » (*Deux ans de la vie de Charles Nodier*, par M. H. Tivier, pp. 7 et 8). Sir Herbert Croft s'est fait connaître par différentes études sur les classiques de l'antiquité ; on possède de lui notamment un ouvrage remarquable : *Horace éclairci par la ponctuation*.

ouvrait souvent ses portes à une réunion de gens de lettres qui causaient entre eux de tout ce qui avait trait aux choses de l'esprit. L'auteur de l'opuscule que nous venons de citer, désigne parmi les hôtes habituels d'Herbert Croft, Jean Baron et Charles Nodier, l'un des futurs auteurs des *Voyages romantiques dans l'ancienne France*, publiés en collaboration avec le baron Taylor et M. de Cailleux (1), et qui contribuèrent si puissamment à réveiller le goût pour l'architecture et les monuments du moyen-âge, un peu dédaignés pendant les deux siècles précédents. Il est permis de supposer que Nodier, si épris de la beauté de notre Cathédrale, fit partager son admiration à Baron, et lui inspira l'idée d'écrire le livre que nous éditons (2).

En 1818, Baron composa une *Notice historique sur la ville d'Amiens* qui est restée manuscrite et nous est inconnue. On dit que cette notice serait plus intéressante si elle contenait plus de détails sur les évènements mémorables dont Amiens fut le théâtre.

En 1820, Baron fit paraître chez l'imprimeur Caron-Vitet, une *Notice des tableaux qui décorent les salles de la Mairie, à Amiens*.

L'ouvrage a peu d'étendue (vingt-six pages in-8°). Néanmoins, l'auteur décrit les tableaux avec une exactitude et un goût qui prouvent

---

(1) Impliqué dans une conspiration contre Napoléon Ier, Charles Nodier avait été interné à Dôle, dans le Jura. L'exil n'était pas très pénible, car Nodier se trouvait presque dans son pays natal, puisqu'il était originaire de Besançon. Il venait de se marier, quand par l'intermédiaire du savant Boissonnade et de Jouy (l'ermite de la chaussée d'Antin), il fut proposé comme secrétaire à Sir Herbert Croft, qui s'occupait d'importants travaux littéraires. Nodier s'était déjà fait connaître par de sérieuses études, qui avaient appelé sur lui l'attention des hommes de lettres. La proposition fut acceptée de part et d'autre. Nodier quitta la Franche-Comté pour la Picardie et le séjour de Dôle pour celui d'Amiens. C'était en 1809. Charles Nodier devait séjourner environ deux ans dans notre ville. — Opuscule de M. Tivier, *passim*.

(2) « Charles Nodier..... dut franchir plus d'une fois le court trajet qui, de la rue Gloriette le menait à la Cathédrale. Il la connaissait à merveille..... Le premier des dix volumes in-folio qui composent la collection de *Voyages pittoresques et romantiques dans l'ancienne France*, est consacré à la Picardie, et tout d'abord à la Cathédrale d'Amiens, où comme l'écrit Nodier, « à cette basilique si aimée de Dieu, puisqu'il a permis qu'elle fut si belle ». « Ce qu'on doit surtout admirer dans ce temple magnifique, continue-t-il, c'est l'unité qui règne dans toutes les parties, c'est l'élégance de ses voûtes hardies, les belles proportions de ses vastes ogives et la richesse de la galerie qui le surmonte..... C'est le chœur et la nef » dont il affirme qu'il n'y a rien à leur préférer en Europe. Non moins vive et moins juste est l'impression que lui font éprouver les stalles, avec les pyramides qui les surmontent, « avec leurs dais en saillie, décorés de pendentifs, de dentelles et d'ornements d'un goût délicieux », avec leurs innombrables figurines, « où dominent à la fois la vérité et la naïveté ». Tout cet ensemble lui présente « un chef-d'œuvre de goût, de patience et de génie artistique ». — pp. 23-24, Tivier *op. præc.*

son sentiment artistique. Il rappelle aussi les circonstances dans lesquelles sont venues à Amiens ces œuvres d'art, dont quelques-unes sont loin d'être sans mérite, et qui font aujourd'hui partie du Musée de Picardie. Chantriaux, professeur de dessin à l'école municipale des Beaux-Arts, collabora à cet opuscule.

Baron composa encore un *Dictionnaire de la langue picarde* qui n'a point été publié. Mais son œuvre capitale paraît être le travail qui vient, après plus de soixante-dix années écoulées depuis qu'il fut écrit, d'être livré à l'impression.

Baron fait précéder sa description d'une autre notice qu'il intitule *Extrait abrégé sur l'antiquité et les décorations de l'Eglise Cathédrale d'Amiens, tiré d'un manuscrit*. Cet extrait est, dit-il, la reproduction exacte d'une copie qui lui aurait été communiquée au mois d'août 1814, par le sieur Pédot, suisse de Notre-Dame; la copie, ajoute-t-il, porte la date du 9 juin 1771 et « *ce petit abrégé est un extrait d'un manuscrit sur les antiquités d'Amiens, depuis la page 427 jusqu'à celle de 501* ».

La forme de cette première description est très sèche. Les détails, peu nombreux, sont fort succincts; le style est parfois incorrect. Cet opuscule présente une certaine analogie avec deux autres ouvrages, traitant le même sujet, insérés dans les *Notices historiques sur la Ville d'Amiens, commencées par M. Jean Pagès et continuées par M. Achille Machart* (1). La première de ces notices est intitulée *Les Merveilles du somptueux et superbe édifice de l'église cathédrale d'Amiens*. M. H. Dusevel l'a publiée dans la *Picardie*, t VI, 1860, pp. 100 et suivantes, sous le titre de *Une visite à la Cathédrale d'Amiens il y a cent cinquante ans*, sans nom d'auteur ni indication de provenance.

L'autre description de la Cathédrale que contient le même recueil d'Achille Machart a été écrite, dit celui-ci, en 1784. Elle est plus étendue et mieux ordonnée que la précédente.

Il est impossible de n'être pas frappé de la ressemblance qui existe entre ces deux notices et l'*Extrait* communiqué à Baron par le suisse

---

(1) Bibliothèque communale d'Amiens, numéros 829-838. Dix volumes. Voir J. Garnier, *Notice sur Jean Pagès, marchand et historien d'Amiens, 1655-1723*, dans les *Mémoires de la Société des Antiquaires de Picardie*, t. XV, p. 103. — Les *Manuscrits de Pagès*, XVIIIe siècle. Papier. Non foliotés 350 sur 220 millim., cartonnés. (Don de M. Auguste Machart), ces manuscrits ont été publiés par L. Douchet, Amiens, 1856-1862, 6 vol. in-12. — Catalogue des Manuscrits de la Bibliothèque d'Amiens par E. Coyecque. — Paris, 1893, p. 379.

Pédot. La disposition de l'ouvrage est la même ; certaines tournures de phrases et grand nombre d'expressions sont identiques. La même observation s'applique aux jugements et appréciations historiques et artistiques.

On peut également constater une très grande analogie entre la copie reproduite par Baron et les pages concernant la Cathédrale, insérées dans les manuscrits de Pierre Bernard, sorte d'histoire d'Amiens, écrite au XVIII° siècle par le maître d'école de la paroisse Saint-Firmin-le-Confesseur (1). Evidemment, l'auteur de l'extrait copié par Baron et placé par lui en tête de son ouvrage, a eu connaissance des différentes descriptions dont nous venons de citer les titres : il s'en est inspiré pour écrire la sienne. Baron à son tour a pris pour guide les pages qu'il avait sous les yeux, et elles lui ont en quelque sorte servi de thème pour écrire son livre.

Dans un préambule l'auteur rappelle que peu d'années avant qu'il entreprit son travail, une Description de la Cathédrale d'Amiens avait été publiée. Portant la date de 1806, elle sortait des presses de Maisnel fils, imprimeur de la Préfecture, Cloître Saint-Nicolas, n° 8. L'auteur de cet ouvrage s'appelait Maurice Rivoire (2).

Baron parle de Rivoire en termes qui laissent percer un peu de dédain et une pointe d'ironie. Nous croyons qu'il ne faut pas se montrer trop sévère à l'égard de l'ouvrage dont il s'agit, ouvrage qui

---

(1) Bibliothèque Communale d'Amiens, numéros 842-846. Cinq volumes reliés en parchemin, 350 sur 240 m/m. — Catalogue des Manuscrits de la Bibliothèque d'Amiens, par E. Goyecque, p. 380.

(2) Rivoire, Marie-Maurice, était né à Pont de Beauvoisis (Oise). Engagé dans l'état ecclésiastique, il était au début de la Révolution, titulaire du prieuré de Gandelu (bourg du département de l'Aisne, chef-lieu de canton, à deux lieues sud de La Ferté-Milon, quatre lieues nord-ouest de Château-Thierry). Il adhéra au schisme constitutionnel. Malgré nos recherches, nous n'avons pu savoir s'il était revêtu des ordres sacrés, ni si plus tard il rétracta le serment constitutionnel. Tout porte à croire qu'il était revenu à l'orthodoxie quand il publia son ouvrage sur la Cathédrale, puisqu'il dédia ce livre à *Monseigneur Jean-Chrysostôme Villaret, Evêque de Casal, département de Marengo, Aumônier de S. M. le Roi de Naples, Président du Collège électoral de l'Aveyron, ancien Evêque d'Amiens.* Tout, d'ailleurs, dans son travail, dénote l'œuvre d'un chrétien et d'un catholique.

Maurice Rivoire fut nommé Archiviste du département par M. Quinette, Préfet de la Somme, au mois de frimaire an XI : c'est le premier titulaire de cette fonction. Il quitta sa charge le 1er août 1806, et eut pour successeur M. Huchette.

Membre titulaire de l'Académie d'Amiens, depuis le 16 pluviôse an XII, il passa au rang de membre correspondant le 29 avril 1809. Il avait donc quitté Amiens à cette époque. Nous ignorons ce qu'il est devenu.

Outre la Description de la Cathédrale, on a de Rivoire un *Précis historique de la*

est loin d'être sans mérite ; il faut tenir compte du temps et des circonstances. Mais nous n'hésitons pas à dire que le travail de Baron nous paraît préférable à celui de Rivoire. Il y a, dans le manuscrit de Baron, sur la basilique Amiénoise et notamment sur son ancien état intérieur et sur les travaux de décoration exécutés pendant l'épiscopat de Monseigneur de la Motte, de nombreux et intéressants détails qui, je le crois, ne se retrouvent pas ailleurs aussi complets : quelques-uns même étaient tout à fait inconnus.

De même que Rivoire, Baron n'est versé ni sur l'architecture du moyen-âge, ni sur le symbolisme et l'iconographie de cette époque. C'est un défaut qui était général au temps où vécurent ces deux auteurs.

On a reproché avec raison aux écrivains des deux derniers siècles d'avoir méconnu les beautés de l'architecture ogivale. M. l'abbé J. Corblet a jadis groupé dans un spirituel discours (2), quelques jugements prononcés contre les arts du moyen-âge, et principalement contre l'architecture de ce temps, par les grands hommes qui font la gloire de notre plus brillante période littéraire. Une admiration trop exclusive pour l'antiquité, les rendit injustes à l'égard des œuvres pourtant si belles auxquelles ils infligeaient avec dédain l'épithète de *gothiques*.

Il y eut toutefois des exceptions; devant la cathédrale d'Amiens les répugnances et les préjugés de plusieurs durent céder : on fut forcé de s'incliner devant ce chef-d'œuvre dont l'admiration s'impose à quiconque possède dans l'âme l'amour du beau. Nous en avons

---

surprise d'Amiens par les Espagnols (Amiens, Maisnel éditeur, 1806). Il publia aussi un *Annuaire statistique et administratif du département de la Somme* (même année).

La Description de la Cathédrale est un ouvrage vraiment digne de son titre : il est consciencieusement fait. Il est le premier de ce genre où un ordre méthodique facilite les recherches. Malheureusement, au temps où écrivait Rivoire, les préjugés du dernier siècle contre le moyen-âge subsistaient encore, et le symbolisme chrétien n'était qu'imparfaitement compris des gens d'étude et des amis des Beaux-Arts, dont l'attention se portait presqu'exclusivement sur l'antiquité classique. De là viennent les nombreuses lacunes et les erreurs regrettables que l'on rencontre dans l'œuvre dont nous parlons.

Un des collègues de Rivoire à l'Académie d'Amiens, M. le Dr Rigollot père, employa les ressources de son érudition pour défendre contre les attaques de son confrère tout un système explicatif des figures du grand portail et de l'architecture ogivale, prise en général. Ses hypothèses sont ingénieuses, mais la véritable intelligence de l'iconographie chrétienne n'était pas encore retrouvée. En voulant reprendre Rivoire dans un Mémoire trop empreint d'une acrimonie, qui ne devrait jamais être le langage des sociétés savantes, M. Rigollot s'expose lui-même à la juste critique des archéologues qui lui ont succédé.

(2) *L'Architecture ogivale jugée par les écrivains des deux derniers siècles.* — *Mémoires de la Société des Antiquaires de Picardie, t. XVI*, pp 659 et suivantes.

la preuve dans de nombreux écrits du xvii° et du xviii° siècle, qu'il nous est impossible de citer ici.

En tout ce qui touche à l'histoire, Baron est particulièrement intéressant. Il n'a pas, sans doute, cherché à faire un travail historique : mais il a su intercaler dans son ouvrage, sans nuire à la partie descriptive, qui en est l'essence, la mention de faits, d'anecdotes, de détails biographiques même, très précieux pour le chroniqueur. Il y a là sur les usages anciens du clergé et des fidèles Amiénois, des renseignements qui seront bien accueillis par tous ceux qui se plaisent à fréquenter notre belle église.

Malheureusement Baron a subi, d'une manière plus fâcheuse, l'influence du temps où il vivait, en parlant du clergé d'autrefois, qu'en traitant d'art et d'architecture. Il paraît avoir été sincèrement religieux : il lui échappe néanmoins relativement aux pratiques pieuses du moyen-âge, aux mœurs et aux habitudes des prêtres et des moines, certaines appréciations qui sentent un peu le Voltairianisme ; nous aimons à penser que ces taches, peu nombreuses à la vérité, sont le résultat des préjugés contemporains, et qu'elles ne proviennent pas d'une mauvaise intention de la part de l'auteur, qui, d'ailleurs, toutes les fois que l'occasion s'en présente, se prononce avec énergie contre les impiétés, les sacrilèges et les profanations de la période révolutionnaire.

Nous avons entendu reprocher à Baron la sévérité dédaigneuse avec laquelle il parle de certaines cérémonies usitées autrefois ; cérémonies qui, selon lui, n'étaient guère propres à inspirer au peuple du respect pour la religion, mais, au contraire, excitaient la risée, et par là produisaient le scandale et le désordre. Il s'agit surtout de la fête des Innocents, de celle de Notre-Dame du Puy, de la représentation des *Mystères*, des *papoires* et des *mays* portés aux processions. Baron loue l'autorité ecclésiastique d'avoir peu à peu restreint, ou même supprimé, ces usages surannés : il se plaint d'en voir encore subsister trop de restes. Cet homme, dit-on, n'aimait pas le bon vieux temps : il méconnaissait son esprit, sa foi aussi robuste que naïve. Dussions-nous encourir le reproche adressé à l'écrivain dont nous nous sommes fait l'éditeur, nous ne craignons pas de confesser ici qu'en cela nous sommes presqu'entièrement de son avis. Sans doute, la piété de nos pères, si croyants, si enthousiastes quand il s'agissait de manifester leur amour pour une religion qu'ils chérissaient, dont ils avaient reçu les premiers enseignements sur le giron maternel, et qui devait un jour bénir et fermer leur tombe et les introduire dans l'éternelle félicité, sans doute cette piété a pu autrefois se traduire par des manifestations qui ne faisaient que l'augmenter et lui donner plus de force et d'ardeur. Mais les temps sont changés : ce qui était édifiant jadis, serait aujourd'hui ridicule, peut être même scandaleux.

Les évêques et les prêtres ont donc bien fait en supprimant des cérémonies qui nuisaient à la gravité des offices de l'Église, au respect dont les fidèles ne devraient jamais se départir dans les temples. Nous le redisons, nous partageons en cela les appréciations de Baron et nous regrettons que, dans nos campagnes surtout, il y ait encore trop de réminiscences de ces coutumes qui se traduisent en maintes circonstances par des exhibitions et des défilés moins religieux que grotesques.

Terminons ce préambule déjà trop long : laissons le lecteur apprécier le volume que nous lui présentons. Ce volume l'intéressera, à coup sûr. C'est un écho du passé, qui n'est pas sans charme. Dans peu de temps, une monographie magistrale de la Cathédrale d'Amiens sera livrée au public. On l'accueillera partout avec empressement. Le nom, l'érudition de l'auteur, déjà si connu par de nombreux et importants travaux, sont une garantie du succès qu'obtiendra ce splendide ouvrage, qui est et restera ce qui a été écrit de plus complet sur la basilique de Notre-Dame d'Amiens. L'opuscule de Baron conservera néanmoins une humble place sur les rayons de la bibliothèque des archéologues. Comme le dit si bien l'éminent historien de notre ville, M. A. de Calonne : « L'histoire change de caractère avec les âges; elle est susceptible de perfectionnement. » Il en est de même pour l'archéologie descriptive. Rivoire et Baron ont fait tout ce que l'on pouvait faire de leur temps. Nous devons leur en savoir gré, et ne pas leur ménager notre estime.

Nous nous sommes permis d'ajouter au texte du manuscrit dont nous avons entrepris la publication des notes que le lecteur trouvera peut être superflues, ou tout au moins trop nombreuses ; que l'on veuille bien nous pardonner, mais l'attrait du sujet nous entraînait ; nous avons pensé que l'on ne pouvait donner trop de développement à un travail de ce genre. D'ailleurs quiconque jugera fastidieux notre commentaire n'a qu'à se dispenser de le lire (1).

---

(1) La description de la Cathédrale étant présentée deux fois, par l'*Extrait* d'abord, par Baron ensuite, il en résulte qu'il se trouve quelques répétitions, sinon dans le texte, du moins dans le sens de plusieurs notes : le lecteur bénévole excusera cet inconvénient qui était à peu près inévitable, eu égard au genre du travail.

Nous joignons à ce volume la reproduction d'un ancien plan de la Cathédrale, qui représente la disposition de l'édifice antérieurement aux changements opérés à l'intérieur durant la seconde moitié du XVIII° siècle. Ce plan fait partie d'une série de cinq dessins représentant différentes portions de Notre-Dame d'Amiens. Ces dessins d'architecture, plan, coupe et élévation ont été dressés avec une remarquable exactitude en 1727 par un artiste inconnu. On ignore leur provenance primitive : peut-être étaient-ils destinés à l'Évêché d'Amiens. Quoi qu'il en soit, nous nous en sommes rendus acquéreur dans une vente publique, au mois d'avril 1890, et notre intention est de les léguer au Musée de Picardie (1). Nous croyons que ce plan, d'un haut intérêt, accompagne très bien le texte de cet ouvrage, et que le lecteur nous saura quelque gré de l'avoir publié. Nous livrons donc avec confiance ce volume au public, et nous osons espérer pour lui un favorable accueil.

Edmond SOYEZ.

(1) L'original du plan ici reproduit à 0.920 mm. de hauteur sur 0.480 mm. de largeur. Nous fîmes l'acquisition de cette petite collection de dessins dans une vente qui suivit le décès de M. Ch. Dufour, ancien maire d'Amiens. Elle avait antérieurement appartenu à M. Gilbert, archéologue, conservateur de Notre-Dame de Paris, et auteur de la description de plusieurs cathédrales et églises de France. M. Gilbert publia en 1833 une *Description de la Cathédrale d'Amiens*, trop servilement calquée sur celle de Rivoire. M. Gilbert est mort à Paris le 5 janvier 1858. Il faisait partie de la Société des Antiquaires de Picardie à titre de membre correspondant.

EXTRAIT

Abrégé sur l'antiquité et les décorations de l'Église Cathédrale d'Amiens, tiré d'un manuscrit

DE L'ÉGLISE DE SAINT-ÉTIENNE

Le premier des fidèles et des sept diacres de l'Église naissante qui ait scellé la foi de son sang, fut l'illustre saint Étienne. Aussi, par reconnaissance, la primitive Église lui a-t-elle toujours porté une singulière vénération, puisqu'en différents lieux du monde, on vit dès lors des églises et oratoires élevés et bâtis en son honneur.

Le pape Innocent dit que saint Martial, évêque de Limoges, vivant l'an 74 de Notre-Seigneur, a fait, le premier, bâtir un temple à Rome en l'honneur de saint Étienne, le premier martyr (1).

Nous apprenons de M. de la Morlière (2), chanoine d'Amiens, que sur un des tableaux d'or qui couvrent la châsse de saint Firmin le martyr, en la cathédrale d'Amiens, on lit ces mots :

Præsulis hic sedem locat et Protomartyris ædem

Cet auteur dit que saint Firmin le martyr a fait bâtir dans la ville d'Amiens une église sous l'invocation de saint Étienne le premier martyr, à cause de la grande dévotion qu'il lui portait, et par le désir qu'il eut de participer lui-même à son triomphe (3).

Antoine Loisel (4) dit que saint Firmin le Martyr fit bâtir dans la ville de Beauvais une église de saint Étienne, comme il avoit fait dans la ville d'Amiens. Mais on ne sait pas dans quel endroit d'Amiens cette église a existé. Il est à présumer que ce petit édifice n'a pas demeuré longtemps debout, puisque saint Firmin a séjourné bien peu

---

(1) *Baronius,* Ann. 74.
(2) *Antiquités d'Amiens,* liv. Ier.
(3) Voyez le Bréviaire d'Amiens au 3 août.
(4) *Antiquités de Beauvais.*

chez nous, et qu'il fut couronné de la gloire du martyre en l'an 288 (1). Par conséquent, l'empereur Dioclétien ayant ôté la vie au premier évêque d'Amiens, il aura sans doute fait détruire l'église de saint Étienne que saint Firmin avait fait bâtir sans que nous puissions savoir l'endroit de son existence.

Cependant une leçon du Nouveau Bréviaire d'Amiens (2) nous apprend au 3 août, jour de l'Invention de saint Étienne premier martyr, que le premier autel élevé dans Amiens à la gloire de Dieu, fut sous l'invocation de saint Étienne, premier martyr.

SAINT-ACHEUL

Première Cathédrale

Saint Firmin le Martyr ayant répandu son sang dans la prison souterraine du château de la ville d'Amiens l'an 288, comme dit est, Faustin ou Faustinien, sénateur pour les Romains, père d'un de nos saints évêques et l'un de ceux qu'il avait convertis à la Foi, prit le corps de ce martyr et le fit inhumer en son cimetière nommé Abladène, lequel était alors un lieu rempli de vignes. Saint Firmin le Confesseur, troisième évêque d'Amiens et fils du sénateur Faustin (3), comme héritier de son père, fit élever, sur la fin du IVe siècle une église sur le tombeau de saint Firmin le Martyr, laquelle il dédia à Dieu sous l'invocation de Notre-Dame des Martyrs, et selon l'usage de la primitive église il plaça le maître-autel sur le lieu même où reposoit le corps de ce saint martyr. Saint Firmin le Confesseur choisit dès lors cette église pour sa Cathédrale ; ce que ses successeurs évêques ont continué jusqu'à saint Salve.

Ce fut dans cette église qu'après de longs jeûnes et de ferventes

---

(1) La date de la vie, de l'apostolat et du martyre de saint Firmin est incertaine, et les hagiographes diffèrent d'avis sur ce point.

(2) Bréviaire d'Amiens (de Mgr de la Motte) au 3 août : *Fertur in antiquis monimentis sanctus Firminus martyr primum altare Ambiani erexisse sub sancti Protomartyris invocatione. (Ad Matutinum, lectio iija)*. — Le propre actuel du diocèse d'Amiens, rédigé lors du rétablissement de la Liturgie romaine, n'a point reproduit cette mention.

(3) Saint Firmin le Confesseur était l'un des descendants du sénateur Faustinien, mais il est peu probable qu'il ait été son propre fils.

prières, saint Salve, IX⁰ évêque d'Amiens, trouva miraculeusement le corps de saint Firmin le Martyr sous l'autel de sa cathédrale (1). Ce fut peu après cette heureuse invention que saint Salve fit bâtir dans Amiens l'église de saint Pierre et saint Paul. N'ayant jamais eu d'autre église bâtie en cette ville, hors celle de saint Étienne, dont nous avons parlé. Cette église de saint Pierre et saint Paul fut dès lors nommée la première paroisse de la ville (2).

Ce fut en cette église que saint Salve fit apporter solennellement le corps de saint Firmin le Martyr et ceux des saints Firmin le Confesseur, Ache et Acheul, qu'il tira de la cathédrale de Notre-Dame des Martyrs (3).

Peu de temps après, saint Salve fit bâtir dans Amiens une autre église à la gloire de Dieu sous l'invocation de la Sainte Vierge et de saint Firmin le Martyr. En laquelle église il établit son siège et mit les reliques des saints qu'il avait transférées de son ancienne cathédrale; en laquelle église il laissa quelques prêtres pour la desservir, en lui changeant son nom de Notre-Dame des Martyrs en celui de saint Acheul, qu'elle porte encore aujourd'hui (4).

Cette église que nous appelons Notre-Dame et saint Firmin le Martyr, que nous disons être la seconde cathédrale d'Amiens et dont nous attribuons le bâtiment à saint Salve, ne fut dans son origine qu'un édifice de bois, fort simple, et en partie en charpente. On croit qu'elle existoit au même endroit où se voit aujourd'hui la croix du milieu du labyrinthe de la Cathédrale d'à présent. Cette église étoit véri-

---

(1) *Ms. de Létoile.*

(2) *Vie de saint Salve*, art. 10, p. 706.

(3) Plusieurs auteurs modernes attribuent à saint Salve l'érection à Amiens d'une autre église que celle de saint Pierre et de saint Paul, qui devait plus tard prendre le nom de saint Firmin le Confesseur, mais rien dans les anciens textes ne justifie cette supposition. La légende de saint Salve dit bien que cet évêque fut enterré dans une église qu'elle désigne sous le nom de Notre-Dame ; évidemment il s'agit là de Notre-Dame des Martyrs (Saint-Acheul) qui dut rester pendant longtemps un lieu privilégié pour les sépultures ecclésiastiques. Quoiqu'en aient dit plusieurs écrivains on n'a aucune donnée positive sur l'époque où une église dédiée à la Sainte-Vierge fut construite sur l'emplacement qu'occupe aujourd'hui la Cathédrale. — Corblet, *Hagiographie*, t. III, p. 470.

(4) On n'a que des renseignements fort incertains et très incomplets sur les deux saints martyrs Ache et Acheul, honorés depuis si longtemps dans l'Église d'Amiens. La tradition se borne à dire que le diacre saint Ache et le sous-diacre saint Acheul, tous deux originaires de l'Amiénois, reçurent le 1ᵉʳ mai la palme du martyre. Il est probable que cet événement eut lieu vers l'an 287, alors que Rictiovare exécutait si cruellement en Picardie les ordres qu'il avait reçus de Maximien Hercule. — D'autres dates ont été données par différents historiens. — V. Corblet, *Hagiographie*, t. Iᵉʳ, p. 4.

tablement ancienne, car elle existoit dans Amiens dès l'an 850 (1). Car nous voyons qu'en cette année un Comte d'Amiens, nommé Anguilguin, conjointement avec Rimulde, sa femme, donnèrent à l'église de sainte Marie et de saint Firmin dans la ville d'Amiens, où le corps de ce martyr repose, les biens qui leur ont été donnés en propre dans le territoire d'Amiens, au lieu nommé Fontaine, sur la rivière de Selle. L'acte est du 10 mai 850. Cet acte prouve assez bien l'antiquité de cette seconde Cathédrale (2).

L'an 881 cette cathédrale fut brûlée par les Normands et le Chapitre la fit réparer peu après.

L'an 1019, le 14 avril, la Cathédrale d'Amiens fut considérablement incendiée par le feu du Ciel (3). Un ancien livre manuscrit du martyrologe d'Amiens porte que cet accident arriva le mardi de la 3e semaine après Pâques et que ce dommage fut réparé peu après.

L'an 1107, le 3 août, elle fut encore brûlée du feu céleste, mais les prédications de saint Geoffroy firent qu'on trouva dans la charité des fidèles de quoi la réparer (4).

Ce fut dans cette église que l'an 1206, le 17 décembre, vivant l'évêque Richard, fut apporté le Chef de saint Jean-Baptiste, suivant que l'enseigne M. Ducange en son traité historique du Chef de saint Jean-Baptiste.

Enfin cette église bénite autrefois par l'Archevêque Samson sous l'invocation de Notre-Dame des Martyrs, (c'est-à-dire de la sainte Vierge et de saint Firmin) fût réduite en cendre en l'an 1218, ainsi que le trésor littéral du Chapitre (5).

---

(1) Titre du Chapitre d'Amiens.

(2) Le texte latin de la charte de donation souscrite par *Angilvin* ou *Anguilguin* a été publié en note dans l'*Histoire des Comtes d'Amiens* par Du Cange, éditée en 1840 par M. Hardouin. — Amiens, Duval et Hermant.

(3) Le Rév. P. Daire, *Histoire d'Amiens*, t. II.

(4) Il y a, dans l'indication de la date du 3 août 1107, une erreur qui a été signalée par M. Ch. Salmon dans son *Histoire de S. Firmin*, p. 179. Nous renvoyons le lecteur à cet ouvrage.

(5) Voyez La Morlière en ses *Antiquités d'Amiens*, l. 4.

CATHÉDRALE ACTUELLE.

Parlons un peu de la belle église de Notre-Dame d'Amiens que nous appelons la troisième Cathédrale. L'an 1003 selon les Annales de Baronius, toutes les églises de la Chrétienté, particulièrement en Italie et en France furent démolies et rebâties plus magnifiquement. Mais faute de commodités la Cathédrale d'Amiens ne fut de ce nombre que plus de deux cents ans après. L'incendie de l'ancienne Cathédrale arrivé, comme nous l'avons dit, en 1218, fit penser à en rebâtir une autre plus magnifique, et propre pour y loger la précieuse face de saint Jean-Baptiste qui avait été apportée peu avant dans la ville d'Amiens.

Il y avait deux ans que l'ancienne Cathédrale était détruite quand Evrard, évêque d'Amiens, fit jeter les fondements de celle qui subsiste aujourd'hui. La ville d'Amiens étant alors très petite on ne trouva point de terrain plus ferme que l'emplacement qu'elle occupe aujourd'hui.

Le plan en fut tiré par Robert de Luzarches, un des plus fameux et des plus habiles architectes de son temps. Ce plan alloit à l'Orient jusqu'au rempart et la porte de l'Arquet, c'est-à-dire près de l'église de Saint-Michel, et à l'occident, il s'étendoit jusqu'à la rue du Puit et la rue de la Couronne (1). Au midi, il étoit borné par le cloître des chanoines et au septentrion par l'ancienne église de saint Pierre et saint Paul et l'ancien hôpital de saint Jean Baptiste (2).

Tout ayant été projeté et compassé pour l'exaucement d'une si haute entreprise, l'Evêque Evrard demanda et obtint le secours du clergé et du peuple pour l'entreprendre, et la conduite en fut donnée au dit Robert de Luzarches (3).

Les pierres qui sont employées à cet édifice ont été prises dans les carrières de Croissy et de Picquigny moyennant cinquante livres parisis pour onze ans, et furent amenées par bateaux sur la Somme; et d'autres furent tirées des carrières de Doméliers et de Bonneleau.

---

(1) La topographie du lieu où s'élève la Cathédrale n'est pas rigoureusement exacte.
(2) Chart. Arch. S. F. C.
(3) P. Daire, Histoire d'Amiens, t. II.

Les fondements et la première pierre furent posés par l'évêque Evrard, vivant le Pape Honoré III et Philippe-Auguste, c'est-à-dire en l'année 1220 (1).

Les fondements des piliers, tant de la nef que du chœur furent comblés en trois ans. L'évêque Evrard mourut l'an 1223 environ, et fut enterré dans la nef.

L'Évêque Geoffroy d'Eu, successeur d'Evrard fit élever les piliers et galeries jusqu'aux voûtes, qui étoient bien avancées en 1228.

Comme l'ancienne église de Saint-Pierre Saint-Paul occupoit et empêchoit de bâtir la croisée septentrionale, ce prélat la fit démolir en 1236, et la fit rebâtir plus bas sous le nom de Saint-Firmin-le-Confesseur.

Pour la conduite de la Cathédrale il avoit pour architectes Thomas de Cormont et Regnault de Cormont. Geoffroy mourut l'an 1237 et fut aussi enterré dans la nef.

Arnoult, son successeur, fit de son temps achever les grandes voûtes, ainsi que celles des bas-côtés, il fit même élever sur la croisée le superbe clocher de pierre qui n'existe plus ; il fit faire aussi les galeries en dehors, les épis, les arcs-boutants, les pyramides et les roses. Comme les fonds manquoient pour achever ce vaste édifice, il fut arrêté dans une assemblée capitulaire faite en 1240 que la châsse de saint Honoré seroit portée en procession par tout le diocèse d'Amiens pour recueillir les aumônes des fidèles. Ce fut en partie de ces dons que cette superbe église fut achevée, hors les deux tours qui ne furent élevées que dans le XIVe siècle sous l'évêque Jean de Cherchemont.

Les Evêques Gérard de Conchy, en 1252, et Aléaume de Neuilly en 1258, y firent faire peu de choses durant leurs règnes.

Pour soutenir les voûtes de ce grand édifice on compte en tout quarante six piliers, sans compter ceux qui sont engagés dans les murailles autour de l'église. On remarque avec étonnement que les piliers n'ont que deux pierres chaque assise et on regarde avec admiration les colonnes sonnantes, c'est-à-dire les boudins qui sont aux piliers du chevet entre deux chapelles.

Tous ces piliers, hors les quatre maîtres piliers qui soutiennent le clocher ont une égale grosseur et ont seize pieds de distance de l'un à l'autre.

(1) La Morlière, liv. II.

La grande rose du côté de l'Evêché, ouvrage admirable pour sa délicatesse, représente la mer. L'étoile du milieu montre la boussole. Celle du midi nous représente le ciel, à cause du grand nombre d'anges qu'on voit peints sur sa vitre, et celle du cadran nous figure la terre, par les fleurs qu'on y voit (1).

Dimensions de l'église (2)

Elle a en dedans depuis le grand portail jusqu'au fond de la paroisse.	415 pieds	0 pouces
La croisée d'un portail à l'autre.	182 »	»
La hauteur générale depuis le pavé jusqu'au coq du bout de la flèche	402 »	»
La nef et la croisée, égales en hauteur portent du pavé aux voûtes	132 »	»
Le chœur a d'élévation	129 »	»
Sa largeur est de	42 »	9 »
La largeur de la nef et de la croisée est comme le chœur.	42 »	9 »
Les bas-côtés de la nef, du pavé aux voûtes, portent de hauteur	60 »	8 »
Les bas-côtés du chœur sont élevés de	57 »	8 »
La paroisse a de longitude	47 »	»
Les chapelles ont d'élévation	60 »	8 »
En dehors de l'église, le grand parvis porte de long environ	150 »	8 »
La tour du côté de Saint-Firmin porte d'élévation	210 »	»
On compte pour y monter 305 marches.		
La tour du côté de l'horloge porte d'élévation	190 »	»
On compte pour y monter 292 marches.		
Le clocher doré, qu'on nomme *la flèche*, depuis le comble jusqu'au coq porte d'élévation	201 »	»
La croix seule porte de haut.	32 »	»
Le comble de l'église en glacis porte	50 »	»
Ce qui fait perpendiculairement environ de	43 à 44	

(1) Ces diverses désignations des trois roses de la Cathédrale d'Amiens ont eu longtemps cours parmi la population, mais elles ne sont guère exactes et ne reposent d'ailleurs sur aucun document certain.

(2) Les dimensions de la Cathédrale, énoncées en mesures modernes, ont été publiées

Ayant tout bien compté et considéré, il est aisé de voir que l'église a treize pieds de plus en sa longitude qu'élévation, et qu'elle a douze pieds plus que le grand marché aux herbes d'Amiens, ainsi qu'il a été très bien remarqué depuis peu.

La face de l'église qu'on nomme vulgairement le grand portail, n'eut sa parfaite décoration que vers l'an 1401 (1). L'évêque Jean de Cherchemont a contribué à son exhaussement, particulièrement des deux tours en 1366. Sur le frontispice on voit les portraits de plusieurs de nos rois (2). La grande galerie fut renouvelée en 1714.

Sous le grand portail est représenté le Sauveur, avec les douze apôtres. On y voit aussi en plate-bande la Résurrection des morts; le Jugement universel; les joies du Paradis et les peines de l'Enfer. Et dans les petits trumeaux sont plusieurs figures de l'Ancien Testament.

Le portail à droite se nomme le porche de la Mère de Dieu, à cause d'une image de la Sainte Vierge que le peuple y va révérer tous les jours sur le soir. On y remarque la chute et la punition d'Adam et d'Ève. On y voit l'Annonciation, la Visitation, la Purification, le Trépas et l'Assomption de la Sainte Vierge, comme aussi les trois rois mages, et dans les petits trumeaux sont figurées plusieurs histoires du Nouveau Testament.

Le portail à gauche, qu'on appelle de Saint-Firmin, représente le martyre, l'invention et translation de ce saint, premier évêque d'Amiens. On y remarque aussi saint Firmin le Confesseur, saint Honoré, saint Salve, saint Berhund (3) et saint Geoffroy, tous évêques d'Amiens; comme aussi les saints martyrs Fuscien, Victorice, Gentien, Ache et Acheul. Pareillement saint Domice et sainte Ulphe. Dans les petits trumeaux sont les figures des douze mois de l'année et les douze figures du Zodiaque

---

par M. le chanoine Roze, d'après Goze, qui lui-même les tenait des architectes chargés de la restauration de l'édifice.

(1) Comptes de la fab. du Chapitre d'Amiens.

(2) D'après les iconographes modernes les plus autorisés, la série des statues royales qui se retrouve plus ou moins nombreuse sur la façade de plusieurs de nos cathédrales ne serait pas une collection d'images des rois de France, mais bien les statues des rois de Juda, ancêtres de Marie, mère du Sauveur : ce serait en quelque sorte un arbre de Jessé *horisontal*.

(3) Le nom de cet évêque est *Berchond* et non *Berhund*. — Saint Berchond occupa le siège épiscopal d'Amiens dans la première moitié du XIIe siècle.

Ces trois portaux étaient autrefois fermés de clôture de bois de charpente qui furent ôtées en 1722 (1).

Le portail de Saint-Christophe n'avait rien de remarquable avant le commencement du xiv° siècle, qu'on y éleva la chapelle de saint Lambert. La clôture de bois fut changée en une de fer en 1737. A droite de ce portail est une statue de saint Christophe, martyr de Lycie en 254. Dans les siècles d'ignorance on s'imaginoit que quiconque avoit vu une image de ce saint ne pouvoit mourir subitement ni par accident. De là vient qu'on le représente d'une grandeur prodigieuse et qu'on le mettoit au portail des églises cathédrales, afin que chacun pût le voir plus aisément (2).

Le portail de Saint-Honoré, que nous nommons de la Vierge dorée, est historié de la vie et des miracles de ce saint évêque, surtout lorsqu'en célébrant la messe on vit la main de Dieu bénir son sacrifice. On y voit la découverte qu'il fit du corps des saints martyrs Fuscien, Victorice et Gentien ; la guérison du paralytique devant Saint-Martin-aux-Jumeaux, et enfin la salutation que fit le Crucifix à la châsse de ce saint évêque, lorsqu'on la porta en procession dans l'ancienne église de Saint-Pierre et de Saint-Paul, ainsi que le porte la tradition.

Enfin, le portail du côté de l'Evêché se nomme de Saint-Firmin-le-Confesseur, il n'a rien de remarquable, sinon l'image de ce saint évêque et une araignée qui forme le vitrau (*sic*) de ce portail (3).

On entre encore dans l'église par deux autres portes, savoir, celle de l'Evêché et de la Cour de l'Œuvre. C'étoit en cette cour qu'on voyoit encore dernièrement une table de pierre sur laquelle on comptoit le salaire qu'on payait journellement aux ouvriers qui travailloient à l'église.

Pour monter au haut de l'église et dans les clochers et galeries on a pratiqué six escaliers, d'une façon toute admirable et très facile.

La maçonnerie intérieure de l'église est serrée d'une forte chaîne

---

(1) Il serait bien utile de fermer actuellement toute la surface du parvis par des grilles de fer, dans l'intérêt de la décence et de la conservation des sculptures. — Cette note était écrite quand le désir qu'elle exprime a reçu pleine satisfaction : au cours de l'année 1898, une grille d'un bon style a été placée au pourtour du parvis, d'après les dessins et sous la direction de MM. Lisch et Billoré, architectes.

(2) *Dict. de l'abbé Ladvocat.*

(3) Il a fallu à l'auteur beaucoup de bonne volonté pour reconnaître une *araignée* dans les meneaux qui garnissent le tympan ajouré du portail. On a dit malignement que cette araignée n'existait que dans le cerveau de l'écrivain.

de fer, qui règne autour des galeries et qui tient aussi les quatre piliers ancrés de bonnes clefs de fer, qui les traversent (1).

Au-dessus des grandes orgues et sur la croisée sont des réservoirs d'eau pour servir en cas d'incendie.

Le clocher qui avoit été bâti en pierre avec le corps de l'église et sommé d'une belle flèche de charpente, étoit un ouvrage qui correspondoit à la délicatesse de l'église, ainsi que nous l'avons vu peint sur un tableau dans l'intérieur de la Cathédrale. Il renfermoit six cloches qui formoient un carillon des plus harmonieux. Ce clocher, après avoir subsisté en place plus de trois cents ans, fut brûlé du tonnerre le 15 de juillet 1527 (2), sur les dix heures du soir. Cet affreux désastre, joint à la hauteur de l'édifice, et les épaisses ténèbres de la nuit, faisoit craindre pour toute l'église, dont le comble brûloit par les quatre côtés. Rien n'étoit pitoyable que de voir le métal et le plomb se répandre dans l'église en forme de pluye, tandis que le clergé et le peuple en prières envoyoit au ciel ses soupirs et ses regrets, voyant consumer un si bel édifice. Témoins les vers suivants écrits sur le tableau dont nous venons de parler et qui avoit été donné par Messire Christophe de la Meth, chanoine, et alors Maître de la Confrérie de Notre-Dame du Puy :

1527

✠

Cet an durant quinze juillet
Par foudre fut le clocher de céans
Epris de feu et rasé tout net
Duquel méchef pleurent maintes gens.

L'évêque François de Halluin et le Chapître avoient consulté plusieurs entrepreneurs et architectes habiles sans qu'aucun ait pu donner un dessin juste et solide. Mais il se trouva par hasard dans la Cathédrale un pauvre homme sans apparence de science nommé Louis Cordon, originaire du village de Contenchy (sic). Cet homme après avoir écouté les divers avis des gens de l'art, dit librement à M. de la Meth qu'on ne réussiroit jamais dans aucune des entreprises dont on parloit

(1) Reglst. du Chapitre en 1497. — La chaîne de fer, posée au xv° siècle, n'appartient pas au plan primitif. C'est une nécessité et non un chef d'œuvre.
(2) Ou plutôt 1528 : V. le travail de M. Darsy : *Répertoire des histoires locales de Picardie*, 1re série, p. 23.

parce que les voûtes et les arcades romproient sous de si pesants fardeaux si on ne se servoit de clefs de décharge pour les soulager, ce qu'il fit entendre à ce chanoine par un petit dessin qu'il traça et effaça aussitôt. On fit venir Louis Cordon au Chapitre, où il s'expliqua si bien que tout d'un commun accord on lui confia l'entreprise de ce grand ouvrage, qu'il acheva en deux ans.

Ce clocher que nous nommons la flèche, et qui fait aujourd'hui l'admiration de tout le monde, est construit tout en bois de chataignier, presque sans chevilles, les mortaises en étant seulement avec les tenons emboités d'une manière admirablement ingénieuse. Cet ouvrage qu'on peut appeler une forêt de bois, est porté et soutenu comme en l'air par quatre poutres, hautes chacune de cinquante pieds, lesquelles sont posées sur les quatre maîtres-piliers de l'église. Toute cette charpente fut achevée en 1532. Dans cette année, Jean Pingard, plombier du Chapitre, acheva de le couvrir de plomb, et travailla aux ornements qui le décorent (1). En cette même année, Jean Rabache, peintre et doreur, dora tous les ornements, ce qui fit donner à cette flèche le nom de clocher doré, qu'elle porte encore aujourd'hui, quoique l'or en soit effacé par l'injure de l'air (2).

La reine mère, sous le règne de François Ier, contribua de cent écus d'or pour l'embellissement de cette flèche (3).

Elle fut achevée, compris toutes ses décorations, en 1533, et en cette année, le 22 mai, elle fut bénie (*sic*) par l'Evêque François de Halluin ; ce prélat, en procession, fit cette cérémonie étant dans la rue du Séminaire (4). Cette flèche renferme six cloches données en 1531 par Me Pierre Wallet, chapelain de la Cathédrale et distributeur du Chapitre. La plus grosse, qui a toujours servi pour l'Extrême-Onction, se nomme *Jésus-Maria*.

Le clocher doré demeura en sa splendeur jusqu'en 1627, que le 4 décembre, sur les dix heures du matin, un grand vent fit

---

(1) M. S. 1756.

(2) Il y a encore toutefois de nombreuses traces de dorure très visibles en plusieurs endroits de la flèche.

(3) P. Daire, *Histoire d'Amiens*, t. II.

(4) Rue Saint-Denis, actuellement rue Victor-Hugo. — En 1662, Mgr François Faure, évêque d'Amiens, établit le Séminaire, qu'il avait fondé en 1655, dans un bâtiment qui avait servi d'infirmerie à l'abbaye de Saint-Martin aux Jumeaux. Alors la rue s'appela *du Séminaire* elle ne reprit son nom de S. Denis que quand le Séminaire fut transféré au faubourg de Noyon, au lieu qu'il occupe aujourd'hui, en 1789.

plier le bout du pivot. Pour réparer ce dommage, le Chapitre y fit travailler deux habiles ouvriers, l'un nommé Wargnier, du village d'Hangest-sur-Somme, meunier du Moulin du Roi, à Amiens, et l'autre nommé Dequerebis, demeurant au faubourg de la Hautoye. Cette réparation coûta 400 livres. De ce coup la flèche fut diminuée de dix pieds. M. Blasset (1), fondeur à Amiens, acheva de la couvrir de plomb, et a fondu la grosse pomme entre les branches de tulipes (sic), sur un échafaud fait exprès, puis l'a soudée où elle se voit à présent.

Cette pomme, qui porte onze pieds de circonférence, renferme un cœur de bronze doré dans lequel sont des reliques des saints martyrs Fuscien, Victorice et Gentien, que le Chapitre y fit placer en 1628, lesquelles ne servent pas peu contre la foudre, comme on va voir. L'an 1712, en un dimanche 29 de juin, par les une heure après-midi, le tonnerre mit le feu un peu au-dessous de la pomme ; cet accident qui allarma le Chapitre et toute la ville, n'eut pas de suites par le secours de l'eau et la vigilance des ouvriers. Le dimanche suivant, Mgr de Sabatier par son mandement, ordonna une procession générale et le lendemain une messe solennelle d'actions de grâces de ce que le Seigneur, avoit conservé son temple.

La tour du côté de Saint-Firmin renferme les deux bourdons: ils furent fondus dans la cour de l'Evêché le 6 de juin de l'année 1736. Le plus gros, nommé *Marie* pèse environ 12000 ; et l'autre nommé *Firmine*, environ 10000 ; ces cloches furent bénites par Monseigneur de la Motte, et sonnèrent pour la première fois à la fête de l'Assomption de la Vierge, le 15 août (2).

La tour du clocher sourd, qui est du côté de l'horloge,

---

(1) C'est Nicolas Blasset le sculpteur, célèbre à qui est due la statue de l'*Enfant pleureur* ; non content de manier le ciseau et l'ébauchoir, il était aussi architecte et plombier.

(2) Le plus petit des deux bourdons, Firmine, ayant été fêlé le 8 novembre 1803, pendant qu'on le sonnait pour la messe de rentrée de la Cour d'appel; on s'abstint longtemps de s'en servir ; il ne fut refondu qu'en 1816 par Gorlier père, fondeur à Frévent ; mais cette cloche était défectueuse ; elle se brisa de nouveau le 25 septembre 1827 jour de Saint-Firmin ; au mois de décembre 1833, elle passa encore par le creuset, et en sortit telle qu'elle est aujourd'hui ; le dernier fondeur, établi à Amiens, était le sieur Cavillier père, originaire de Carrépuits près de Roye ; la famille Cavillier a laissé beaucoup de ses œuvres, spécimens remarquables de l'art campanaire dans grand nombre d'églises de Picardie. Quant au premier bourdon, le plus fort, il est encore intact depuis 1736, date de sa fonte primitive.

renferme huit cloches pour la sonnerie ordinaire et le carillon. Plusieurs de ces cloches portent les noms de leurs donateurs. M. Adrien de Hénencourt, doyen du Chapitre, laissa des dons pour l'entretien des cloches. Toutes les cloches de la Cathédrale furent enlevées (1) par les canonniers espagnols durant le siège d'Amiens, mais le Chapitre les racheta pour une somme considérable (2).

Les vitres de la Cathédrale sont au nombre de quarante-et-une y compris seulement celles du chœur, de la nef et de la croisée. Elles ont toutes de hauteur quarante-huit pieds.

Les trois principales vitres, au-dessus du Maitre-autel du chœur ont été données l'an 1269 par l'évêque Bernard d'Abbeville. Entre les douze autres qui sont dans le chœur, qui sont d'environ le XIII° siècle, il s'en trouve plusieurs données par Messieurs du Corps de ville, témoin l'ancien *sceau des marmousets* qu'on y voit encore sur quelques-unes (3).

La vitre qui forme la rose du grand cadran de l'horloge fut donnée l'an 1241 par Jean de Coquerel, mayeur d'Amiens ; les armes de ce donateur sont au milieu de la rose, au-dehors de l'église.

La première à gauche dans la nef fut donnée en 1297. Les noms des donateurs s'y voient en lettres gothiques, et les armes sur les trois suivantes. La cinquième fut donnée par *Willaume li Ours*, dont les armes parlantes y sont. Les sixième et septième ont été données par les Mayeurs des Waidiers. La onzième et la douzième dans la croisée furent données par M° *Raoul de Fossetis* Archidiacre d'Amiens ou de Ponthieu, mort l'an 1324. Il paroit, suivant le manuscrit de Monsieur de Riencourt, que la treizième fut donnée par les marchands de Waides. Une autre fut donnée par Charles de la Tour, qui mourut chanoine et pénitencier de la Cathédrale en 1551. Quelques unes ont été données dans le XIII° siècle par la reine Blanche de Castille, mère de saint Louis, IX° du

---

(1) Ou plutôt *saisies*.
(2) P. Daire, *Histoire d'Amiens*, t. II.
(3) Ce que l'on appelait vulgairement *sceau des marmousets* n'était autre chose que le sceau de la Ville d'Amiens, dont la cité commença à faire usage dès qu'elle fut érigée en commune ; le nom de *marmousets* venait de ce que l'on y voyait gravées entre les rayons d'une rosace un certain nombre de petites têtes, qui étaient censées être les portraits du mayeur et des échevins ; plusieurs villes de France possédaient des sceaux analogues par leur disposition.

nom. Les doyennés de Picquigny, d'Abbeville, Saint-Valery, Poix, Conty, Grandvillers et Doullens en ont donné plusieurs, tant dans le chœur que dans la nef. Les verrières, tant dans les chapelles que dans les galeries ont été données en différents temps par des marchands et maîtres de différentes professions, témoin les diverses sortes d'outils qui y sont représentées.

La plus admirable de toutes les verrières de cette belle église, c'est la rose du côté de l'Evêché dont le compartiment représente une rose composée de trente-deux feuilles, avec une étoile à cinq pointes dans le milieu ; on y remarque diverses sortes de poissons et de coquillages de mer. Elle mérite l'attention des curieux.

Celle du côté du midi porte vingt-quatre feuilles, et sur les vitres sont représentées plusieurs figures d'anges qui regardent le centre. Cette rose représente le Ciel.

Enfin celle au-dessus des grandes orgues porte aussi vingt-quatre feuilles. On y remarque plusieurs sortes de fleurs et têtes de coq crêtées et becquées dont tous les plumages sont colorés, représentant les armes de son donateur. Elle figure la terre. (1)

Parlons du pavé de l'église. Toute la Cathédrale est pavée partout de beaux pavés ou carreaux bleus et blancs qui représentent diverses sortes de blason. (2)

Le labyrinthe, au milieu de la nef, dont le centre est une croix de cuivre qui enseigne le lever du soleil, est une imagination des plus ingénieuses par ses différents tours et détours, découpés par le pavé bleu et blanc. Le labyrinthe est de figure octogone. Il porte environ 128 pieds de circonférence. (3)

Voyons à présent l'intérieur de l'église.

On ne sait pas au juste dans quel temps la Cathédrale fut bénite pour la première fois, ni en quel temps on a commencé à y faire l'office. Il est à présumer que ce fut avant l'an 1244,

---

(1) Il est intéressant de rapprocher cette description sommaire des vitraux de la Cathédrale d'Amiens de la note de Du Cange sur l'état des verrières de la basilique en 1667. Cette note a été publiée par les soins de M. Rigollot dans le tome IV° du Bulletin de la Société des Antiquaires de Picardie, pp. 291-296.

(2) C'est une erreur de croire que les combinaisons du dallage de la Cathédrale représentent des figures héraldiques : Pagès est tombé aussi dans cette inexactitude.

(3) Détruit en 1828, le labyrinthe de la Cathédrale d'Amiens a été rétabli en 1895 par les soins de M. Ch. Billoré, architecte diocésain, qui de 1894 à 1896 dirigea les travaux de réfection totale du pavage de la basilique, réfection qui reproduit exactement l'ancienne disposition.

puisqu'en cette année une sentence de l'Evêque Arnoult, portée contre Geoffroy de Milly, bailli d'Amiens, montre que les corps de cinq clercs, qu'il avoit fait pendre injustement, y furent portés par réparation d'honneur avant de les aller inhumer au cimetière de Saint Denys, ainsi qu'il se voit dans le Cartulaire du Chapitre, aux archives de l'Evêché et de l'Hôtel-de-Ville.

La première consécration de la Cathédrale fut célébrée le 10 Juin 1483 par l'Evêque Pierre Versé. Cette cérémonie, comme portent les titres du Chapitre, se fit sous le titre de Notre-Seigneur, de la Sainte Vierge et de tous les Saints.

La seconde consécration fut célébrée par Nicolas de la Couture, évêque d'Hébron, alors suffragant de François de Halluin, évêque d'Amiens. Cette consécration se fit le 14 Juillet 1504. Robert de Cambrin, écolâtre et chanoine d'Amiens, docteur en droit, clerc de la Chambre apostolique de Rome, doyen de Furnes et chanoine de Cambrai, mort l'an 1503, a laissé la somme de 2000 livres, pour la célébration annuelle de l'office solennel de la Dédicace de la Cathédrale d'Amiens.

Nicolas Lagréné, aussi suffragant de François de Halluin, renouvelle cette cérémonie le 14 juillet 1509. On conserve encore dans le Chapitre de l'eau grégorienne qui a servi à la première consécration de cette église.

Anciennement le premier autel du chœur étoit élevé selon l'usage romain. Derrière cet autel en étoit un autre qu'on nommoit autel *de retro*, sur lequel étoit simplement un crucifix en peinture, avec la Vierge et Saint Jean, et dans une niche de pierre étoit l'ancienne châsse de Saint Firmin le Martyr, avec d'autres reliques. Il y avoit longtemps que ce simple autel existoit, quand, l'an 1484, Michel Marié le décora d'une représentation du Saint Sépulcre de Notre Seigneur. L'évêque Pierre Versé en fit la bénédiction la même année. (1)

Ce premier autel à la romaine, dont nous avons parlé ci-devant, ayant été supprimé en 1413 sous le saint évêque Philibert de Saulx, fut aussitôt reconstruit d'une façon plus accomplie. Mᵉ Pierre Millet, chanoine de cette église, le décora d'une table de marbre noir, longue de quatorze pieds, large de quatre et demi, sur huit pouces d'épaisseur.

(1) Registre du Chapitre.

L'an 1486, sous l'évêque Pierre Versé, ce second autel fut décoré d'une table d'argent, artistement travaillée, à laquelle le mayeur, Nicolas Le Rendu, et le Corps de Ville contribuèrent de leurs largesses, ainsi que plusieurs autres personnes de piété. Cette table qui étoit du poids de 1576 marcs et une once, avoit coûté 12290 livres 16 sous. Outre ça, on voyoit au milieu de cet autel un grand crucifix d'argent ; à ses côtés les images de la sainte Vierge et de saint Jean, aussi en argent. Le bas, ou devanture de l'autel étoit orné des figures des douze apôtres et des douze petits prophètes, et autres figures toutes de même métal. Ces riches décorations étoient renfermées et cachées par des étuis de bois peint, et on ne les mettoit à découvert que les jours doubles. Tous ces beaux ouvrages furent vendus en 1598 pour racheter les cloches que les Espagnols avoient enlevées à la surprise d'Amiens, un an auparavant.

Sur le retable de cet autel étoient posées les châsses de saint Firmin le Martyr, saint Firmin le Confesseur et saint Honoré, et plus bas aux environs étoient posées les autres.

L'an 1502, pour mettre les châsses à couvert, l'évêque François de Halluin y fit pratiquer des niches de pierres sculptées d'un ouvrage exquis. Cet autel et les niches furent démolis en 1752. On supprima en même temps six belles colonnes de cuivre ornées de différentes figures d'anges et de saints, qui rendoient le sanctuaire vénérable.

L'an 1755, sous Mgr de la Motte, le Chapitre fit faire un tombeau d'autel en bois sculpté qui a subsisté jusqu'en 1768. On se servit pour cet ouvrage des bois qui avoient servi aux échafaudages de la cathédrale lorsqu'on la bâtissoit.

L'an 1768, après Pâques, Mgr de la Motte fit commencer l'autel et la gloire que nous voyons aujourd'hui. Quoique cet ouvrage masque l'architecture de l'église, il ne laisse pas de passer pour un assez bon morceau. Toutes les décorations et les attributs de cette gloire se trouvent admirablement bien expliqués au livre des révélations de saint Jean, que nous appelons l'Apocalypse.

Au milieu de l'autel sous une cloche ou pavillon d'argent repose en un ciboire d'or, le Corps adorable de Jésus-Christ (1) : plus bas, dans une niche et dans une châsse d'or, le corps de saint Firmin le

---

(1) Conformément aux anciennes prescriptions liturgiques, la sainte Eucharistie suspendue au-dessus du Maître-Autel de la Cathédrale est depuis 1879 enfermée dans une colombe en vermeil.

Martyr, premier Évêque d'Amiens. A droite, dans une châsse de vermeil doré, celui de saint Firmin le Confesseur, et à gauche celui de saint Honoré. Dans le sanctuaire sont les châsses des autres saints, et sous l'autel, celle des saints martyrs Fuscien, Victorice et Gentien.

Autrefois, dans le sanctuaire, et vis-à-vis l'autel, était suspendu un candélabre à trois branches, lequel fut fabriqué des anciens bassins d'argent que Geoffroy de Milly fut obligé de fournir à cette église en l'an 1244, suivant la sentence de l'évêque Arnoult, comme on a vu ci-devant. Ce candélabre fut supprimé l'an 1768.

Au milieu du sanctuaire fut enterré le cœur de Monseigneur Antoine de Créquy, Cardinal et Évêque d'Amiens, décédé en 1574. Ce cœur fut tiré de ce lieu en 1706, pour faire place au corps de Monseigneur Henry Feydeau de Brou. Le cœur de ce cardinal fut réenterré un peu à côté.

Dans le sanctuaire, du côté de l'épître étoient trois chaires de bois qui servoient autrefois quand l'évêque officiait ; elles furent ôtées en 1752, et cette même année on ôta quatre grands chandeliers de cuivre. Sur le plus petit étoit écrit en gothique :

𝕮𝖊𝖘 𝖒𝖆𝖓𝖆𝖓𝖌𝖋𝖎𝖊𝖗𝖘 𝖉𝖊 𝕾𝖆𝖎𝖓𝖙-𝕷𝖊𝖚 𝖒'𝖔𝖓𝖙 𝖈𝖍𝖞 𝖒𝖎𝖘 𝖊𝖓 𝖒𝖎𝖑𝖑𝖊 𝖈𝖍𝖔𝖓𝖖 𝖈𝖍𝖊𝖓𝖘 𝖊𝖙 𝖚𝖓 𝖖𝖚𝖆𝖗𝖙𝖊𝖗𝖔𝖓.

Dans le sanctuaire, du côté de l'épître, gît le corps du dévot Évêque Pierre Versé, mort en odeur de sainteté le 8 février 1500.

De l'autre côté gît l'Évêque Jean de Boissy, mort le 4 septembre 1410.

Dans le chœur, au-dessus des portes collatérales étoient les figures des douze apôtres, que le Chapitre avoit fait repeindre en 1738. Ces figures furent supprimées en 1761.

Le chœur fut défendu aux laïcs en 1755.

Autrefois, au milieu du chœur pendoit de la voûte la figure de la ville d'Amiens. Cet ouvrage qui étoit tout d'argent, et très beau, avoit été donné à cette église environ l'an 1472 par le roi Louis XI. Cette représentation fut ôtée et fondue l'an 1486 pour faire la table d'autel dont nous avons parlé ci-devant. (1)

(1) Ce n'était pas seulement à Amiens que l'on voyait une reproduction en métal de la ville offerte en *ex-voto* à la suite de quelque évènement mémorable ; des objets analogues se rencontraient dans un grand nombre de localités ; bornons-nous à citer le relief de la ville de Soissons, relief en cuivre argenté, qui existe encore.

Les stalles, qu'on peut appeler chef-d'œuvre de sculpture et merveille des regardants furent données par M° Adrien de Hénencourt, Doyen de la Cathédrale. Elles furent commencées le 3 juillet de l'année 1508. Arnault Couillin (1) (*sic*) et Alexandre Huet, maîtres menuisiers à Amiens, en furent les principaux entrepreneurs. Le principal conducteur de l'ouvrage étoit un ouvrier nommé Jean Turpin ; le manuscrit de M. Leroy (2) marque que cet ouvrier gagnait par jour 7 sols tournois ; et celui au-dessous de ce dernier gagnait 3 sols, ce qui faisoit par an 12 écus, à vingt-quatre sols pour un écu. Ces stalles, alors au nombre de 118, furent achevées en 1519. Elles ont coûté 9488 liv. 11 sols 3 oboles. Cet ouvrage orné des figures de l'ancien et du nouveau testament fait l'admiration de tout le monde. On y remarque surtout un très beau Chef de saint Jean Baptiste. Le bois qui est de châtaignier et de chêne fut pris dans les forêts de Neuville en Hainault, sous Auneuille, près de Clermont en Beauvoisis, (3) et le reste dans les bois du Chapitre. Comme il en manqua pour achever l'ouvrage, le Chapitre en acheta à Abbeville et Saint-Valery.

Le lutrin que nous appelons l'*aigle*, au milieu du chœur, lequel est d'un beau cuivre blanc, fut donné en 1341, par Milon de Bonneville.

L'an 1766, Monseigneur de la Motte fit paver le sanctuaire et le chœur en marbre le plus fin et du plus riche dessin. Sous un carreau renfermé on mit le chronogramme suivant, qui montre le nom du donateur (4).

(1) Le nom véritable de ce menuisier était *Arnoul Boulin*. Si l'on adopte l'appréciation de la valeur des monnaies de 1501 à 1525, donnée par d'Avenel, la somme de 9488 l. 11 s. 3 ob. équivaudrait à francs 203.055,1035, valeur actuelle. D'après l'évaluation de Leber (1498-1526), le chiffre de la dépense atteindrait francs 250.023,452. Nous devons ces renseignements à l'obligeance de notre collègue, M. Georges Boudon. — Ajoutons que Viollet-le-Duc (*Dictionnaire d'Architecture* t. VIII, p. 471) dit que la dépense totale de l'érection des stalles s'éleva à 11.230 liv. 5 sols, et que l'on ne referait pas aujourd'hui cet ouvrage pour 500.000 francs, au plus bas chiffre.

(2) Nous ignorons ce que c'est que ce manuscrit.

(3) Le nom de la forêt où fut tiré le bois des stalles est La Neuville en *Hez* et non en *Hainault*. Le chef de saint Jean-Baptiste est sculpté sur le 6° pendentif des dais des stalles hautes à droite de l'entrée principale du chœur.

(4) Un dessin du XVIII° siècle a été offert à la Société des Antiquaires de Picardie au mois de juillet 1894, par M. Dufour, bibliothécaire de la ville de Corbeil ; c'est un plan projeté et non exécuté du pavage en marbres multicolores du chœur de la Cathédrale d'Amiens, plan dressé par Franque, architecte du

IHS
Me Dedit
CirCa pentecosten
LodoiX fracisoVs
gabRIel
hVIVS eCCLesIe prÆsVL
I H S
✝

En dehors, sur la porte du chœur étoit le jubé. Cette tribune ornée des figures de la Passion de Notre-Seigneur, avoit 42 pieds de longueur sur 25 de hauteur. Cet ouvrage, en plate bande, étoit soutenu sur le devant de huit petites colonnes de marbre noir. Sur ce jubé étoit un crucifix, dont la croix qui avoit vingt pieds d'élévation, étoit ornée de glaces de différentes couleurs. Au pied de cette croix était une image de la Vierge, devant laquelle pendoit une lampe d'argent provenant des biens de Geoffroy de Milly, dont il a été parlé ci-devant. Ce jubé, qui avoit été bâti vers l'an 1490, fut doré en 1613, des libéralités de M° Adrien De Vérité, et de M° Claude Gellée, tous deux chanoines de la Cathédrale. M. Nicolas Choquet, bourgeois d'Amiens, le fit redorer en partie en 1707. Il fut démoli en 1755.

Sous le jubé, à droite, était la chapelle de Saint Jacques le majeur. On l'appelloit le trésor de Saint Jacques, à cause que la relique du saint apôtre, y étoit conservée avec plusieurs autres (1). A gauche, étoit celle de Saint Firmin le martyr : le crâne de ce saint y étoit aussi conservé (2).

En place du jubé furent élevées deux belles chapelles de

Roi vers 1763. M. Dufour, originaire d'Amiens, est l'arrière-neveu de Bruno Vasseur, qui a tant contribué à la conservation de la basilique amiénoise pendant la Révolution. (*Bulletin de la Société des Antiquaires de Picardie*, t. xviii, p. 553).

(1) « On conservait jadis la mâchoire inférieure de S. Jacques dans une petite chapelle du jubé de la Cathédrale, nommée *Trésor de S. Jacques* ou plus vulgairement *Menton de S. Jacques*. En 1469, le chanoine Aux Cousteaux donna pour cette relique une châsse que portaient à la procession du 25 juillet *quatre maîtres égards*, de la confrérie des merciers. Cette précieuse relique, sauvée à la Révolution, est aujourd'hui conservée à l'église Saint-Jacques d'Amiens, comme le prouvent une authentique de Mgr Demandolx (1807) et un procès-verbal de M. Voolin, en date du 18 août 1801 ».

Hagiographie du Diocèse d'Amiens, par J. Corblet, t. iv, p. 327.

(2) Cette relique a depuis longtemps disparu.

marbre ornées de riches colonnes et figures des quatre évangélistes. Celle à droite, sous le titre de Saint Charles Borromée, fut donnée par M. Cornet de Coupel alors chapelain de la Cathédrale ; celle à gauche, sous le vocable de Notre-Dame-de-Pitié, fut donnée par Monseigneur de la Motte, évêque d'Amiens. L'une et l'autre chapelle furent bénites par ce prélat le 12 février de l'année 1758.

Ces chapelles, ainsi que deux petits jubés qu'on avoit pratiqués par derrière se trouvant trop masquer le chœur, furent supprimées en 1761, et replacées aux bas-côtés du chœur.

L'an 1762, le Chapitre fit faire par le sieur Vivaretz, serrurier à Corbie (1) la clôture qui ferme la devanture du chœur, et fit faire en marbre le perron.

Ayant vu l'intérieur et la devanture du chœur, et avant que de passer dans la nef, il faut monter les degrés à main gauche, pour voir ce qui est et parler de ce qui fut autrefois autour du chœur pour lui servir de fermeture.

Premièrement, on voit en plate-bande et représentées au naturel, les figures de la vie et martyre de saint Jean-Baptiste. Ces ouvrages, faits en 1531, ont été donnés, à ce qu'on croit, par Jean Sacquespée, qui fut chanoine et gardien de la Trésorerie du Chef de saint Jean, mort à la fin de l'année 1524. On y voit aussi les armes de Jean de Coquerel, aussi chanoine, mort l'an 1521.

Sur la porte collatérale étoit représenté en sculpture le départ des douze romains qui, dans le ive siècle quittèrent la ville de Rome pour venir annoncer le saint Evangile dans les Gaules. Desquels étoient saint Fuscien, saint Victorice et saint Quentin,

---

(1) M. A. Dubois, de la Société des Antiquaires de Picardie, a bien voulu, avec son obligeance habituelle nous communiquer quelques notes concernant l'habile artiste, auteur des grilles du chœur de la Cathédrale d'Amiens. Nous sommes heureux de les transcrire ici :

Jean-Baptiste Veyren dit *Vivarais* avait le titre de maître-serrurier aux grands ouvrages de l'abbaye royale de Corbie. Il demeurait dans l'enceinte du monastère, il était originaire de Villeneuve-de-Bers, paroisse S. Louis, au diocèse de Viviers. Il mourut à Corbie, sur la paroisse S. Albin le 9 avril 1788. Il était alors âgé de 84 ans. Il s'était marié deux fois durant son séjour à Corbie ; en premières noces il avait épousé Marie Jeanne Papillon, le 24 février 1745, en secondes noces il épousa, le 3 octobre 1747, à Fouilloy, Marie-Louise Envremer Duval, qui mourut le 20 septembre 1749.

lesquels vinrent à Amiens, et y souffrirent pour la foi de Jésus-Christ.

A côté de cette représentation, étoit à genoux et les mains jointes Monseigneur Jacques Le Doux, évêque d'Hébron, et suffragant de l'évêque François de Halluin ; ce premier mourut l'an 1582. Ces ouvrages qui avoient été faits des libéralités de l'évêque Claude de Longwy, furent démolis en 1761, et remplacés de la porte collatérale en fer.

Tout près étoit représentée, aussi en sculpture de pierre dorée, la vision du Paradis, ou un échantillon de cette gloire bienheureuse tel qu'on le voit au IV° chapitre de l'Apocalypse ; ce bel ouvrage, qui avoit été donné vers le commencement du xvii° siècle, par M° Nicolas Gauchant (1), prêtre et chanoine pénitencier de la Cathédrale, mort le 16 février 1616, fut supprimé en 1761.

Ensuite, dans un grillage de fer, et sous une petite voûte de pierre soutenue de quatre colonnes étoit le mausolée de l'évêque Jean de Boissy dont le corps gît dans le chœur et sanctuaire près de la grande grille.

Au pied de ce mausolée étoit, en marbre blanc, l'effigie de Jean de la Grange, cardinal et évêque d'Amiens. Ce prélat étoit oncle du précédent. Ce mausolée, ainsi que celui ci-dessus, furent supprimés l'an 1751. Les ossements de Jean de la Grange furent trouvés sous ce mausolée et furent réenterrés au même endroit, sous la banquette de la grille que fit poser le Chapitre.

Entre deux piliers, plus loin, étoit représentée en plate bande de très belle sculpture de pierre l'arrivée des saints Fuscien et Victorice dans la ville d'Amiens ; comme ils furent reçus chez Gentien, qu'ils convertirent à la foi ; leurs supplices et la manière miraculeuse dont leurs corps furent trouvés par l'évêque saint Honoré. Cet ouvrage, fait des libéralités de M° Charles de la Tour, chanoine et aussi pénitencier de la Cathédrale, mort en 1551, fut supprimé en 1751, et remplacé d'une grille de fer (2).

Plus loin étoit l'épitaphe de M° Jean-Baptiste Le Sieur, chanoine et pénitencier de cette église, mort l'an 1702. Il étoit représenté à

---

(1) Certains écrivains donnent à ce chanoine le nom de *Glachant*.
(2) Les saints Fuscien et Victorice prêchèrent la foi aux Morins, dans le temps où saint Quentin la prêchait à Amiens. Comme ils se rendaient dans cette dernière ville pour y rejoindre l'apôtre, ils s'arrêtèrent dans un bourg voisin, nommé *Sama* où ils reçurent l'hospitalité chez un vieillard, Gentien, qui leur apprit que Quentin avait souffert le

genoux devant une image du Sauveur. Cet épitaphe fut ôté l'an 1768, et remplacé d'une grille donnée par M° Cornet de Coupel, chanoine.

Derrière le maître-autel, et dans une petite voûte, devant la Paroisse étoit l'effigie en marbre noir de l'évêque Arnoult, dont le mausolée étoit orné de petits clochers et galeries en mémoire de ce que ce prélat avoit fait faire ces ouvrages à la Cathédrale de son vivant. Cette effigie fut supprimée en 1751, pour mettre en place celle de Jean de la Grange, qui s'y voit encore.

Au-dessus de ce tombeau est l'épitaphe en marbre blanc et noir de M° Guillin Lucas, prêtre, chanoine de cette église et fondateur de la maison et école des pauvres enfants orphelins de la ville d'Amiens, mort l'an 1628. Ce fondateur est représenté à genoux devant une belle statue de la Vierge : on y voit un pleureur qui fait l'admiration des curieux. Tous ces ouvrages furent taillés par Nicolas Blasset, sculpteur du roi.

Au côté droit, en tournant, étoit l'épitaphe de M° Adrien Pécoul, prêtre, médecin et chanoine, comme aussi archidiacre de Ponthieu, mort le 7 septembre 1613. Cet ouvrage, qui représentoit le pieux samaritain de l'Evangile, fut ôté en 1768, et remplacé par une grille de fer, donnée par M. Coupel (*sic*) (1).

Ensuite étoit représentée en plate bande de pierre sculptée la Nativité de la Sainte Vierge. Cet ouvrage qui étoit sans renseignement fut supprimé l'an 1752 ; on mit en place une grille de fer.

Puis à côté étoit le superbe mausolée de l'évêque François de Halluin ; c'étoit un ouvrage d'une très riche sculpture de pierres peintes et dorées, lequel s'élevoit en pyramide jusqu'aux cordons des piliers. Au milieu étoit, soutenu par quatre colonnes, le tombeau futur de ce prélat, avec un beau dôme qui le couvroit. Son corps n'y fut pas déposé, car, étant mort à l'abbaye du Gard, il y fut enterré l'an 1538. Ce mausolée fut supprimé l'an 1751, et remplacé d'une grille de fer.

Tout contre, dans un grillage de fer, étoit représenté le dévot évêque d'Amiens, Pierre Versé, mort l'an 1500, et dont le corps gît dans le sanctuaire. Ce mausolée fut ôté en 1751, et placé dans la

---

martyr en Vermandois. Le préfet Riotius Varus, instruit de la présence des missionnaires chrétiens à Sama, les fit arrêter. On trancha d'abord la tête à Gentien. Puis Fuscien et Victorice furent conduits à Amiens, où ils furent mis à mort après d'horribles tortures, vers l'an 286.

(1) Cornet de Coupel.

chapelle de Saint François, d'où il fut tiré l'an 1768. Son premier emplacement fut orné d'une belle grille de fer donnée par Mgr de la Motte.

A côté étoit représenté Notre Seigneur au jardin des Olives, avec une belle image de la Vierge donnant à têter à son Cher Fils. Cet ouvrage qui servoit d'épitaphe à M⁰ Pierre Cuignet, chanoine de la Cathédrale et fondateur du vin qui se distribué pour les messes qui se disent dans cette église, fut supprimé en 1751.

La porte collatérale sur laquelle étoit la chambre du guidon fut faite des libéralités de M⁰ Adrien de Hénencourt, doyen de la Cathédrale, mort l'an 1530. Cet ouvrage fut ôté en 1751. On mit une grille de fer en place.

Ensuite on voit, en marbre blanc, sur une colonne pareille, l'effigie de Jésus enfant, qui, avec sa croix, brise la tête du dragon infernal. Cet ouvrage de la main du célèbre Blasset, fut donné en 1705 (?) par M. François de Vitry, fils de M. François de Vitry, sieur des Auteux. Ce donateur a fait élever ce monument à la gloire de Dieu, et en mémoire de son père, dont le cœur gît au pied de cette statue. Ce dernier a contribué en 1668 de la somme de 3.000 livres pour la construction de la chapelle de Saint Jean du Vœu, que nous voyons bâtie en marbre.

Enfin, en suivant, est en plate bande et belle sculpture, l'histoire de l'arrivée de saint Firmin en la ville d'Amiens, sa prédication, son martyre, comme saint Salve trouva miraculeusement son corps à Saint-Acheul, et sa translation en la ville d'Amiens. Ce monument fut fait dans l'année 1489 des bienfaits de M⁰ Adrien de Hénencourt, doyen de la cathédrale, pour lors prévôt de cette église. Lui, et son oncle maternel, l'évêque Ferry de Beauvoir, sont représentés en des niches sous cette histoire (1).

Il est vrai qu'on a supprimé et détruit de bons morceaux d'architecture et de sculpture qui servoient de fermeture au chœur, mais la place qu'ils ont cédée aux grilles qui le décorent et qui donne facilité au peuple de voir le sanctuaire, empêche de les regretter (2).

---

(1) Ces sculptures, mutilées au cours de la Révolution par des soldats Lillois, ont été habilement restaurées en 1847 par Caudron et les frères Duthoit. MM. les abbés Duval et Jourdain les ont décrites avec une grande exactitude dans une notice insérée au t. IX des *Mémoires de la Société des Antiquaires de Picardie*, pp. 161-256.

(2) Voir une appréciation très curieuse des travaux de dégagement et de restauration du pourtour du sanctuaire de la cathédrale écrite en 1758 par l'abbé Danse, chanoine de

Nous avons vu l'intérieur et le dehors du chœur, passons maintenant dans la nef, la croisée et le chevet pour voir les chapelles.

Il est à observer que les chapelles de la nef ne sont pas de naissance avec l'église ; qu'en place où sont les clôtures étoient des verrières ou vitres avec des bancs de pierre, comme il se voit ailleurs

Entrant dans la nef, à main droite, en sortant du chœur, paraît l'épitaphe en marbre de Mgr Charles Hémard, Cardinal, Évêque de Mâcon, et depuis Évêque d'Amiens, qui décéda l'an 1540. Ce prélat y est représenté à genoux devant un crucifix (1).

De l'autre côté, à main gauche, on voyoit autrefois, en cuivre blanc, la représentation d'une porte de la ville, sur laquelle étoit en relief le martyre de saint Sébastien ; à côté de cette porte étoit une tour percée à jour, dans laquelle étoit un dévidoire, où on mettoit une bougie qui devoit brûler perpétuellement devant le grand crucifix, sur la porte du chœur. Cet ouvrage et fondation de la dite bougie avoient été faits en 1462, sous le règne de l'Évêque Ferry de Beauvoir, au sujet du vœu fait par les trois états de la ville, au sujet de la peste qui désoloit alors la ville d'Amiens. Cet ouvrage fut ôté en 1755 (2).

Au second pilier à droite étoit une chaire de bois, assez grossièrement travaillé. Elle avoit été donné en 1607 par Antoine Postel, prieur du Couvent des R.R. P.P. Jacobins d'Amiens, confrère de N.-D. du Puy en cette année; elle fut ôté et remise en 1765, et elle fut [*définitivement*] ôtée en 1768. Mgr de la Motte et M. Coupel (*sic*), chanoine, donnèrent celle qu'on voit en place aujourd'hui. Elle est l'admiration des étrangers et des gens de bon goût, tant pour sa sculpture et dorure, que pour les trois vertus qui la soutiennent, que d'autres figures qui la décorent.

Au côté droit de la chaire étoit un banc fermé où se mettoit l'évêque avec ses officiers pour entendre le sermon. Il fut ôté en 1765 ainsi que ceux de Messieurs du Chapitre, chapelains et enfants de chœur.

Beauvais, publiée avec notes par M. Le Mareschal, t. IX des *Mémoires de la Société des Antiquaires de Picardie*, pp. 257 et suivantes.

(1) Il n'y a point de crucifix au-dessus du prie-dieu sur lequel est agenouillé le cardinal Hémard de Denonville, mais la relique du Chef de saint Jean-Baptiste est figurée au fond de la niche du mausolée; le visage du prélat est tourné de manière à ce que le regard paraît se diriger du côté où se trouvait autrefois le grand crucifix surmontant le jubé.

(2) *Les trois états de la ville.* — Il n'y en eût jamais que *deux* à Amiens, et les nobles qui y demouraient devaient se faire affilier à une corporation roturière pour pouvoir exercer des charges.

Au pilier vis à vis la chaire étoit le banc fermé de M. le Gouverneur d'Amiens, il fut ôté en 1765, ainsi que ceux des justices royales, civiles et autres.

Tous ces bancs, les jours de prédication étaient couverts de tapis bleus marqués aux armes des dits sieurs et gardés par leurs officiers.

On remet seulement un banc neuf durant l'Avent et le Carême pour Messieurs du Chapitre.

Dans la nef pendoit en travers un bâton auquel étoient attachées sept petites lampes de cuivre. Cinquante pas plus loin en étoit un autre avec pareil nombre de lampes. Ces lampes étoient allumées toutes les fois qu'on faisoit le salut dans la nef. Les luminaires qui accompagnoient ces lampes avoient été fondés en 1426 par Pierre Milot, chanoine de la Cathédrale ; et Marie Huron, ou Féron, a fondé l'huile qu'on brûloit dans ces lampes. Cette dernière étoit veuve de Jean Faucher. Cette fondation est de 1498. Elles furent ôtées en 1755. On mit des réverbères en place.

Levons les yeux pour voir les grandes orgues dont la tribune est un morceau des plus hardis. Cet orgue fut donné en 1422 par Alphonse Le Myre, valet de chambre du roi Charles VI et receveur des Aydes à Amiens, et par Catherine de Hainault, son épouse. Les gros tuyaux ont vingt-cinq pieds de hauteur sur un de diamètre pour la rondeur. Ces donateurs ont leur sépulture à côté de l'Évêque Evrard, sous une lame de cuivre où ils sont représentés tenant la figure de l'orgue ; on y lit cette inscription en lettres gothiques :

Chi dessous cheste lame, gisent Alphonse Le Myre, Dieu ait l'ame, et Catherine de Massine sa femme et assine (1).

L'orgue fut mis en état en 1429 ; elle fut refondue et augmentée en 1620, et d'un positif en 1622 moyennant la somme de 3.600 livres, et on y fit des augmentations et réparations en 1768.

L'an 1762, on tira du milieu de la nef les effigies en cuivre des

---

(1) M. Darsy a publié dans le *Bulletin de la Société des Antiquaires de Picardie*, année 1872, n° 4, le texte complet de l'épitaphe d'Alphonse Le Myre et de sa femme, d'après un recueil de pièces manuscrites concernant le Chapitre de la Cathédrale, manuscrit conservé à la Bibliothèque communale d'Amiens sous le n° 517. — Nous nous contenterons de renvoyer le lecteur à l'intéressante notice de M. Darsy, qui donne l'historique du grand orgue d'une manière très complète.

Évêques Evrard et Geoffroy d'Eu et elles furent placées contre le grand portail, l'une à droite, l'autre à gauche (1).

Autrefois on faisoit dans la nef la cérémonie de Notre-Dame du Puits, où durant la messe une demoiselle richement habillée en Vierge présentoit à l'offrande un petit enfant de cire. Cet ouvrage a fini l'an 1723. Cette confrérie avoit produit un si grand nombre d'excellents tableaux que tous les piliers de l'église en étoient remplis; on les supprima en 1722. Et on cessa en 1735 d'y donner la confirmation, l'un et l'autre à cause du grand scandale qui s'y faisoit.

Quittons la nef pour aller voir les chapelles autour de l'église. Il est bon de savoir que toutes les chapelles de cette dite église ne sont point de naissance avec elle, mais faites et bâties en différents temps. Il y avoit des bancs de pierre et des murailles, avec des vitraux au-dessus, à l'endroit même où sont les clôtures.

L'ancienne église de Saint Pierre-Saint Paul ayant été démolie pour céder la place à l'église matrice, il fut arrêté par accord fait entre l'Évêque et le Chapitre, que le curé de Saint-Firmin le Confesseur avec ses paroissiens feroit ses offices dans le bas-côté de la cathédrale, et que les chanoines de la collégiale auroient place dans le chœur avec le Chapitre jusqu'à ce que le bâtiment de la cathédrale fut achevé. Cet accord est des années 1236 et 1241 (2).

Le bas-côté du côté de Saint Firmin contient dix chapelles.

La première en entrant, sous le titre de Saint Jean-Baptiste fut commencée et fondée l'an 1373 par les libéralités du Cardinal et Évêque d'Amiens Jean de la Grange. Le cœur de ce prélat y fut inhumé. La clôture qui étoit de bois sculpté, peint et doré, avec un tableau au-dessus représentant le *Trespas de la Sainte-Vierge*, avoit été donnée en 1615, par Pierre Cornet, bourgeois d'Amiens, ancien échevin et maître du Puits. Cette chapelle fut renouvelée en 1776 par les soins de M. Cornet de Coupel, On l'appelle vulgairement à présent la chapelle de Sainte Ulphe, à cause d'une congrégation de filles qui s'y est établie sous le titre sainte Ulphe, avec la permission de l'Évêque et du Chapitre (3).

---

(1) Ces deux tombes de bronze, œuvres d'art des plus remarquables du XIIIe siècle, ont été décrites par M. l'abbé J. Corblet, dans le t. XIV de la *Revue de l'Art chrétien* (1re série). — Depuis 1866 ces deux tombes sont placées dans l'entrecolonnement de la troisième travée de la nef, l'une à droite, l'autre à gauche; chacune est entourée d'une grille et posée sur un socle de marbre noir.

(2) Cartul. du Chap., 5. F. C., feuill. 23.

(3) Vers 1677 quelques jeunes filles d'Amiens se réunirent en congrégation sous le

La seconde chapelle sous le titre *des Docteurs* (1), se nomme de saint Jean l'Évangéliste ; elle fut aussi commencée et fondée en 1373 par le Cardinal de la Grange. La clôture qui étoit de bois et chargée de belles figures dorées avoit été donnée en 1613 par Louis Dufresne, en cette année confrère du Puits. Son tableau représentoit la *Descente du Saint-Esprit sur les apôtres*. M. Du Gard, renouvelant cette chapelle en 1768 décora l'autel d'une belle image de la Vierge en marbre blanc. Cette image, tirée de la nef a été donnée en 1634 par M. Jean Quignon, bourgeois d'Amiens, et Madeleine Boulet, son épouse. Elle est du célèbre Blasset.

A côté de cette chapelle étoit l'épitaphe de Mᵉ Jean Leclerc, archidiacre d'Amiens, décédé l'an 1511. Il étoit représenté à genoux devant le Sauveur portant sa croix. Ce bel ouvrage, en sculpture de pierre, fut ôté l'an 1778.

La troisième chapelle, dédiée aux SS. Crépin et Crépinien, martyrs et où l'on conserve une de leurs reliques, fut fermée d'une clôture de bois peint, en l'an 1587, donnée par Charles Guédon, prêtre chanoine et célérier de cette église. La table d'autel fut donnée en 1613 par M. Alexandre Leclerc, aussi chanoine et préchantre de cette dite église. Il y a indulgence le 25 octobre. Dans cette chapelle étoit l'ancien mausolée, dit-on, de Angilguin, comte d'Amiens et de Rimulde, sa femme, dont il a été parlé ci-devant. Si cela est, il faut que ce mausolée, par considération pour ces bienfaiteurs, ait passé de l'ancienne cathédrale dans celle d'aujourd'hui (2). Cette chapelle fut renouvelée environ l'an 1776 à 1777, par les bienfaits de M. Lucet, chanoine de cette église.

La quatrième chapelle est dédiée à Saint Honoré, Évêque d'Amiens, dont les différentes actions de sa vie étoient représentées en sculptures dorées au rétable de l'autel. La clôture avoit été donnée en 1596 par Augustin de Louvencourt, mayeur d'Amiens en 1595, et Barbe Gamin, son épouse. On fait station avec la châsse de ce saint dans cette chapelle tous les ans le 16 mai, jour de sa fête, surtout depuis la

nom de *Filles de sainte Ulphe*. L'évêque Feydeau de Brou approuva leur projet de règlement qui fut imprimé en 1678. Des indulgences furent accordées par le pape Innocent XII à cette congrégation qui disparut à la Révolution. Réorganisée en 1886 dans l'église de Bussy-lès-Daours, elle cessa d'exister en 1864.

(1) Nous devons faire remarquer que cette appellation de la chapelle dont il s'agit ici, n'est guère connue.

(2) L'attribution de ce mausolée à Angilvin et à son épouse ne paraît reposer sur rien d'authentique.

réforme du Bréviaire d'Amiens en 1750. M. Coupel (sic) chanoine, et en partie les maîtres pâtissiers et boulangers de cette ville ont renouvelé cette chapelle en 1781.

La cinquième chapelle dédiée à Saint Louis, IXe du nom, roi de France, fut fermée d'une clôture de bois en 1601, donnée par Jean de Sachy alors confrère du Puits. Elle fut renouvelée en 1774, environ. On voit dans le rétable de l'autel une très belle image de la Sainte-Vierge, donnée et placée à l'un des piliers de la nef en 1654 par M. Mouret, bourgeois d'Amiens. On est redevable de ces décorations à M. Joron, chanoine de cette église.

A côté de cette chapelle se voit en marbre blanc, une belle image de Notre-Dame du Puits, présentée en 1610 par le dit Jean de Sachy qui s'y voit représenté à genoux.

La sixième et dernière chapelle de ce bas-côté se nomme Sainte-Brigitte. Elle fut décorée d'une très belle clôture de pierre peinte et dorée donnée en 1615 par François de Prouville, commandeur de Saint-Maulvis. Monseigneur de Machault et M. de Coupel, chanoine, ont renouvelé cette chapelle en 1781 ; son nom de Sainte-Brigitte fut changé en celui de Saint-Firmin-le-Martyr.

En tournant à gauche dans la croisée paroit en plate bande et en figures de pierres peintes et dorées l'histoire du sacrifice et du trafic qui se faisoient dans le temple de Jérusalem et comme Notre-Seigneur un fouet à la main en chassa les profanateurs. Cette représentation fut faite des biens de Jean Witts (sic) prêtre et chanoine, mort l'an 1522.

Le baptistère n'offre rien de curieux, sinon qu'il n'est que d'une seule pierre (1).

La chapelle du pilier vert, dite de saint Sébastien, fut vouée à Dieu et en l'honneur de ce saint martyr par les quatre états de la ville à l'occasion de la peste de 1402. Elle fut bénite par l'évêque Ferry de Beauvoir. Elle fut renouvelée dans le XVIIe siècle. La table d'autel ainsi que la clôture d'airain furent donnés en 1631 par Jean

(1) Les fonts baptismaux de la Cathédrale sont, contrairement à l'avis de l'auteur de cette notice, extrêmement *curieux*. Le caractère des sculptures (quatre figures de prophètes qui décorent les quatre angles de la cuve) paraît indiquer que ce baptistère remonterait au XIe ou, au plus tard, au XIIe siècle ; il serait par conséquent plus ancien que la Cathédrale actuelle. M. le Dr Rigollot (*Histoire des Arts du dessin*, t. II, p. 127), trouve une certaine analogie entre la tunique qui couvre les prophètes de la cuve baptismale et celle du Crucifix en bois vulgairement appelé *Saint-Sauve* autrefois conservé dans l'église Saint-Firmin-le-Confesseur, placé depuis la Révolution dans la

Hémard et Marie d'Hollande (sic), son épouse ; François Mouret et Honorée de Villers, sa femme, ont contribué à cette décoration en 1635. Les images des saints sont de la main de M. Blasset.

Vis à vis de cette chapelle, et sous une lame de cuivre ouvragé, gît le corps de l'Évêque Jean de Cherchemont, qui de son temps fit élever les tours de cette église et qui décéda l'an 1372 (1).

Au pied de la chapelle de saint Jean-Baptiste, gît le corps de l'évêque Pierre de Sabathier, décédé le 20 janvier 1733. Le mausolée où ce prélat est représenté au naturel fut fait l'an 1748 par les soins de son grand ami, M. Dargnies, alors chanoine et pénitencier de cette église. On y remarque un pleureur très estimé : il est du sieur Dupuis.

La chapelle de Saint Jean-Baptiste portoit autrefois le nom de Saint Pierre et de Saint Paul, en mémoire de l'ancienne église qui subsistoit en ce lieu avant 1236. On la nomme Saint Jean *du Vœu* à cause qu'elle fut vouée à Dieu en l'honneur de saint Jean-Baptiste, le précurseur de N. S. Jésus-Christ, durant la peste de 1668. Cette chapelle qui est d'un très beau marbre fin, fut commencée l'an 1708. Les images de saint Firmin le Martyr et de saint François de Sales sont de l'art du sieur Le Poultier (sic) (2), qui les travailla en 1710. Le tableau qui représentoit le baptême de Notre-Seigneur, peint par Hallé, fut changé en un autre de bois sculpté représentant la Sainte Vierge et saint Jean intercédant pour nous auprès de Jésus-Christ. Monseigneur de Machault donna ce tableau et fit redorer tous les

Cathédrale. D'après lui, ces sculptures appartiendraient à la même époque. — M. l'abbé Corblet (*Histoire du Sacrement de baptême*, t. II, p. 141) donne les dimensions suivantes comme étant celles de la cuve baptismale de la Cathédrale : profondeur 0 m. 50 c., longueur 1 m. 60 c. ; la cuve repose sur cinq supports en pierre sculptée, du XIII° siècle. Ces supports sont eux-mêmes élevés sur un degré. Depuis longtemps ce n'est plus là que l'on administre à Notre-Dame le Sacrement de baptême ; mais on y fait toujours la bénédiction de l'eau baptismale, le Samedi-Saint et la veille de la Pentecôte. C'est là aussi qu'a lieu la rénovation des vœux du baptême, toutes les fois que cette rénovation est accompagnée de solennité.

(1) Ce monument funèbre a depuis longtemps disparu. Il est très regrettable que le nom du prélat ne soit même pas rappelé par une inscription sur le dallage.

(2) Jean-Baptiste Poultier naquit en 1683 à Huppy, près d'Abbeville ; il était de condition fort modeste : fils d'un simple paysan, il garda les troupeaux pendant son enfance, et employait le temps qu'il passait dans les champs à tailler des figurines en bois avec son couteau. Son goût pour la sculpture se développa avec l'âge ; un artiste abbevillois, nommé Lempereur lui donna les premiers principes de la statuaire. Plus tard Poultier put aller à Paris, chez les maîtres, et il a laissé des œuvres qui dénotent un réel talent.

ornements de l'autel en 1780. On avoit préparé dans le retable du dit autel un tabernacle de marbre pour y placer le Chef de saint Jean; mais il ne servit pas, à cause de l'humidité. Cette chapelle fut bénite en 1711 par l'Évêque Pierre de Sabathier. On y voit le mausolée de l'Évêque François Faure, où ce prélat est représenté au naturel, comme résigné à la mort, qui lui arriva à Paris, l'an 1687. Son corps fut rapporté à Amiens et fut inhumé en cette chapelle. M. Eschasseriaux, chanoine de la Cathédrale, fit faire ce mausolée en son honneur.

Le Chef de saint Jean-Baptiste est révéré en cette chapelle depuis le 2 avril de l'an 1759, que la Trésorerie haute fut démolie. La cloture de fer qui ferme le devant fut donnée par Noël Baron, seigneur de La Maronde; et celle à côté par M. François Wilman, Maximilien-Joseph Filleux et Nicolas Filleux, son frère, tous trois chanoines de la Cathédrale.

Quittant cette chapelle, montant les degrés à main gauche, on voit, dans un grillage de fer (1) l'effigie de l'évêque Gérard de Conchy, mort l'an 1257. Ses ossements furent vus en entier en 1780.

Là auprès étoit un puits : on l'appeloit le puits de Sainte-Ulphe; il fut couvert d'une pierre en 1761.

Au pilier vis à vis est l'épitaphe de M⁰ Antoine Baillon, chanoine de la Cathédrale, mort l'an 1614. On le voit à genoux devant une image du Sauveur flagellé.

Près du puits ci-dessus étoit un escalier par lequel on montoit à la Trésorerie haute : on l'appeloit aussi la chapelle haute de saint Jean-Baptiste, à cause que sa face et d'autres reliques y étoient conservées. Avant que d'y monter, on voyoit sur la porte, en figures de pierre, l'histoire de la réception du chef de saint Jean en la ville d'Amiens. Sur la vitre qui faisoit le retable de l'autel étoient peintes les principales actions de la vie et de la mort de ce saint précurseur. L'autel étoit décoré et enrichi de plusieurs dons d'or et d'argent, et la chapelle d'un grand nombre de bons tableaux, monuments de la piété et de la reconnaissance des fidèles pour les bienfaits de ce saint envers ceux

---

(1) Le grillage n'existe plus; le dais qui abrite la tête de la statue couchée de l'évêque est très remarquable; de même, le feuillage sculpté dans un trèfle inscrit dans la gable qui surmonte la niche en anse de panier où est placé le cénotaphe. Des traces de peinture sont encore visibles sur ce monument funèbre, qui n'attire pas l'attention des visiteurs autant qu'il le mérite. Un croquis fort bien dessiné de ce tombeau a été publié par MM. Gélis-Didot et Laffilée (*La Peinture décorative en France du XI⁰ au XVI⁰ siècle*, 4⁰ livraison).

qui étoient affligés du mal caduc dont plusieurs y furent délivrés par son intercession. L'an 1577, sous le pontificat de Mgr de La Marthonie, Nicole Obry y recouvra la parole et y fut délivrée du malin esprit (1).

A côté des degrés de la chapelle de Saint Jean, étoit celle de Sainte Ulphe, vierge. Le tableau de l'autel représentoit l'Evêque Chrétien donnant le voile à cette sainte.

Sous la voûte de cette chapelle étoit une salle qu'on appelloit la *Basse Trésorerie*, à cause qu'on y conservoit grand nombre de reliques et argenteries. Comme les deux susdites chapelles masquoient l'église cathédrale de ce côté, le Chapitre les fit démolir en 1759, et le bas fut employé pour en faire une belle sacristie.

Là auprès étoit un petit buffet d'orgues donné à cette église, vers l'an 1533, par M° Pierre Wallet, prêtre, chapelain et distributeur du Chapitre; cet orgue fut ôté en 1758 et placé en la chapelle de Saint Quentin.

On voit en place la belle chapelle de marbre, Notre-Dame de Pitié, donnée par Mgr de la Motte, qui y fut placée en 1761.

Les chapelles derrière le chœur, qu'on nomme chapelles du chevet, sont au nombre de sept, y compris la *parôche* (sic). Elles sont toutes de la construction de l'église.

La première est dédiée sous le titre de Saint Quentin *les Meurtris*. La table d'autel, qui est assez belle, fut donnée en 1649 par M° Jean Patte, prêtre, chapelain et maître de musique en cette église, et autrefois enfant de chœur. La clôture, qui est de pierre, fut donnée en 1596 par Jean Wattebled, bourgeois et marchand à Amiens.

La seconde se nomme Saint Jean-Baptiste, dite *de Chaulnes*. On y voyoit ci-devant, relevé hors de terre, le tombeau de l'évêque Jean de Rolland, mort en 1388 (2); elle fut fermée d'une clôture de bois ouvrage donné en 1586 par Toussaint Rolland, marchand tanneur, en

---

(1) Nicole Obry était une femme originaire de Vervins, qui, après avoir été longtemps en proie à des accès de fureur si étranges qu'ils furent attribués à l'obsession du démon, devint subitement *aveugle* (et non *muette*); d'après le conseil de plusieurs personnes pieuses elle entreprit un pèlerinage en l'honneur du Chef de saint Jean-Baptiste, conservé dans la cathédrale d'Amiens. Au début d'une neuvaine au saint précurseur, elle recouvra la vue en priant devant l'insigne relique. L'Évêque ordonna une procession solennelle en action de grâces de ce fait, que l'autorité ecclésiastique ne voulut point toutefois par prudence, qualifier officiellement de miracle.

(2) Ce tombeau est très bien indiqué sur l'ancien plan joint à cet ouvrage. — On désignait aussi cette chapelle sous le nom de Saint Jean-Baptiste *retro chorum* pour la distinguer de la chapelle Saint Jean-Baptiste *du Vœu* dans le transept nord.

cette année maître du Puits. Mgr le duc de Chaulnes, pair de France, mort l'an 1649, a fondé en cette chapelle une messe quotidienne à onze heures; on la sonne avec la cloche du *Guidon ;* il y a quarante sous de rétribution tous les ans pour le sonneur.

La troisième chapelle se nomme Saint Augustin; on l'appelloit autrefois Saint Paul. Elle fut fermée d'une clôture de bois donnée en 1593 par Firmin Du Fresne. Cette chapelle, ainsi que la précédente, fut renouvelée dans les années 1775 et suivantes, par les libéralités de M. Cornet de Coupel, chanoine.

La quatrième, qu'on nomme la parôche de Notre-Dame se nomme indifféremment Notre-Dame de la Drapière ou de la Draperie, ou pour mieux dire la Chapelle de Prime. Le retable d'autel représente Notre-Seigneur à table avec les pèlerins d'Emmaüs. Au haut de l'autel se voit une très belle image de la Vierge en marbre blanc, du sieur Blasset. L'an 1617, le Chapitre permit de poser un baptistère en cette parôche, et d'y faire une sacristie en 1752. La clôture, qui étoit de bois, sculpté à jour, ouvrage à peu près du goût des stalles du chœur et orné des mystères de la Passion, avoit été donnée l'an 1600 par François Fauquel, bourgeois d'Amiens. Du consentement du Chapitre, Messieurs les Chapelains y acquittent leurs obits depuis l'an 1761. La clôture de fer, qui est d'un goût nouveau, fut donnée par le Chapitre.

La cinquième chapelle, sous le nom de Saint-Jacques le majeur, apôtre, fut fermée d'une belle clôture de cuivre en 1587, par les marchands épiciers d'Amiens, qui y célébroient les offices de saint Jacques, leur patron. M. Coupel (*sic*) a beaucoup aidé au renouvellement de cette chapelle en 1775.

La sixième chapelle, sous le vocable de Saint François d'Assise, fut décorée d'une table d'autel donnée en 1614 par Germain Séjourné, marchand à Amiens, et la clôture en 1584, par Charles de Sachy. Elle fut renouvelée en 1774 par les soins de M. Coupel (*sic*).

La septième et dernière chapelle du chevet porte différents noms : Saint Eloy, Saint Nicaise, Saint Fiacre, Saint Maur ; mais son nom le plus connu c'est Saint Domice. Le tableau de l'autel, représentant la Naissance de Notre Seigneur est très estimé. La clôture fut donnée en 1592 par le nommé Coquillart. Le Chapitre passe par cette chapelle pour aller tenir ses assemblées capitulaires.

Ensuite étoit une chapelle qu'on appelloit Notre-Dame Anglette. Elle appartenoit à la Communauté de Messieurs les Chapelains de la Cathédrale qui y acquittoient leurs offices. L'autel, qui étoit très beau, avoit été fait en 1624 des libéralités de M⁰ Mathieu Reneufve. Ce donateur, dont le portrait se voyoit sur un tableau, étoit natif de Noyon, Prévôt de la Communauté et pèlerin de Jérusalem. On y voyoit aussi le superbe mausolée en marbre de Messire Christophe de Lannoy, seigneur de la Boissière et gouverneur d'Amiens, mort l'an 1600. Ce mausolée fut ôté en 1759, et en 1762 voulant faire une fosse pour enterrer en cet endroit le corps de M⁰ Jean Pourchel, chanoine, on trouva un grand cercueil de fer, posé sur des trétaux pareils; on croit qu'il renferme les ossements de ce conquérant. On recombla la fosse, et on mit une pierre sur l'emplacement avec la date suivante : 1600.

Cette chapelle étoit fermée de trois belles clôtures de bois peintes et dorées. La première, donnée en 1594 par Jean Bonnard, représentoit le système de Ptolomée, fameux mathématicien du II⁰ siècle. Celle du même côté fut donnée en 1604 par Antoine de Montaubert et Catherine Desnœux son épouse. Celle du devant fut donnée en 1609 par Louis Artus, marchand teinturier à Amiens. Dans cette chapelle, du côté de l'épître, fut inhumé sous une lame de cuivre le corps de l'Evêque Jean Avantage mort l'an 1456 (1). Enfin cette chapelle fut renouvelée, c'est-à-dire remplacée par celle de Saint Charles en 1761. M. Coupel (sic), qui en est donateur, contribua à ce changement.

Ensuite étoit une chapelle qu'on appelloit chapelle de l'*Aurore*, ou de Saint Pierre et Saint Paul. Elle fut fondée en 1223 par le cardinal et évêque d'Amiens, Jean d'Abbeville (2). La table d'autel avoit été donnée en 1616 par David Quignon. La clôture à gauche, où sur un tableau étoit représentée la Sainte Vierge au milieu du grand portail, avoit été donnée par Jean Destrée, marchand tanneur, maître du Puits en 1605, et celle de devant en 1617 par M⁰ Jean Collenée, prêtre, et curé de la paroisse de Saint-Firmin-le-Martyr, dit en Castillon. M. Cornet de Coupel fit renouveler cette chapelle en 1749. Dans la symétrie, elle est parallèle à celle de saint Jean-Baptiste. L'autel fut fait par Dron, menuisier, les figures par Dupuis, et les grilles par Vivaretz. Elle fut bénite par Mgr de la Motte, le 29 juin 1751. Elle est

---

(1) Les ossements du prélat, mêlés à quelques débris de vêtements, ont été mis à découvert en 1897, lors de la réfection du dallage ; ils ont été de nouveau inhumés au même endroit.

(2) Jean d'Abbeville avait été doyen du Chapitre de la Cathédrale, de 1218 à 1225. Il devint successivement évêque de Sainte-Sabine, archevêque de Besançon et cardinal ; mais il n'occupa jamais le siège épiscopal d'Amiens. Il donna à notre cathédrale une précieuse relique : un doigt de saint Thomas, apôtre.

la première de toutes les chapelles qui furent renouvelées en neuf (1). Elle est privilégiée pour les défunts.

Au bas des degrés de cette chapelle et à côté du portail de Saint Honoré, on voit l'épitaphe de M° Pierre Dumas, chanoine et prévôt de cette église, mort l'an 1517. De l'autre côté de ce portail on voit celui de M° Jean de Cocquerel, prêtre et chanoine de cette église, décédé l'an 1521. Il est représenté à genoux devant une image de Notre-Dame de Liesse, dont il a fondé l'office en l'église de Saint-Jacques, au cimetière de Saint-Denys d'Amiens. Tout contre est une sacristie, pratiquée en dehors de l'église avec un confessionnal pour Messieurs du Chapitre et un bureau pour la distribution du pain et du vin pour les messes. M. Coupel (sic) fit faire ces ouvrages en 1654 (2).

La chapelle du *Pilier rouge*, dite de Notre-Dame du Puits, est parallèle à celle de Saint Sébastien. On peut l'appeler véritablement la *chapelle unique* à cause de ses décorations. Premièrement par la Sainte Vierge, unique vierge et mère d'un Dieu fait homme. Secondement par le soleil, unique créateur qui par sa lumière fait briller tous les astres célestes, embellit la nature et donne la vie à tout ce qui est créé en ce bas monde. Troisièmement par la lune qui recevant sa lumière du soleil représente la Sainte Vierge qui, recevant toute sa splendeur de son cher Fils Jésus, fait reluire tout ce qui n'est pas Dieu dans le ciel et nous éclaire durant la nuit du péché dans la vallée de larmes où nous sommes. Quatrièmement par la vertueuse Judith qui, tenant en ses mains la tête du fier Holopherne, représente la Sainte Vierge, qui a écrasé la tête du dragon infernal. Cinquièmement par la charitable Esther qui a obtenu la révocation de l'arrêt de mort qu'Assuérus avoit porté contre les Juifs; de même, la Sainte Vierge, en qualité de Mère de Dieu, obtient de son cher Fils la grâce des pécheurs pénitents. Je laisse à plus sage que moi l'explication de ces figures. On pourroit y joindre le phénix (3). L'image de la Sainte-Vierge, représentée au haut de cette chapelle tirant un enfant hors d'un puits est le sujet qui a donné lieu à la Confrérie de Notre-Dame du Puits qui existe dans la

---

(1) Il y a ici une erreur; la décoration moderne de plusieurs chapelles est antérieure à celle-ci.

(2) Cette sacristie qui depuis assez longtemps servait de salle capitulaire, a été démolie en 1895. Les boiseries en chêne, assez belles, qui couvraient les murs, ont été placées avec goût dans un des salons de l'Evêché.

(3) Le soleil, la lune, le phénix ne figurent plus au nombre des motifs décoratifs de la chapelle de Notre-Dame du Puy, qui a inspiré à l'auteur de cette description une si naïve admiration.

Cathédrale depuis 1181 (1). Passons sous silence les miracles que la Sainte Vierge a opérés dans la ville du Puy, capitale du Velay-sur-Loire. Le tableau de l'autel, représentant l'Assomption, enseigne que l'origine de cette confrérie a commencé par la fête de l'Assomption de la Sainte Vierge et que depuis elle a passé au jour de sa Purification. La clôture, qui est de marbre et d'airain, fut donnée en 1627 par Me Antoine Pingré, conseiller du Roi, receveur général des gabelles en la province de Picardie et maître de la Confrérie du Puits en la susdite année. Autrefois l'office de Notre-Dame du Puits se faisoit dans la paroisse du confrère en exercice, mais en 1488 l'évêque Pierre Versé, du consentement du Chapitre, permit qu'elle le fit dans la Cathédrale, et la fête fut fixée au 2 février. L'an 1654, le 30 janvier, le pape Innocent X a accordé des indulgences à cette confrérie. Les tables de marbre sur lesquelles sont écrits les noms, les devises et les années des anciens confrères furent données en 1648 par M. Honoré Quignon, avocat et maître du Puits, et Madelaine Dayraine, son épouse. Une figure est à remarquer dans les décorations de cette chapelle : c'est celle de Judith qui tient la tête d'Holopherne de la main droite, et le sabre de la main gauche.

Au pilier vis à vis la chapelle du pilier rouge on voit le présent en guise de tableau de frère Claude Pierre, chanoine régulier de saint Acheul, et maître du Puits en 1650. L'image de la Vierge avec son fils, celle de saint Claude et celle du donateur ne font ensemble qu'une seule pierre.

Au-dessus des tables de marbre ci-dessus paroît en plate-bande et en sculpture, l'histoire de Saint Jacques le Majeur, apôtre, faite des libéralités de Me Guillaume Auxcouteaux, bachelier en théologie et chanoine de la Cathédrale mort le 2 décembre 1611. Il faut contenter les curieux sur les figures hydeuses qu'on voit dans cette représentation. En voici la description suivant le Dictionnaire de Moréri, tome II, page 163. Savoir : Saint Jacques le Majeur prêchant à Jérusalem, les Juifs firent complot avec un magicien nommé Hermogène et un de ses disciples nommé Philète pour confondre le saint apôtre par leurs faux arguments, et faire étrangler ce fidèle serviteur de Jésus-Christ. Hermogène y envoya Philète, son disciple, qui, pensant enchanter le saint apôtre par son art diabolique, fut au contraire

(1) Erreur : la Confrérie de Notre-Dame du Puy, fondée en 1388, n'a été autorisée à établir son siège définitif dans la Cathédrale que par un concordat passé avec le Chapitre en l'an 1500.

enchanté et converti à la foi de Jésus-Christ. Et, après avoir demandé pardon au saint, Philète retourna vers Hermogène, lui conta son aventure et le voulut persuader de se convertir comme lui. Hermogène irrité charma Philète tellement qu'il ne sut plus bouger. Saint Jacques ayant appris cela envoya aussitôt son mouchoir à Philète, à la vue duquel il fut délivré. Hermogène commanda alors aux démons de lui amener saint Jacques tout lié, ainsi que Philète, ce qui fut fait. Arrivé en la présence d'Hermogène, Philète au nom de Jésus de Nazareth délia saint Jacques. Ce que voyant Hermogène, il crut à la foi de Notre-Seigneur, demanda pardon au saint apôtre et se convertit. On voit aussi cette histoire dans la légende du P. Simon Martin au 25 juillet. Il est parlé d'Hermogène et de Philète dans une épître de saint Paul à Timothée, chapitre premier. Ce Guillaume Auxcouteaux, donateur de l'ouvrage dont nous parlons, a donné aussi l'image d'argent qui contient le menton de saint Jacques le Majeur.

Quittant l'histoire de saint Jacques, et tournant dans le bas-côté à gauche on voit, premièrement :

La chapelle Sainte Marguerite ; cette chapelle paroit ancienne puisque l'évêque Guillaume de Mâcon y fut enterré l'an 1308, et que les armes de ce prélat se voyoient dernièrement sur les vitres de cette dite chapelle. Le tableau de l'autel, qui représentoit Sainte Marguerite, vierge et martyre, avoit été donné par M. François Benoise, abbé de saint Salve de Montreuil, prêtre et chanoine de l'église Cathédrale d'Amiens, décédé l'an 1725. Le mausolée de Guillaume de Mâcon étoit tout en émail et un des plus riches de cette église. La clôture de bois de cette chapelle avoit été donnée par Jean Boullet, bourgeois d'Amiens, dans l'année 1603. Cette chapelle a été décorée et renouvelée en marbre en l'année 1768, par les libéralités de Mᵉ Pingré, chanoine et écolâtre

La chapelle suivante porte le nom de Saint Etienne, premier martyr. La table d'autel fut donnée en 1627 par Augustin Cordelois, chapelain de cette église, et la clôture en 1610 par Louis de Villers. Mᵉ Caron, chanoine, la fit décorer en 1668. On voit dans cette chapelle une pierre de marbre tirée de la sépulture de Mgr Henry Feydeau de Brou, inhumé dans le sanctuaire du chœur, et qui fut ici posée avec renseignement.

La troisième chapelle de ce côté est celle de Saint Nicolas. La clôture fut donnée en 1666 par François Quignon, et Jeanne Verru son épouse. M. Dufresne d'Hauteville, chanoine et prévost de la

Cathédrale, mort en 1765 a renouvelé cette chapelle. On y plaça une image de la Vierge en marbre blanc, représentant l'Assomption. Cette image, faite par le sieur Blasset fut donnée par M. François Du Fresne, confrère du Puits en 1637 et par dame Génevière Cornet, son épouse. Cette image fut tirée d'un des piliers de la nef.

La quatrième chapelle se nomme *du Jardinet* ou de l'Annonciation. Cette chapelle paroit être aussi une des plus anciennes de l'église : on voit que dès l'an 1378, l'autel avoit été bénit, et même sur la pierre étoit écrit en gothique :

En l'an 1378 fut chest Autel bénit. Le 11 d'avril furent chi mises reliques de par les Confrères du Jardinet. Tous donc estoient Maitre Robert Le Barbier, etc.

La clôture avoit été donnée en 1591 par François Couvrechef, maitre du Puits en cette année. Cette chapelle fut renouvelée en 1765 des biens de M. Horard, chanoine de la Cathédrale. On plaça au retable de l'autel un tableau en marbre blanc représentant l'Annonciation de la Sainte Vierge. Ce morceau admirable, fait par le sieur Nicolas Blasset fut donné par Antoine Pièce et Françoise De Court, son épouse.

La cinquième chapelle est dédiée à saint Christophe, martyr. Enguerrand d'Eudin, gouverneur du Dauphiné, mort l'an 1390, et dont le cœur gît en l'église de Saint-Martin, ci-devant les Célestins, a fondé une messe quotidienne qu'on sonne tous les jours après le *Te Deum* et qui se dit régulièrement en cette chapelle durant laudes. La clôture qui étoit très belle, avoit été donnée en 1611 par Florent Bellot, Contrôleur au Grenier à sel d'Amiens et Antoinette Blondin son épouse. Cette chapelle fut décorée et renouvelée en 1772 par M. Cornet de Coupel, chanoine de cette église. L'image de saint Christophe, du sieur Dupuis, passe pour un assez bon morceau.

Enfin la sixième et dernière chapelle est celle de saint Lambert. Elle est sur le portail de saint Christophe. Elle fut construite vers le commencement du xiv° siècle des deniers d'Henry Beaupigné qui se voit représenté à côté de l'autel, ainsi qu'en dehors sur le portail.

Nota. — C'est une tradition ancienne dans Amiens que la terre ou comté de Dommeliers vient d'un chanoine tué au portail de saint Christophe par un de ses héritiers, parce que le premier avoit passé son bien au Chapitre d'Amiens à la charge de réciter journellement les cent cinquante psaumes de David. Cette fondation, qui peut être vraie en quelque façon est rapportée fabuleusement par des gens non éclairés puisque dès l'an 1220 (?) on récitoit par répartition les cent cinquante psaumes de David. Par conséquent s'il y eut un chanoine de tué pour le sujet de cette fondation, cela est de beaucoup antérieur à ce portail puisque la cathédrale n'existoit pas encore (1).

Vis à vis ce portail est l'épitaphe de M° Antoine Niquet, chanoine de cette église, mort le 23 août 1652. Il est représenté à genoux devant une image de la Sainte Vierge, Notre-Dame des Sept Douleurs.

Vis à vis la précédente est celle de M° Pierre *Lemyre* ou *Lemaire*, chanoine d'Amiens, décédé le 22 avril 1504. Il se voit représenté à genoux devant une image du Sauveur flagellé (2).

Voilà en peu de mots en quoi consiste ce qui fut et ce qui se voit actuellement dans l'église Notre-Dame d'Amiens.

Ce petit abrégé est un extrait d'un manuscrit sur les Antiquités d'Amiens depuis la page 427, jusqu'à celle de 501.

Ce 9 juin 1781.

Jouxte la copie à moi communiquée par M. Pédot père, premier suisse et conservateur de la Cathédrale d'Amiens au mois d'août 1814 (3).

(1) La tradition relative au meurtre d'un chanoine au portail saint Christophe ne paraît reposer sur aucune donnée sérieuse. Dans la description écrite par Baron on verra quelques détails sur une pierre sculptée qui a longtemps été placée sous le porche et sur laquelle on croyait, bien à tort, reconnaître l'effigie du chanoine assassiné.

(2) Le tombeau est celui de Pierre Burry, chanoine, mort en 1504. L'attribution du nom de Lemaire ou Lemyre à ce chanoine est une erreur qui se retrouve dans les *Notes* d'Achille Machart. Peut-être cette erreur a-t-elle pris sa source dans une confusion causée par le voisinage de la tombe d'Alphonse Le Myre, donateur des grandes orgues.

(3) Le sieur Pédot, né le 10 janvier 1765 sur la paroisse Saint-Remy, à Amiens, fût nommé suisse de la Cathédrale le 17 décembre 1800, (26 frimaire an IX), sous le clergé constitutionnel. Il conserva ses fonctions après le Concordat, et les remplit toujours avec beaucoup de zèle et de dignité ; il mourut le 31 mai 1833. — Puisque nous sommes amené à parler d'un homme attaché au service de la Cathédrale, pourquoi ne mentionnerions-nous pas sur ces pages les noms des deux frères Cozette, qui pendant de longues années remplirent aussi à Notre-Dame, avec zèle et dévouement les fonctions de suisses, et celui de Moraux, qui occupa longtemps la place de bedeau ? Le Dr Goze s'est plu à rendre hommage à ces modestes serviteurs de l'église : « La Cathédrale d'Amiens, écrivait cet archéologue en 1847, ne peut pas avoir des gardiens plus zélés pour sa conservation et plus capables de montrer les beautés qu'elle renferme aux nombreux étrangers qui la visitent ».

DESCRIPTION

DE LA

CATHÉDRALE D'AMIENS

DESCRIPTION

DE

L'ÉGLISE CATHÉDRALE

DE

NOTRE-DAME

D'AMIENS

PAR

J. BARON

Conservateur de la Bibliothèque communale publique de la même Ville.

—

1815

AVERTISSEMENT

J'avois entrepris de faire une courte notice destinée à servir de guide à ceux qui désirent visiter les curiosités de la ville d'Amiens, et en garder le souvenir. Mais les détails qu'entraînoient les indications des monuments ou des parties d'édifices détruits, m'ont fait sentir l'impossibilité de satisfaire en peu de mots aux vœux de mes concitoyens et des étrangers. J'ai renoncé à cette entreprise, au moins pour le moment, et je me suis restreint à traiter de la Cathédrale. M. Rivoire, ci-devant archiviste du département, a fait le même travail en 1808. Mais l'édition de son ouvrage commence à s'épuiser. Il avoit pris pour base le *Voyage pittoresque d'Amiens* par feu Auguste Devermont, imprimé en 1783, dont il ne reste plus d'exemplaires dans le commerce (1). En examinant la *Description de la Cathédrale d'Amiens* par M. Rivoire, et en recourant aux mêmes sources où il a puisé ses renseignements, j'ai reconnu qu'il avoit commis des erreurs et des omissions. J'ai trouvé aussi qu'il étoit possible de mettre plus d'ordre et de suite dans les détails. Je ne parle point du style de l'ouvrage et des réflexions qui y sont entremêlées : cela tient au personnel et au caractère de l'auteur. J'ai tâché de faire autrement. C'est au public, à qui je soumets le tout, qu'il appartient actuellement de juger si j'ai mieux fait.

(1) Voyage pittoresque ou *Notice exacte de tout ce qu'il y a d'intéressant à voir dans la Ville d'Amiens, Capitale de Picardie, et dans une partie de ses alentours, faite en l'année 1783*, par M. D. V. L. d'A... A Amiens, de l'Imprimerie de J. B. Caron l'aîné, imprimeur du Roi, MDCC. LXXXIII. Avec Approbation et Permission. — In-12 de 75 pages.

EXTRAIT

DE L'ÉGLOGUE HÉROÏQUE SUR L'HOMMAGE PRÊTÉ PAR EDOUARD III, ROI D'ANGLETERRE,
A PHILIPPE DE VALOIS, ROI DE FRANCE, DANS LA CATHÉDRALE D'AMIENS, LE 6 JUIN 1329

par M. BERVILLE, Saint-Albin, Avocat (1)

> Un jour, abandonnant les modestes hameaux,
> Ils marchent vers la ville où, par douze canaux,
> La Somme, divisant ses ondes fugitives,
> A, pour servir les arts, multiplié ses rêves.
> A peine ils ont franchi ses paisibles remparts,
> Un antique édifice appelle leurs regards :
> C'est un Dieu qui l'habite, et sa majesté sainte
> Semble du temple auguste environner l'enceinte :
> « Entrons, dit le vieillard ; plus d'un grand souvenir
> A ces lieux révérés devra longtemps s'unir
> Des illustres destins, qui furent leur partage,
> Ces murs avec orgueil conservent l'héritage ».
> Il dit, et tous les trois, d'un pas religieux
> Franchissent de la nef le sol majestueux.
> Ils entrent, et longtemps dans un profond silence
> Admirent la grandeur de cette voûte immense,
> Ce dôme si hardi, qu'un art industrieux,
> Sur de légers appuis suspendit dans les cieux.....
> Et ce marbre vivant, où le ciseau mobile,
> Artistement conduit par une main habile,
> A nos yeux de l'enfant exprimant les douleurs
> De la pierre amollie a su tirer des pleurs.....

(1) M. Saint-Albin Berville naquit à Amiens le 22 octobre 1788 ; il mourut à Fontenay-aux-roses, le 25 septembre 1868. Avocat distingué, puis magistrat de grand mérite (il remplit des fonctions importantes à la cour royale de Paris), il a laissé plusieurs volumes d'œuvres oratoires, poétiques ou littéraires. Son éloge de Rollin, reçut de l'Institut de France le prix d'éloquence en 1818. Un autre amiénois, poète aussi à ses heures, M. A^{te} Breuil, a écrit également une description en vers de la Cathédrale d'Amiens, description qu'il est intéressant de rapprocher de celle de M. Berville (*Mémoires de la Société des Antiquaires de Picardie*, t. XII, p. 45). — Rappelons encore une belle poésie de M. l'abbé Gerbet, mort évêque de Perpignan, et une publication toute récente, les vers élégants et faciles que M. l'abbé Guignot, secrétaire de Mgr Dizien, a consacrés à célébrer les beautés de la Cathédrale. M. Tivier, dans son intéressante notice sur le séjour de de Ch. Nodier à Amiens, notice à laquelle nous avons déjà fait plusieurs emprunts, dit que M. Berville était le fils de l'une des demoiselles Cannet, à qui leur liaison avec Madame Roland a donné une certaine célébrité. D'autre part, notre collègue M. A. Dubois nous a communiqué une note extraite des registres de baptêmes et mariages de la paroisse Saint Firmin le Confesseur. M. Pierre Joseph Berville, né à Amiens le 8 septembre 1751, épousa le 18 novembre 1778, dans cette église de Saint Firmin, Angélique-Gabrielle Biberelle. De ce mariage naquit le 22 octobre 1788, Berville Albin (*sic*) baptisé dans l'église Saint Firmin à la porte. Pierre-Joseph Berville père, devenu veuf de Gabrielle Biberelle, épousa, vers 1804, Marie-Henriette Cannet, née à Amiens le 11 novembre 1748, et déjà veuve de deux maris. Mais cette dame n'eut aucune postérité de ses trois mariages. Elle mourut à A Amiens le 27 janvier 1838.

SOMMAIRE

DE LA DESCRIPTION DE LA CATHÉDRALE D'AMIENS

AVANT-PROPOS

Prééminence de cette église. — Position topographique de la Cathédrale; ses fondements

NOTICE HISTORIQUE

Première église à Amiens ; Première Cathédrale ; Eglise de saint Pierre et de saint Paul ; Deuxième Cathédrale : sa destruction.

Cathédrale actuelle ; sa fondation ; Architectes de cette église ; Evêques qui l'ont fait bâtir ; D'où proviennent les pierres ; Etablissement des deux tours ; Construction des chapelles de la nef ; Achèvement de la flèche au centre de l'église ; Bénédiction et dédicace de cette église.

Proportions et mesures de cet édifice ; Le grand portail ; Extérieur de l'église ; Dimensions intérieures ; Dimensions du cadran ; Escaliers : nombre des marches (1).

Première partie de la description ; Architecture extérieure ; Portail ; Porche du Sauveur ; Roi sculpté au-dessous de la statue de Jésus-Christ ; Attributs relatifs au Sauveur ; Arbres du bien et du mal ; Autres emblèmes ; Médaillons des Patriarches ; Caractères des fils de Jacob ; Statues du portail ; Les Apôtres et les disciples ; Ornements de la voussure du grand porche ; Tableau du Jugement dernier : Premier plan, Résurrection ; Deuxième plan, Séparation des bons et des méchants ; Troisième plan, Notre-Seigneur jugeant ; la Vierge et saint Firmin intercesseurs ; Le Père Eternel ; Bonnes et mauvaises actions ; Anges et Bienheureux.

Porche de la Mère de Dieu ; Singularité de quelques statues de ce porche.

Porche de Saint-Firmin-le-Martyr ; Statue de sainte Ulphe.

Pyramides du portail.

Première galerie ; Galerie des rois ; Terrasse du Cadran ; Galerie de niveau aux terrasses du comble ; Pignon de la nef ; Sommet des tours.

Il manque une place au-devant du portail.

Réparations faites à ce portail.

Extérieur à gauche ; Rue des Soufflets ; Eglise de saint Firmin le *Confes* détruite.

Logement des suisses ; Pilier de la table ronde ; Statues : Celle de la Vierge, par quoi supportée ; Charles V ; Le Cardinal de la Grange ; Saint Jean-Baptiste ; Charles VII ; Ministre du Roi ; saint Jean l'Evangéliste ; Duc d'Orléans ; Chancelier.

---

(1) Ces détails seront mis à la fin du présent sommaire pour satisfaire le grand nombre des curieux.

Galeries au-dessus des Chapelles; Magasins en ruines; Sacristie qui subsiste.

Cour de l'Officialité; Porte de saint Firmin le *Confes*; Choses à remarquer à cette façade de la croisée.

Ce qui oblige de repasser sur le parvis pour continuer de voir l'extérieur.

Rue de l'Affiquet; Origine de ce nom.

Cadran; L'horloge; Statue de sainte Catherine; A un méridien pour support; pourquoi?

Statue au-dessus de la petite porte; Qui elle représente.

Saint Christophe; Pourquoi on faisoit ses statues si grosses.

Autres statues; Marchand de Waide; Notice sur cet état.

Autres statues; celles d'Adam et Eve enlevées.

Barraques supprimées; Bâtiments mis à cette place; Logement d'un bedeau.

Piliers butans; Terrasses au bas des grandes vitres.

Portail de la Vierge dorée; Statues de saints prêtres ayant des ailes; Pourquoi; Histoire de saint Honoré.

Galerie au bas de la Rose; Autre galerie au haut du bâtiment; Piliers renfermant un escalier; Epis qui les surmontent.

Cour du *Puits de l'Œuvre*; Passage; Salle du Chapitre.

Deux portes: L'une du *Cloître Macabré*; Explication de ce mot; Ajournement en vers au genre humain.

Petite sacristie dans le préau; Terrasse où elle est située.

Ornements de l'Architecture des cinq chapelles du chevet.

Arcs-boutans du chœur; leur structure; Frontons au-dessus des vitraux.

Fleurs de lis et autres ornements du grand comble; La Syrène, girouette enlevée; Charpente du grand comble.

Réservoirs et autres objets remarquables sur les grandes voûtes; Vue des pavés de l'église et du sanctuaire par les clefs de la voûte.

Coup d'œil de la ville et de la campagne du haut de la Cathédrale.

Examen de la flèche pour terminer l'extérieur.

Premier clocher en pierre; Il surchargeoit l'édifice; Précautions prises contre la surcharge; Le clocher détruit par la foudre; Divers projets d'un autre clocher; Le plan de Louis Cordon préféré; Epoque de l'exécution de ce plan; Dommages causés à la flèche par le vent; Réparations de la flèche; Opposition à ce que la flèche soit diminuée; Des experts constatent qu'elle ne pouvoit subsister plus haute; Détails des réparations; Feu à la flèche par le tonnerre; Réparations au *clocher doré* (nom de cette flèche) dans le XVIIIe siècle; Suppression de plusieurs ornements; Tort causé par l'ouragan du 18 brumaire an IX; Les bras de la croix remis.

Charpente du clocher; Sa base; Deux étages au clocher; Plate forme au-dessus; Charpente de la flèche; Assemblage ingénieux de la charpente; Escaliers du clocher; Moyens de monter jusqu'au coq; De ceux qui montent à la flèche; notamment de M. Bruno Vasseur.

Extérieur et décoration du clocher; La base sans ornements; Premier ordre ou *galerie*; Beffroi des cloches; Deuxième ordre ou galerie; Arcs-boutans et cotes de baleine; Statues et autres figures; Décoration de la plate-forme; Arcades au bas de la flèche; Ornements, statues et autres figures sur ces arcades; Leur mérite; Composition architectonique de la flèche; Ornements, statues et autres figures sur ces arcades; leur mérite; Composition architectonique de la flèche; Pomme ou boule, son usage, sa structure et ses ornements; Tulipes en fer, leurs dimensions; Structure de la croix; Revêtissements et sculptures en plomb; Le coq.

Cloches de la flèche; Ce qui en reste; Cloche en bois; Sonnerie du clocher sourd supprimée; Les bourdons; Leur état actuel; Anecdotes.

Galeries de l'intérieur; Chaîne qui y est établie.

Seconde partie de la description; Architecture intérieure.

Coup d'œil général du dedans de l'église.

Piliers; Leurs différentes espèces; Piliers soutenant le grand portail; Entrecolonnements; Moyens de vérifier la régularité des piliers; Piliers isolés; Autres piliers; Piliers de la croisée; Voûte du milieu; Dommage à une arcade principale; Réparations; Utilité de la chaîne de fer; Naissance des petites voûtes; Hauteur de la galerie intérieure; Ornements des arcades de la galerie; Hauteur des grands vitraux; Comment se terminent les piliers isolés du côté des grandes voûtes; Voûte en cul-de-lampe; Clefs de voûte; Pierres dites *pastoureaux*; Anecdotes; Dimensions des voûtes des bas-côtés; Bas-côtés du chœur; Allée du chevet; Colonnes sonores; Voûtes de l'allée du chevet et des chapelles; Le dessous des deux tours; Bout de la nef.

Tribune de l'orgue; Galeries; Le cadran.

Intérieur du pignon au midi; Intérieur du pignon au nord.

Moyen de comparer les trois grandes roses; Rose du couchant; Rose du Midi; Rose du Nord; Reconstruction de la rose du Nord.

Reblanchiment de l'église; La trop grande clarté nuit à la beauté de l'édifice.

Troisième partie; Décoration et monuments de la cathédrale.

Anciennes vitres: leur perte irréparable; Description des anciennes vitres: Armoiries de la ville d'Amiens; Waidiers d'Amiens; Historique; Marchands de waides; Bernard d'Abbeville; Blanche de Castille; Réflexions sur les donateurs; Les moines n'en étaient pas; Ville d'Amiens; Sceau des marmousets; cardinal Jean de la Grange; Guillaume de Mâcon; Vitres données par les corps de métiers.

Pavé de l'église; Labyrinthe; Croix qui marque les quatre points cardinaux; Les trois architectes de l'église; Mémorial de la construction de l'église; Anachronisme excusable; Epoque du pavé de la nef; Epoque du pavé du chevet; Pavé en tiers-point, pourquoi?; Etat actuel du pavé de l'église.

Coup d'œil général des décorations de l'église.

Pourquoi le chœur étoit si renfermé; Premier autel: Sépulcre supprimé; Deuxième autel: Devanture en argent; Représentation d'Amiens en argent; Description de la devanture en argent; Suppression de la devanture en argent; Autres ornements de l'ancien autel; Trois châsses de saints; Suspension du Saint-Sacrement; Niches pour les châsses; Cinq autres châsses; Chandeliers et rideaux; Dais sur le maître-autel; Tableau derrière l'autel supprimé; Candélabre du Bailly d'Amiens; Cœur et chapeau du cardinal de Créquy; Tombe de Mgr Feydeau de Brou; Tombeau de Pierre Versé; Tombeau de Jean de Boissy; Représentation du cardinal de la Grange; Chaires de l'évêque et de ses archidiacres; Marches à l'entrée du sanctuaire; Chandelier de saint Leu; Portes collatérales; Chambre du veilleur; Horloge.

Résumé de l'ancien état du chœur; Changements proposés et adoptés; Sup-

— 48 —

pression des vieux monuments du sanctuaire ; Grilles de fer aux entre-colonnements ; Etablissement du maître-autel d'aujourd'hui ; Une croix, six chandeliers et deux lampes en argent ; L'entrée du chœur interdite aux laïcs ; Portes et grille au lieu de la chambre du guidon et de l'horloge ; Suppression d'une balustrade au bout des stalles.

Pavé du chœur; Chronogramme; Épitaphe de Mgr de La Motte.

Aspect du sanctuaire à la suppression des clôtures; Le plan de M. Soufflot adopté; Par quels motifs; Intentions de Mgr de La Motte.

Coup d'œil général de la gloire du sanctuaire; Couronne au-dessus de la suspension du Saint-Sacrement; Anges adorateurs; la Sainte-Vierge, Saint Jean; Agneau pascal; Trophées des martyrs; Emplacement des châsses; Candélabres portés par des anges; Portraits des quatre évangélistes; Autel *de retro*; Description du maître-autel; Petite gloire au-dessus du maître-autel; Bas-reliefs sur le gradin ; Autre à la devanture.

Marches et palier du maître-autel et de l'autel *de retro*; Principale partie du pavé du sanctuaire; Dégradation du pavé pendant la révolution.

Détails de la gloire et des autres décorations; Artistes qui ont travaillé à décorer le sanctuaire; Emplacement des châsses; Rideaux supprimés; Enlèvement de l'argenterie et des autres ornements; Profanations; Destruction empêchée.

Rétablissement du culte; Comment on a remplacé les ornements perdus.

Stalles; Époque de leur construction; Ouvriers qui les ont faites; Description des stalles; Perrons pour aller aux hautes chaires; Places d'honneur; Dessins des stalles; Voussures, frontons; Pyramides; Extrémités des stalles; Bases des pyramides; Sculptures en grand nombre; Figures aux appui-mains; Groupes aux consoles dites *miséricordes;* Ordre à suivre pour les images de l'Histoire Sainte ; Vies de la Vierge et de Jésus-Christ sculptées; Sommes payées pour ces ouvrages; D'où sont parvenus les bois des stalles ; Pyramide qui a été brûlée; Place de l'évêque au chœur; Aigle; Lutrin; Bancs des chantres; Places des enfants de chœur, leur nombre; Bas-chœur; Chapitre actuel; Vicaires de la paroisse cathédrale; Livres de chant, service divin.

Sortie du chœur; Ancienne porte; le Jubé supprimé; Grand crucifix; Image de la Vierge; Lampe ; Trésor de saint Jacques; Chapelle de Saint-Firmin; le Vinotier; Deux chapelles, mises à la place du jubé, enlevées, portées ailleurs.

Clôture actuelle du chœur; Sur les dessins de qui, et par qui elle a été exécutée; Perron, ambons, grille.

Pourtour extérieur du chœur, en commençant par la gauche.

Histoire de Saint Jean-Baptiste; Première travée : quatre tableaux : Bas-reliefs au bas de cette première travée; Deuxième travée : quatre tableaux : Bas-reliefs au bas de la deuxième travée; Feu de la Saint-Jean.

Troisième travée : Histoire de Saint Quentin et de ses compagnons supprimée; Mur et grille collatérale.

Quatrième travée : Vision du Paradis supprimée; Grille aux armes du Chapitre.

Cinquième travée : Jean de Boissy, Jean de La Grange.

Sixième travée : Histoire de Saint Fuscien et de ses compagnons supprimée ; Grille.

Septième travée : Mausolée de Jean-Baptiste Le Sieurre; Grille en noir.

Travée du fond : L'Évêque Arnoult et ses archidiacres, figures supprimées ; Effigie de Jean de La Grange, mise à la place ; Mausolée de MM. Lucas ; le Petit pleureur ; Mutilation du chef-d'œuvre de Blasset.

Septième travée, du côté droit : Histoire du Samaritain supprimée ; Grille noire.

Sixième travée : Nativité de la Vierge supprimée, grille.

Cinquième travée : Mausolée de François de Halluin supprimé, grille.

Quatrième travée : Pierre Versé et la Vierge, supprimés ; Notre-Seigneur au jardin des Olives supprimé ; Grille aux armes de Mgr de La Motte.

Troisième travée : Mur et grille collatérale.

Enfant Jésus donné par François de Vitry.

Première et deuxième travée à droite du chœur : Histoire de Saint Firmin ; Mutilations et dégradations de monuments précieux ; Première travée : Quatre tableaux, sujet du quatrième suivi sur le pilier ; Deuxième travée : Quatre autres tableaux : Vie de Saint Salve ; Figure de Ferry de Beauvoir ; Épitaphe de cet évêque ; Figure de Mᵉ Adrien de Hénencourt ; Notice sur la famille de Lameth ; Représentation et épitaphe d'Adrien de Hénencourt ; Le donateur avait pourvu à la conservation des sculptures ; Grillages supprimés ; Armoiries enlevées ; Impossibilité d'empêcher la ruine de ces monuments.

Visite suivie dans la nef.

Épitaphe de Mᵉ Cornet de Coupel ; Bienfaits de Mᵉ Cornet de Coupel dont partie n'a point subsisté.

Mausolée du cardinal de Mâcon.

Monument de cuivre à Saint Sébastien supprimé.

Tombe de Hernand Tello.

Ancienne chaire supprimée ; Chaire actuelle, sa beauté ; Époque où la chaire a été faite.

Bancs pour assister au sermon ; Épitaphes des théologaux : MM. Lendormy, François Masclef et Lalau.

Lampes dans la nef ; Reverbères ; Quinquets ; Effet des lumières de nuit dans cette église.

Autels portatifs, ancien et nouveau.

Buffet de l'orgue ; Donateurs de l'orgue ; Leur épitaphe ; Monument enlevé ; Époque de la confection de l'orgue ; L'orgue conservé pendant la terreur ; État actuel de l'orgue.

Tombes des deux évêques sous qui l'église a été commencée ; Tombe d'Évrard ; Épitaphe d'Évrard ; Tombe de Geoffroi d'Eu ; Épitaphe de Geoffroi, docteur en médecine et en droit canon ; Remarques sur la figure de cet évêque ; On veut enlever les métaux de cette église ; La commission des arts l'empêche ; Ce que peuvent signifier les figures d'animaux sur les anciens tombeaux ; Emblèmes communs au paganisme et au christianisme, ils n'ont pas la même signification.

Monuments du pourtour de l'église, en commençant par la tour du nord.

Chapelle n° Iᵉʳ : bâtie par Jean de La Grange ; Ancienne clôture ; Grille et murs à l'entrée ; Statue du Sauveur : d'où elle peut provenir ; L'Extrême-Onction ; Quand elle a cessé d'être administrée par la cathédrale ; Confrérie de Sainte Ulphe.

Chapelle n° II : Ancienne clôture ; Vierge par Blasset ; Dévotion des Hortillons à Notre-Dame de Bon secours ; Grille ; Il faut la comparer aux autres de même dimension.

Chapelle n° III : Dédiée à Saint Crépin ; Clôture et autel ancien ; Mausolée d'un comte d'Amiens supprimé ; Nouvelle décoration ; Christ appelé Saint-Sauve ; Notice historique.

Chapelle n° IV : Ancien autel et clôture ; Grille et décoration nouvelle ; Boulangers et pâtissiers donateurs.

Chapelle n° V : Ancienne clôture ; Décoration nouvelle ; Vierge de marbre ; Rébus du donateur ; Décoration commencée.

Mausolée de Jean de Sachy et de sa femme.

Chapelle n° VI : Ancienne clôture ; Restaurée sous l'invocation de Saint Firmin, martyr ; Sa statue ; Mausolée de François Barboteau ; Le Vinotier.

Représentation du temple de Jérusalem : Le vestibule, le tabernacle, le saint, le saint des saints ; Épitaphe du donateur ; Mur de clôture.

Sacristie du ci-devant Chapitre, et archives des Chapelains ; Enfants de chœur de la paroisse.

Clôture en menuiserie.

Grands fonts baptismaux.

Épitaphe de Gresset ; Translation des restes de Gresset ; Projet de monument.

Chapelle n° VII : Vœu de la ville à Saint Sébastien ; Confrérie en son honneur ; Procession générale ; Renouvellement de la chapelle en temps de peste ; Donateurs des décorations ; Statue de Saint Sébastien ; Statue de Saint Roch, respectée par les Révolutionnaires ; Statue de Saint Louis, comment détruite, comment remplacée.

Tombe de Jean de Cherchemont enlevée.

Autel portatif servant aussi au Chef de Saint Jean.

Sépulture et mausolée de Mgr de Sabatier.

Chapelle n° VIII : Ci-devant Saint Pierre et Saint Paul ; Sépulture de Geoffroy de la Marthonie ; Vœu fait à Saint Jean-Baptiste au temps de la contagion ; Époque et donateurs de la chapelle de Saint Jean du Vœu ; Description de l'autel de marbre ; Statues de Saint Firmin et de Saint François de Sales ; Bas-relief du fronton ; Ancien tableau ; Bas-relief mis au lieu du tableau ; Autel de marbre neuf en marqueterie ; Mgr de Machault, donateur des nouveaux ornements ; Donateurs des grilles ; Mausolée de François Faure ; Petit autel portatif.

Sacristie du Chef de Saint Jean ; Notice historique concernant le Chef de Saint Jean ; Objections résolues par M. Du Cange ; Description de la relique ; Ancien reliquaire ; Donateurs des bijoux or et argent qui accompagnaient le Chef de Saint Jean ; Concours et pèlerinages au Chef de Saint Jean ; Origine de la foire d'Amiens ; Feux de joie allumés par les ecclésiastiques ; Trésorier du Chef de Saint Jean ; Médailles représentant ce saint Chef ; Enlèvement de l'or et des bijoux ; Conservation de la relique ; Son état actuel.

Tombeau de Gérard de Conchy ; Petite porte de l'Evêché ; Mausolée d'Antoine de Baillon ; Puits de Sainte Ulphe supprimé.

Porte de la grande sacristie ; Haute Trésorerie de Saint Jean-Baptiste supprimée ; Ancienne chapelle de Sainte Ulphe supprimée ; Basse Trésorerie ; Grande Sacristie ; Reliquaire de la Vraie Croix enlevé ; État de la Sacristie depuis 1793.

Confessionnal et petit orgue enlevés.

Chapelle n° IX : Notre-Dame de Pitié ; Description de cette chapelle de marbre ; Statues de la Vierge, de Saint Jean et de Saint Marc ; Dévotion au Sacré-Cœur.

Commencement du chevet ; Colonnes sonores.

Chapelle n° X : Pourquoi dite de Saint Quentin *les meurtris* ; Ancienne table d'autel et Clôture ; Cochon portant chape, âne vêtu en Cordelier supprimés ; Ancien petit orgue remplacé ; Clôture devant la porte du Cloître *Macabré* ; Autel, son tableau et autres sculptures ; Confessionnal de M. le Curé ; Tableau de la Transfiguration.

Chapelle n° XI, autrefois de *Chaulnes* ; Tombeau de Jean Rolland supprimé ; Nouvelle décoration ; Statue de Saint Jean-Baptiste ; Deux confessionnaux ; Tableau d'après Rubens enlevé : Grilles des quatre chapelles du chevet.

Chapelle n° XII, autrefois Saint Paul ; Ancienne clôture ; Statue de Saint Augustin.

Chapelle n° XIII : Petite paroisse ; Ses divers noms ; Ancienne paroisse de Notre-Dame ; Son territoire, etc ; Baptistère supprimé ; Ancien retable ; Statue de la Vierge mise ailleurs ; Clôture remplacée par une grille ; Chœur pour les Chapelains ; Nouvelle destination de cette chapelle ; Bancs supprimés ; Pavé neuf ; Stalles ; Retable ; Assomption de la Vierge en marbre blanc ; Statues de Saint Pierre et de Saint Firmin le Confesseur ; Lambris neuf ; Tombeau de Thomas de Savoie caché par le lambris ; Deux tableaux de Fortis : *L'enfant prodigue, la Mort de Saint François Xavier* ; Usages actuels de la petite paroisse.

Chapelle n° XIV, ci-devant aux épiciers : Clôture en cuivre supprimée ; Statue de Saint Jacques.

Chapelle n° XV : Ancienne table d'autel et clôture supprimées ; Mausolée de Pierre Versé supprimé ; Tableau du Christ aux Anges ; Statue de Saint François ; Carreaux coupés en tiers-point.

Chapelle n° XVI : Ses anciens noms ; Tableau d'après Le Guide supprimé ; Ancienne clôture ; Porte qui conduisait au Chapitre ; Grille et décoration nouvelles ; Saint Eloy en bas-relief ; Chambre du Veilleur, sans usage ; Epitaphe du chanoine de La Morlière, auteur des *Antiquités d'Amiens* ; Fin des colonnes sonores.

Chapelle n° XVII : Autel de marbre ; Son donateur ; Statue de Saint Charles Borromée restaurée ; Statues de Saint Mathieu et de Saint Luc ; Chapelle de Notre-Dame Anglette supprimée ; Ancien chœur des Chapelains ; Ancien autel, son donateur ; Mausolée du Seigneur de la Boissière supprimé ; Cercueil de ce seigneur découvert ; Clôture surmontée d'une sphère supprimée ; Tableau singulier ; Conjectures sur le lieu où il était placé ; Autre clôture supprimée ; Suppression du chœur des Chapelains ; Morts déposés au pied de la chapelle de Saint Charles ; Tombe de Jean Avantage, évêque, enlevée ; Son épitaphe ; Il était médecin du duc de Bourgogne ; Monument du dit Jean Avantage ; Remarque sur le travail de ce monument ; Confessionnal ; Conjectures sur l'arcade dans lequel il est posé.

Porte du Puits de l'Œuvre ; Portraits de deux époux, jardiniers.

Chapelle n° XVIII, autrefois Notre-Dame de l'Aurore ; Deux anciennes clôtures ; Titre de l'autel privilégié de la chapelle Saint Pierre et Saint Paul transféré à celle-ci ; Nouvelle décoration donnée par M° Coupel ; Tableau de l'Adoration des Mages ; Statues de Saint Pierre et Saint Paul ; Fonts pour la paroisse ; Noms de ceux qui les avaient donnés à Saint Firmin le Confez ; Viatique, Extrême-Onction ; Dais pour les porter.

Mausolée de Pierre Dumas supprimé ; Mausolée de Jean de Coquerel ; idem ; Porte du Midi ; Son usage.

Clôture de menuiserie; Confessionnal des anciens chanoines; Bureau du Vinotier supprimé.

Armoire de la Confrérie du Puits supprimée; Bureau des Archives, actuellement maison du bedeau.

Histoire de Saint Jacques sculptée; Histoire de Saint Jacques, de Philète et d'Hermogènes, d'après les légendes; Donateur de ces sculptures.

Tables des Maîtres du Puits, ornées de sculptures, enlevées; La copie des listes dans le P. Daire; Notice de la Confrérie de Notre-Dame; 1° du *Puits en Velay*; 2° du *Puits* d'où la Vierge a retiré un enfant; 3° du *Puy*, échaffaud sur lequel on récitait des vers; Gens de lettres appelés *Rhétoriciens*; Sur le recueil des vers couronnés par la Confrérie de Notre-Dame du Puits; Académies qui doivent leur origine à des confréries; Statuts de la Confrérie de Notre-Dame du Puits; Élection du *Maître*; Fête patronale; Dîner; *Mystère* joué pendant le repas; Couronne à l'auteur de la meilleure ballade; Deuxième prix fondé; Autre prix le jour des Morts; Tous les prix supprimés; La Confrérie fixée à la cathédrale; Tableau présenté par le *Maître*; Quand les tableaux ont été laissés dans la cathédrale; Quand il a été défendu d'en exposer; La *Vierge du Puits* supprimée; Décadence de la Confrérie; Les curés de la ville en fondent dans leurs paroisses; Les moines mendiants érigent des confréries; Trois sortes de congrégations au collège des Jésuites d'Amiens.

Chapelle n° XIX, dite du *Pilier Rouge*: Statues: Notre-Dame du Puits; David et Salomon; Judith; Esther détruite; Phénix, Soleil, Lune, supprimés; Tableau de l'Assomption, par Franken; Clôture de marbre et d'airain; Statue ci-devant de Sainte Geneviève.

Monument du F. Claude *Piètre* (sic); L'Enfant Jésus, la Vierge, Saint Claude et un chanoine, pris en un seul bloc; Médaillon de la Sainte Famille.

Chapelle n° XX, dédiée à Sainte Marguerite; Mausolée de Guillaume de Mâcon supprimé; Ancien tableau d'autel; Clôture supprimée; Chapelle en marbre; Statue de Sainte Marguerite; Médaillons de Saint Pierre et Saint Paul; Rétablissement des ornements sculptés.

Chapelle n° XXI : Autel et clôture supprimés; Nouvelle décoration par le chanoine Caron; Tableau du Trépas de la Vierge; Où en était l'original; Statues de Saint Étienne et de Saint Augustin; Tombe de Mgr Feydeau de Brou, venant du sanctuaire; Le Saint-Sacrement déposé dans cette chapelle le Jeudi Saint.

Chapelle n° XXII, dite de Saint Nicolas; Ancienne clôture; Nouvelle décoration; Figures en marbre de l'Assomption mises ailleurs; Statue de la Vierge en marbre.

Chapelle n° XXIII : Autel du *Jardinet*; Confrérie du *Jardinet*; Clôture ancienne; Tableau de la *Tentation de Saint Antoine* supprimé; Tableau en marbre, par Blasset; Notice sur Nicolas Blasset, inhumé à Saint-Firmin-le-Confesseur; En quel endroit son épitaphe et partie de ses ouvrages ont été transportés; Ce qui en a occasionné la perte; Description du tableau en marbre de l'Annonciation; Pourquoi ce tableau est dit : *Pièce sans prix*; Nouvelle décoration; Moyen de vérifier le progrès des arts dans l'espace de vingt ans.

Chapelle n° XXIV : Saint Christophe; Enguerrand d'Eudin fondateur; Messe du Breton; Point de preuve qu'il y ait eu de chanoine assassiné par son neveu; Clôture supprimée; Modèle des clôtures gravé dans l'œuvre de Lepaute (sic). Nouvelle décoration; Statue de Saint Christophe mieux posée qu'anciennement.

Chapelle n° XXV, de Saint Lambert, hors d'usage ; Nouvelle décoration de la porte.

Mausolée d'Antoine Niquet.

Mausolée gothique ; N'est pas celui de Pierre Burry ; Eloge de ce Burry ; Epitaphe de Pierre Mary.

APPENDICE

Première Section
Époques historiques et évènements relatifs à cette église

Mariage de Philippe-Auguste; Hommage d'Edouard III à Philippe de Valois, sujet du prix de l'Académie d'Amiens en 1814, gagné par M. Berville fils; Mariage de Charles VI; Moulin du roi; Gâteau qui se présentait à Sa Majesté; Paix jurée entre Henri II et Edouard VI; Entrée de Louis XVIII dans la Cathédrale d'Amiens; Madame, duchesse d'Angoulême, accompagne le roi; L'empereur de Russie n'a pas vu la Cathédrale; Le prince royal de Prusse la visite; Le roi de Prusse et son second fils vont à la Cathédrale.

Deuxième Section
Composition du clergé de la Cathédrale avant la Révolution

Nombre présumé des Évêques d'Amiens; Grands vicaires; N'étaient pas du Chapitre; Dignitaires de la cathédrale; État des prébendés et chanoines; Chapelains à la nomination de l'Évêque; Chapelains à la collation du Chapitre; Université des chapelains; Chantres et musiciens; Dix enfants de chœur.

Troisième Section
Usages antiques et singuliers observés dans la Cathédrale d'Amiens

Habit de chœur en été; Habit de chœur en hiver; Sarot; Chape; Camail; Bords blancs, gris et noirs; Anciens types; Aumusse, heaume, cappe de mailles; Capots des mendiants et paysans; Napes des chanoines décédés; Aubes parées; parements des aubes; Épitres farcies; Système de M. Lesueur pour la musique d'église; La crèche; Noëls chantés; Fête des Innocents; Fête des fous; L'homme vert; Saint Firmin l'*Amoureux*; Cérémonie de la fête de l'Invention de Saint Firmin; Fleurs et oublies jetées des voûtes; Acclamations; L'homme vert mis au pillage; La Vierge du Puits; Mystère de Joseph; Voile du temple tombant le mercredi saint; Office du Saint-Sépulcre; Les Maries; Le Saint-Suaire; Colombes, oublies, étoupes allumées jetées à la Pentecôte; Procession du Saint-Sacrement; Pompe ridicule y jointe; Mays des corps de métiers; Apôtres, prophètes, rois, anges à la procession; Les papoires, leur origine; Suppression des abus de la procession; Usages ridicules perpétués jusqu'à présent; La Vierge de l'Assomption; Mystères et farces pieuses joués par les ecclésiastiques, puis par les confrères du Saint-Sacrement; Cloche sonnée à l'arrivée des Évêques; Cierges d'oblation en l'honneur de Saint Firmin; Le *Gaude*.

Fin de la Table sommaire

DESCRIPTION
de l'Église cathédrale de Notre-Dame d'Amiens

AVANT-PROPOS

De quelque côté que l'on arrive à Amiens, le premier édifice qui frappe la vue est la Cathédrale. Surmontée de sa flèche, on l'aperçoit de quatre lieues à la ronde, dominant sur la vallée de la Somme, aux bords de laquelle cette ville est située. Et plus on approche, plus on reconnoît que cet édifice l'emporte sur tous ceux dont la ville est composée. D'ailleurs, il est célèbre dans toute l'Europe comme l'un des plus beaux monuments gothiques qui y existent. En effet, quoi qu'on dise que pour faire un tout accompli il faudroit réunir le portail de Reims, la nef d'Amiens, le chœur de Beauvais et le clocher de Chartres, ceux qui voient notre église telle qu'elle est conviennent qu'elle est parfaite dans son genre, tout ce qui la compose concourant à sa perfection. La nef est convenablement annoncée par le portail; le chœur, loin de la déparer, semble en être le complément et la continuation, ainsi que les deux ailes de la croix. Ce tout est encore relevé par les voûtes des bas-côtés. De manière qu'on pourroit dire que l'église entière est la nef d'Amiens. Quant au clocher, que peut-on souhaiter de mieux que la flèche qui s'élève au milieu de l'édifice, puisqu'elle est proportionnée au reste? (1).

Cette prééminence, si l'on peut s'exprimer ainsi, et cette réputation de notre église sont cause que tous ceux qui viennent à Amiens s'empressent de la visiter, et même, il en est beaucoup qui ne voient pas autre chose dans la ville. D'ailleurs, c'est à peu près le seul

---

(1) Viollet-le-Duc (*Dictionnaire de l'Architecture française*, t. V, p. 466) a porté sur la flèche de Notre-Dame d'Amiens un jugement quelque peu différent de celui de Baron : « ..... Si la flèche de la cathédrale d'Amiens, dit-il, est une œuvre remarquable en elle-même, elle *n'est nullement en rapport de proportions* avec l'édifice : sa base est grêle, sort du comble brusquement, sans transition; l'ensemble est mesquin, si on le compare à la grandeur magistrale du monument. Quant à la combinaison de la charpente, elle pèche par l'amas des bois, par le défaut de simplicité... »

monument qui soit à observer ici par rapport aux arts. Sa description sera donc toujours faite pour intéresser :

> ..... *Un antique édifice appelle les regards :*
> *C'est un Dieu qui l'habite, et sa majesté sainte*
> *Semble du temple auguste environner l'enceinte.*

L'église Cathédrale de Notre-Dame-des-Martyrs est située dans la deuxième section, dite du sud-est, de la ville d'Amiens. Elle est à peu près au centre, si l'on prend la ville du nord au midi ; mais elle est presque à l'extrémité vers l'est, si on prend de ce point à celui de l'ouest pour mesurer cette ville. L'édifice est posé en partie sur une colline dont le penchant aboutit à environ cent pieds de là au premier bras de rivière qui passe dans la ville, appelé la rivière d'Arve (*sic*), y entrant comme la Somme du côté du levant, et s'y réunissant pour en sortir du côté du couchant. Cette position est cause qu'au moins les deux tiers de l'église sont sur pilotis (1). Indépendamment de cela, les fondations, qui sont très profondes, forment un massif continu de toute l'étendue de l'église. Ce n'est guère qu'à quinze pieds du sol que ces fondations forment des chaînes de maçonnerie qui lient l'un à l'autre les piliers et les murs de l'édifice. Outre cela, il existe une espèce de mur qui règne au milieu de la grande nef d'un bout de l'église à l'autre, et dans les bras de la croisée. C'est ce que l'on voyoit lorsqu'on ouvroit des sépultures dans cette église ; les espaces pour les recevoir se trouvoient ainsi très étroits.

Mais disons quelque chose de l'historique de ce superbe monument.

Nos chroniques disent que Saint Firmin, premier évêque d'Amiens, ayant été admis dans cette cité, en l'an 302 de l'ère chrétienne, fit

---

(1) La plupart des auteurs de descriptions de la cathédrale répètent que cet édifice a été construit sur pilotis ; rien n'est moins prouvé que cette assertion, et voici comment elle est appréciée par Viollet-le-Duc (*Dictionnaire de l'Architecture française*, t. IV, p. 177) :

« Il en est de ces pilotis de Notre-Dame de Paris, de Notre-Dame d'Amiens, comme de tant d'autres fables que l'on répète, depuis des siècles sur la construction des édifices gothiques. Il ne seroit pas possible de construire une grande cathédrale sur pilotis. Ces édifices ne peuvent être fondés que sur de larges empâtements ; les pesanteurs étant très inégales en élévation, la première condition de stabilité étoit de trouver une masse parfaitement homogène et résistante au-dessous du sol ». — « Nous n'avons jamais trouvé de traces de ces pilotis », ajoute l'éminent architecte. — Lorsque l'on refit le pavage de la cathédrale, il y a peu d'années, on trouva, presque sous les dalles, des chaînes ou épaisses murailles de pierres qui relient les piliers les uns aux autres.

bâtir une chapelle sous l'invocation de Saint Étienne, dont l'autel étoit placé où l'on voit la croix au centre du labyrinthe formé par le pavé dans la nef de l'église actuelle (1). Mais bientôt Dioclétien suscita dans son empire la plus terrible persécution à laquelle les chrétiens eussent été en but. Le saint pasteur fut martyrisé le 25 septembre 303 (2); la chapelle fut détruite par les idolâtres. Plus de dix mille martyrs furent immolés par les ordres de Dioclétien et Maximien, empereurs romains fameux par leurs cruautés. Les chrétiens furent réduits à exercer leur culte dans des souterrains. C'est de là que proviennent, à ce qu'on prétend, des vestiges d'autels qu'on trouve dans plusieurs caves de l'ancienne ville, notamment Basse rue Notre-Dame et près Saint Firmin à la porte.

Faustinien et sa famille, convertis au christianisme par Saint Firmin recueillirent son corps et le firent enterrer dans leur maison de campagne dite *Abladène;* ils y furent inhumés auprès du saint pontife. Celui-ci eut pour successeur Saint Euloge, qui fut aussi martyr. La persécution ayant cessé, et le christianisme étant bien établi, Saint Firmin, dit le Confesseur fut, à ce qu'on croit, le troisième évêque d'Amiens ; fils de Faustinien et héritier du lieu d'Abladène, il fit bâtir une église dans le cimetière de sa famille, au même lieu où reposoit le corps de Saint Firmin le Martyr. C'est en cet endroit qu'existent l'église de Saint Acheul, et la ci-devant abbaye de ce nom. Cette église fut consacrée à Notre-Dame des Martyrs, et fut la première cathédrale de ce diocèse.

Saint Salve, l'un de nos évêques, trouva en l'an 613, miraculeusement, sous l'autel de cette cathédrale, le corps de Saint Firmin le martyr, dont on avoit perdu la trace. Voulant favoriser la dévotion de

---

(1) Saint Étienne, que l'Église vénère comme le premier martyr paraît avoir été le patron titulaire d'un certain nombre d'églises cathédrales en France, lors de leur érection primitive. Beaucoup de cathédrales conservèrent longtemps comme annexes, lorsqu'elles furent reconstruites sur des plans plus vastes, les églises que leurs fondateurs avaient dédiées au proto-martyr. Il y eut des cathédrales dédiées à Notre-Dame qui comprenaient dans leurs dépendances une église de Saint Jean-Baptiste (baptistère) et une autre sous le vocable de Saint Étienne.

(2) Les dates de l'épiscopat et du martyre de Saint Firmin sont très controversées; ce n'est point ici qu'il convient de rapporter les diverses opinions des historiens et des hagiographes sur ce sujet. Nos lecteurs connaissent d'ailleurs la plupart des ouvrages traitant de la vie du saint pontife que le diocèse d'Amiens honore comme son fondateur et son patron. Quant à Saint Euloge, second évêque connu d'Amiens, que quelques lignes plus bas, Baron qualifie de martyr, il n'est pas du tout prouvé qu'il ait versé son sang pour la foi.

ses ouailles, et mettre les saintes reliques en sûreté, Saint Salve fit bâtir une église en cette ville, au lieu où sont les fonts baptismaux de la cathédrale actuelle, et la dédia aux Saints apôtres Pierre et Paul. Il en fit la paroisse de la ville et fonda six chanoines pour y faire l'office.

Non content de cela, le même Saint Salve fit construire une autre église dont les murs étoient en maçonnerie et le comble en charpente. Elle étoit au lieu où est aujourd'hui la chapelle dite *petite paroisse* (1). Saint Salve la dédia sous le nom de la Sainte Vierge et de Saint Firmin le martyr. Il y fit apporter en cérémonie les reliques qui étoient à Notre-Dame des Martyrs, et les déposa dans une chapelle souterraine à l'orient de cette dernière église. Ce fut la seconde cathédrale d'Amiens. Notre-Dame des Martyrs cessa d'être le siège épiscopal ; l'église prit le nom de Saint Acheul et quelques-uns des chanoines qui y furent laissés pour la desservir formèrent l'abbaye qui y a subsisté jusqu'à la Révolution.

En l'an 881 la cathédrale dont il s'agit fut brûlée par les Normands. Réparée après le départ de ces barbares, elle fut incendiée par la foudre le 14 avril 1107. Elle fut enfin totalement réduite en cendres par le feu du ciel l'an 1218 (2). Les reliques et châsses, auxquelles étoit joint le Chef de Saint Jean-Baptiste, apporté le 17 décembre 1206 par Wallon de Sarton, chanoine de Picquigny, échappèrent à la destruction, étant à l'abri dans la chapelle souterraine dont nous avons parlé. Mais tous les titres de l'Évêché et du Chapitre périrent. De sorte que ce n'est que par des copies collationnées qu'on a connoissance d'un petit nombre d'actes antérieurs à cette époque concernant ces établissements. En attendant que cette grande perte fut réparée, l'évêque et son clergé firent l'office dans l'église de Saint Pierre et de Saint Paul.

En 1220, sous le pontificat d'Honoré III, pape, et sous le règne de Philippe-Auguste, roi de France, Évrard de Fouilloy, évêque d'Amiens, posa la première pierre du vaste édifice que nous voyons ; mais il n'en put voir que les murs sortant de terre.

Trois architectes conduisirent successivement ce bel ouvrage,

---

(1) Il paraît y avoir une inexactitude dans l'indication donnée par Baron de l'emplacement de la cathédrale bâtie par Saint Salve ; l'endroit où s'élève la *petite paroisse* étoit à cette époque en dehors de l'enceinte des murailles de la ville. L'église dont il s'agit se trouvait très probablement à l'endroit de la grande nef. — *Histoire d'Amiens*, par A. de Calonne, t. I, p. 94.

(2) M. l'abbé Roze, *Visite à la Cathédrale d'Amiens*, donne pour dates aux destructions successives de la cathédrale les années 850, 1019 et 1187.

savoir : Robert de Luzarches, qui en donna le plan; Thomas de Cormont continua et Regnault, son fils, l'acheva en 1288. Geoffroy de la ville d'Eu, successeur d'Évrard, fit continuer cet édifice depuis le pavé jusqu'au sommet, pour la partie de la nef, au moins. Arnoult, successeur de Geoffroy, fit démolir l'église de Saint Pierre et Saint Paul pour jeter les fondements de la croisée du nord. Le même continua les galeries hautes et basses et fit encore travailler au clocher en pierre, établi au milieu de la croisée. Ses successeurs, Gérard de Conchy, en 1252, et Aléaume de Neuilly en 1258, y firent peu de chose. Bernard d'Abbeville, au contraire, s'y adonna avec tant de zèle qu'on lui attribue l'honneur d'avoir amené l'ouvrage à sa perfection. L'inscription qui est encore au bas de la principale vitre du chœur, au-dessus de l'autel, porte :

Bernardus episcopus me dedit ann. M. C. C. LXIX.

L'ouvrage fut terminé, comme nous l'avons dit ci-devant, en 1288, sous le pontificat de Guillaume de Mâcon, élu évêque d'Amiens en 1278, et mort le 30 mai 1308.

Une partie des pierres qui ont servi à la construction de ce temple a été prise dans les carrières de Domméliers, de Croissy et de Bonneleau, villages appartenant au ci-devant Chapitre, et l'autre dans les carrières de Picquigny.

Les deux tours ne furent élevées que cent ans plus tard; on les commença vers 1366, et il paroit qu'elles ne furent achevées qu'en l'année 1401.

Les chapelles des deux côtés de la nef n'étoient pas entrées dans le premier plan de cette église. Ce ne fut que dans le xiv° siècle, et lorsque tout l'ouvrage étoit terminé qu'on les construisit, à différentes reprises. On en forma les refends en ajoutant de la maçonnerie aux piliers butants; on fit des pignons sur la rue; on surmonta le tout de petites voûtes, au même niveau que celles des bas-côtés, et cela fait on enleva les vitraux et les murs, pour donner entrée aux chapelles. On voit encore le cintre des anciens vitraux, qui a été continué jusqu'à terre lorsqu'on a posé les grilles modernes à ces chapelles. Jusque là on voyoit l'arrachement des bancs de pierre et des petites arcades dont les pareilles sont encore aujourd'hui au bas des murs du premier plan de l'église.

On se rappelle que l'évêque Arnoult avoit fait établir un clocher de pierre sur la croisée, au milieu de l'église. Ce clocher fut renversé par la foudre, et l'on y substitua la flèche en charpente qui subsiste aujourd'hui. Cet ouvrage, après plusieurs vicissitudes que nous rappellerons plus tard, fut mis environ l'an 1628 dans l'état où nous le voyons.

On ignore quand cette église a été bénie pour la première fois; il est certain que l'Evêque et son clergé y faisoient l'office en 1244, puisque l'Evêque Arnoult condamna Geoffroy de Milly, bailli d'Amiens à y rapporter des fourches patibulaires les corps de quatre clercs qu'il avoit fait pendre.

La première consécration connue de cette église eut lieu le 10 juin 1483 par l'Evêque Pierre Versé. On a conservé jusqu'à 1793 un vase d'étain contenant de l'eau bénite qui avoit servi à cette consécration. La seconde eut lieu le 14 juillet 1504, par Nicolas Lagrenée, suffragant de François de Halluin, Evêque d'Amiens. Cette cérémonie fut appelée Dédicace; on en faisoit la commémoration tous les ans, le second dimanche de juillet. C'est aussi à cette époque que l'église fut dédiée à la Sainte Vierge. La fête patronale est, en conséquence le 15 août, jour de l'Assomption (1).

(1) Le Vocable de Notre-Dame appartient à la Cathédrale depuis un temps beaucoup plus reculé que celui assigné ici par Baron. — *Vid. suprà.* — Parmi les quatre-vingt-une cathédrales que possède la France, *trente-et-une* sont placées sous l'invocation de la Sainte Vierge ; quatorze ont pour patron Saint Etienne, premier martyr ; huit sont dédiées à Saint Pierre ; quatre à Saint Jean-Baptiste; trois à Saint Louis, roi de France. Toutes les autres sont placées isolément sous des vocables divers. — J. Corblet, *Revue de l'Art Chrétien*, 1864, p. 56,

Proportions et mesures de cet édifice, dont le plan forme ce qu'on appelle une croix latine

LE GRAND PORTAIL

	Pieds	Pouces
Longueur du parvis	144	»
Largeur	30	»
Le porche du milieu a de largeur entre les deux trumeaux	36	»
De profondeur	17	»
Les deux porches à côté ont de largeur	19	»
De profondeur	14	»
Elévation de la tour, du côté du nord	210	»
De celle du côté du midi (elle a donc 20 pieds moins que l'autre)	190	»
Le portail, dans sa totalité, a de longueur	150	»

EXTÉRIEUR DE L'ÉGLISE

	Pieds	Pouces
Longueur hors d'œuvre	450	»
Largeur, *idem*, d'une extrémité à l'autre de la croisée .	214	»
Hauteur du niveau de l'église à la balustrade qui règne autour des combles des chapelles.	65	2
Hauteur de cette première balustrade à celle qui règne au haut de l'église	67	»
Hauteur oblique du grand comble	50	»
Hauteur perpendiculaire	44	»
Hauteur de la flèche depuis le comble, compris le coq .	201	»
Le coq est élevé du pavé de l'église de	402	»

DIMENSIONS INTÉRIEURES

	Pieds	Pouces
Longueur depuis le portail jusqu'à la porte du chœur .	220	»
Longueur du chœur.	130	»
Depuis le chœur jusqu'à la chapelle dite *Petite paroisse*	18	»
Profondeur de cette chapelle	47	»
Total de la longueur dans œuvre.	415	»
La croisée a de longueur dans œuvre	182	»

	Pieds	Pouces
Depuis le pavé de l'église jusqu'à la clef de la voûte de la nef, la hauteur est de	133	1

Dans le chœur, à cause des marches, il n'y a que 129 pieds de hauteur.

Les 132 pieds se subdivisent ainsi :

	Pieds	Pouces
1° Du pavé jusqu'aux premiers chapiteaux où les voûtes commencent à se courber	42	2
2° De ces chapiteaux à l'architrave ou appui des galeries en dedans de l'église	22	7
3° De l'architrave à la frise au pied des grands vitraux .	19	10
4° Et depuis cette frise jusqu'à la voûte	48	»

Egalité de hauteur 133 pieds 1 pouce.

	Pieds	Pouces
Les voûtes des bas-côtés et des chapelles ont de hauteur	60	8
La nef, la crois'e et le chœur ont de largeur, pris du milieu d'un entre colonnement à l'autre, c'est-à-dire du point où les grilles du chœur sont placées . . .	44	»
Les bas-côtés, pris du même point au-dessous des arcades marquées sur le pavé par des lignes en carreaux noirs ont de largeur.	27	»
Les chapelles ont de profondeur	21	»

L'édifice est soutenu par 126 colonnes ou piliers ; 44 sont isolés ; les autres sont adossés ou engagés dans les murs.

Il est d'autres mesures de détail qu'on donnera au besoin ; mais pour terminer ici ce qui excite la curiosité à cet égard, voici les dimensions du cadran qui se trouve dans l'église au couchant et au-dessus de la grande porte.

	Pieds	Pouces
L'horloge qui dirige l'aiguille de ce cadran est placée dans la tour du grand portail, côté du midi, à une hauteur de. . .	190	»
Le cadran dont il s'agit a de circonférence.	96	»
De diamètre	32	»
Longueur de l'aiguille	31	»
Hauteur des chiffres en lettres romaines	1	10
Distance qui les sépare.	7	»
Hauteur des losanges marquant les demies	»	8

NOMBRE DES MARCHES POUR MONTER AUX GALERIES, AU GRAND COMBLE, AUX TOURS ET A LA FLÈCHE :

Six escaliers en vis, pris du pavé de l'église, dont nous noterons les emplacements, servent à monter aux galeries intérieures et aux terrasses des combles des bas-côtés et des chapelles ; ils ont chacun 133 marches ; de ces galeries et terrasses à celles du haut de l'église, d'où l'on passe sur le plancher qui règne dans le grand comble au-dessus des grandes voûtes, il y a 90 marches. Pour parvenir de ces galeries et planchers à l'endroit où sont suspendus les bourdons, dans la tour du nord, il y a 75 marches ; des bourdons à la plate-forme de cette tour, on a 36 marches ; par conséquent, il y a à cette plus haute tour 334 marches ; de la terrasse du grand comble au haut de la tour de l'horloge on monte 69 marches ; donc, il y a à monter à la tour de l'horloge 292 marches.

Dans le grand comble un escalier de moulin conduit intérieurement du plancher à la première terrasse du clocher doré ; il a 54 marches. De cette première terrasse à la seconde est un escalier revêtu de plomb, qui a 29 marches. Après cela il faut se servir d'échelles jusqu'à une fenêtre au milieu de la flèche, ensuite de crochets, et enfin monter au long du fût de la croix pour parvenir au coq. Toujours est-il que pour monter à la flèche, tout le monde peut se servir de 306 marches.

N. B. — Nous ne garantissons point l'exactitude de toutes les dimensions indiquées par Baron ; le lecteur trouvera des renseignements beaucoup plus précis dans la *Monographie* de M. G. Durand. En attendant la publication de cet important ouvrage, nous croyons qu'il ne sera pas sans intérêt de transcrire ici la note suivante :

Rapport sur le plan en relief de la Cathédrale d'Amiens offert au Musée par M. J. Herbault, par M. Ch. Lucas (*Extrait de la Revue artistique et littéraire*, in-8° 1867).

Relief dégagé dans une dalle de liais dur de Senlis de 2 m. de long sur 1 m. de large, et 0 m. 20 c. d'épaisseur. — Il est creusé à la profondeur de 50 millimètres. — Echelle de 1/100e de la grandeur naturelle. — Le plan avait figuré à l'Exposition de 1855, bien qu'il ne fût pas entièrement terminé.

Dimensions de la Cathédrale indiquées sur le plan :

Longueur totale hors œuvre	145 m.
» des transepts	70 m.
Longueur totale de la nef et des bas-côtés	49 m.
Hauteur de la nef	42 m. 95 c.
» des bas-côtés	19 m. 68 c.
» jusqu'au faîte des combles	57 m. 50 c.
» de la flèche	109 m. 95 c.
» de la tour nord du portail	61 m. 06 c.
» de la tour sud	51 m. 52 c.

Surface totale de l'emplacement 6.000 m.

Nombre d'assistants qu'il peut contenir, 25 à 30.000 debout, 10 à 12.000 assis.

César Dulermez, appareilleur, a travaillé au plan.

PREMIÈRE PARTIE DE LA DESCRIPTION

ARCHITECTURE EXTÉRIEURE

Le Portail de la Cathédrale d'Amiens, commencé en 1220 avec le surplus de l'édifice, n'a dû être terminé qu'en 1401, avec les deux tours.

Trois grandes portes d'entrée, pratiquées sous de profondes voussures ou porches, divisent par le bas ce frontispice. Ces porches sont annoncés en dehors par des frontons ou pignons, dont celui du milieu se trouve plus élevé, et surmonté d'une statue de Saint Michel (1). Le porche du milieu, dont nous allons nous occuper, est plus profond que les deux autres, parce que les deux tours qui surmontent ceux-ci font avant-corps sur le reste du portail.

Ce porche du milieu, qui a trente-six pieds d'ouverture à l'entrée, n'a plus guère que dix-huit pieds au fond, le tout formant la moitié d'un octogone, où se trouvent quatre angles rentrants, trois pans entiers et deux pans en retour. La porte occupe le pan en face; elle est divisée en deux par un pilier. Ce pilier porte une statue de Notre-Seigneur debout et en action de bénir; ce qui fait nommer ce porche *Porte du Sauveur*. Le devant du pilier qui supporte cette statue, est décoré d'une niche en arcade, dans laquelle se trouve, en demi-relief, la figure en pied d'un roi; il porte la couronne en tête, le sceptre surmonté d'une pomme de pin dans la main droite, et de la gauche, il tient un papier déroulé. Ce lambel indique ici un roi fondateur; la barbe de cette figure caractérise un roi de la première race. Alors ce ne peut être que Dagobert qui le premier fonda des églises en France (2). Si ces circonstances ne s'opposoient pas à ce

(1) Cette statue a été supprimée par Viollet-le-Duc, lors de la restauration du grand portail; elle a été remplacée par une grande figure d'ange sonnant de la trompette. D'après une tradition qui avait cours à Amiens, le Saint-Michel aurait été un présent de Louis XI.

(2) Les iconographes les plus autorisés s'accordent à reconnaître le roi David, ancêtre du Messie selon la chair, dans le personnage qui figure au pied de la statue du Christ. Sur le lambel était probablement tracé, en lettres peintes, depuis longtemps effacées, quelque verset des psaumes relatif au Messie.

qu'on reconnût un roi de la troisième race, la figure dont il s'agit seroit celle de Philippe-Auguste, sous le règne de qui cette église a été commencée, et qui auroit fait quelque don pour contribuer à son établissement. Sur le retour de ce pilier sont sculptés à la droite de la figure du roi un lierre et à gauche un lis, plantés dans des vases d'une forme assez agréable. La statue du Sauveur est sur une plinthe ornée de pampres et d'épis, enlacés dans les replis d'un serpent, dont la tête est au milieu de cette plinthe. En retour, à droite se voit un chien, et à gauche un coq. Sous ses pieds sont un lion et un dragon : *Super aspidem et basiliscum ambulabis, et conculcabis leonem et draconem* (1).

Les deux jambages de cette porte sont ornés chacun de cinq cadres portant diverses figures fort mutilées. Cependant, au bas, à droite du tableau et à gauche du spectateur, on reconnoît l'arbre de la science du bien, ou de la vie, et à gauche de ce tableau, l'arbre de la science du mal, ou de la mort. Plusieurs figures d'hommes et de femmes au-dessus de l'arbre du bien portent des lampes dont la lumière s'élève au ciel ; du côté de l'arbre du mal ces figures portent leurs lampes renversées ; ce qui a un rapport direct aux sujets qui sont au-dessus (2).

Ce porche est orné par le bas d'une plate-bande sculptée en arabesques représentant des fleurs à quatre feuilles. Au-dessus est un champ qui contient deux rangs de médaillons en trèfles, formés par quatre demi-ronds (3). Il y en a neuf à chaque rang, ce qui fait dix-huit de chaque côté de la porte. Les douze médaillons placés dans les pans coupés plus près de cette porte, au rang d'en dessus, présentent des figures assises, portant chacune leur écusson. Ces écussons se trouvent chargés de figures d'animaux et d'autres emblêmes. Ces figures étant au même rang que celles des patriarches et prophètes de l'ancien testament, il faut y reconnaître les fils de Jacob, chefs des douze tribus d'Israël. Les emblêmes sculptés sur leurs écussons rappellent les qualifications données à la plupart d'entre eux par Jacob à ses derniers moments, d'où les héraldistes du xii° siècle étoient partis

---

(1) La citation même du texte du psaume indique assez que Baron est dans l'erreur en disant que les deux animaux qu'il cite en premier lieu sont *un chien* et *un coq* : les iconographes modernes reconnaissent avec raison dans ces deux figures *l'aspic* et le *basilic* du psalmiste.

(2) Il n'y a point de figures d'hommes sur les jambages du grand portail : ces sculptures représentent les vierges sages et les vierges folles de la parabole évangélique.

(3) Est-il nécessaire de faire remarquer au lecteur qu'un *trèfle* ne peut avoir *quatre* lobes.

pour blasonner des armoiries à ces patriarches. En effet, dans la Genèse, chapitre 49, Jacob dit de Ruben qu'il a été léger comme l'eau qui s'écoule; de Siméon et de Lévi, qu'ils sont des vases d'injustice et de carnage ; Juda est un jeune lion : son repos est celui du lion et de la lionne. Zabulon héritera les rivages de la mer, où les navires sont en relâche ; Issachar est comme un âne fort et dur au travail ; que Dan devienne comme une couleuvre ou un serpent nommé *Céraste*, qui tend des embûches au voyageur ; le pain d'Aser sera excellent ; Nephtali sera comme un cerf échappé; Joseph est devenu le pasteur d'Israël ; Benjamin sera un loup ravissant. Les autres patriarches et prophètes sont caractérisés par des traits de leur vie, ou par les visions rapportées dans leurs écrits (1).

Au-dessus de cette bande de médaillons qui règne dans toute l'étendue du portail et des trois porches, s'élèvent des statues colossales appliquées à des petites colonnes. Ces statues sont montées chacune sur une plinthe soutenue en encorbellement par diverses figures fantastiques ; elles sont surmontées par de petits dais d'architecture gothique, en forme de voûtes pendantes.

Dans ce porche du milieu il y a dix-huit statues : neuf de chaque côté. Les douze plus près de la porte sont des apôtres ; celles plus éloignées, ainsi que d'autres ensuite, sur les trumeaux, représentent des disciples (2). Le fût de la colonne monte au-dessus du petit dais qui couronne chaque statue. Les cotes de baleine (3) sortent des chapiteaux doriques de ces colonnes et vont s'appointer dans le centre de la voussure en forme d'ogive. Ces cotes de baleine sont chargées de figures seules ou groupées dont les sujets concourent à l'effet du tableau qui occupe le fond de ce porche au-dessus de la porte. Ces cotes de baleine ainsi réunies forment des arcades qui s'élèvent au-devant les unes des autres, et augmentent d'étendue à mesure qu'elles approchent du cintre extérieur. En effet, au quart de cercle,

(1) Les figures sculptées dans les médaillons du soubassement du porche central, ne représentent point les fils de Jacob, mais les vices et les vertus mis en opposition les uns aux autres ; une savante explication de ces sculptures a été donnée par MM. les abbés Duval et Jourdain dans le *Bulletin Monumental*, tt. X, XI et XII. — Il est curieux de rapprocher de cette description *La Lettre à M. Rivoire* par M. Rigollet, Amiens 1806.

(2) Les statues placées devant le front des contreforts entre lesquels s'ouvrent les baies des trois portails représentent non les disciples du Sauveur mais les quatre grands prophètes et les douze petits prophètes de l'Ancien Testament.

(3) L'expression *côte de baleine* sert à désigner d'une manière impropre, mais pittoresque les nervures de la voussure ogivale ; elle était couramment usitée à l'époque de Baron.

à droite et à gauche du fond, les figures ne forment que huit étages et au huitième, vers la place, il y en a quatorze. La neuvième arcade est chargée seulement d'un feston dont les pointes en bas se terminent par des fleurons. Tout cet ouvrage est en pierres sculptées.

Le dessus de la grande porte (1) formant une arcade ou fronton en ogive, représente le jugement dernier. Ce tableau, en sculpture de relief est divisé en quatre plans ou étages. Au plus bas est la résurrection des morts. Quatre anges, accompagnant un cinquième qui est au centre et paroit porter une balance, sonnent de la trompette, et les morts, de tous côtés, sortent de leurs tombeaux. Au second plan ces morts sont divisés : les justes, revêtus de robes nuptiales sont guidés par de saints personnages dans la céleste Jérusalem, dont l'entrée se trouve à l'angle droit du tableau. Des anges volent au-dessus d'eux, sonnant de la trompette. Les réprouvés, nus et pressés les uns contre les autres sont conduits et poussés par les diables dans la gueule d'un dragon, qui s'ouvre à l'opposé du paradis. Les anges qui sont au-dessus de ce cortège, le poursuivent, armés d'épées flamboyantes. Au troisième plan est, dans le centre, Notre-Seigneur Jésus-Christ assis pour juger les vivants et les morts. A genoux, à sa droite est la Sainte Vierge, ayant la couronne sur la tête ; à gauche, Saint Firmin (2), la tête nue, et revêtu d'une chasuble à l'antique. Ces deux patrons de notre église paroissent intercéder pour les habitants de la cité. A l'extrémité droite de ce plan sont des anges dont l'un tient la croix. De l'autre côté, d'autres anges qui assistent au jugement dernier. Le Sauveur, la Sainte Vierge et Saint Firmin sont ombragés par un dais commun en architecture gothique. Au-dessus et à la clef de l'arcade est le Père Eternel, dont on ne voit que le buste, étant dans un nuage ; à ses côtés sont deux anges qui volent.

J'ai dit que les figures et groupes, disposés dans la voussure servoient à compléter ce tableau, En effet, le premier rang ou étage de ces figures représente les bonnes ou mauvaises actions des hommes. A droite sont ceux que les prières et les bonnes œuvres conduisent au bienheureux séjour : des anges les assistent et leur montrent la route. De l'autre côté, les pervers sont surpris par les démons dans les crimes et les plaisirs hideux qui leur méritent la réprobation éternelle.

Pour les étages au-dessus, les deux cercles plus près du fond sont

(1) Le tympan.
(2) Ce n'est point Saint Firmin, mais Saint Jean l'Evangéliste que le sculpteur a représenté agenouillé avec la Vierge aux côtés du Souverain Juge.

composés d'anges tenant des encensoirs et des instruments de musique. Les autres cercles présentent les thrônes, les dominations et une infinité de bienheureux qui chantent et jouent dans des instruments différents dont plusieurs sont aujourd'hui inconnus. Il y a beaucoup à étudier dans tout cela pour l'amateur des arts et de l'antiquité.

Le second porche, qui est celui du côté du midi, est appelé Portail de la Mère de Dieu, le pilier de la porte étant orné d'une statue de la Sainte Vierge, à laquelle se rapportent toutes les sculptures qui garnissent cette entrée. Cette statue de la Vierge tenant l'Enfant Jésus écrase sous ses pieds un serpent à tête humaine. Sur le piédestal sont représentés la création d'Adam et Eve, leur chute, leur expulsion du Paradis terrestre, et les travaux auxquels ils ont été condamnés en punition de leur péché. Les deux rangs de médaillons de ce porche représentent des sujets du Nouveau Testament relatifs à la naissance et à l'enfance de Jésus-Christ. On y reconnoit l'histoire des rois mages fort au long, terminée par le massacre des innocents. De l'autre côté est la fuite en Egypte, la chute des idoles au passage de la sainte famille, etc. Les statues de ce porche, au nombre de six de chaque côté représentent des patriarches et autres saints de la famille de Marie. La pose et le rapprochement de plusieurs de ces statues qui se présentent de profil au spectateur rappellent la Visitation et la Purification de la Vierge et autres traits de sa vie. Dans l'ogive du fond, au-dessus de la porte, au premier rang, sont six figures assises, représentant David et les prophètes qui ont prédit l'incarnation du Sauveur. Au second rang, d'un côté, la Vierge mise au tombeau par les Apôtres. De l'autre, la même ressuscitant au milieu des anges. Au rang supérieur on voit Marie, assise dans la gloire, à côté de Jésus-Christ. Entre deux, et au-dessus de leur tête plane le Saint Esprit, en forme de colombe. Au sommet de l'ogive, le Père Eternel, comme au porche du milieu. Trois des cotes de la voussure sont chargées de figures, seules ou groupées, d'anges et de saints personnages célébrant la gloire de la Sainte Vierge. Trois de ces nervures sont sans ornements ; celle qui se trouve à l'extérieur à un feston pareil à celui qu'on voit à l'arcade du milieu.

Le portique à gauche s'appelle Porche de Saint Firmin. La statue de ce premier évêque et martyr est au milieu de la porte, et les monuments qui l'entourent y sont relatifs. Le soubassement de cette statue est entouré de bas-reliefs en compartiments, représentant l'entrée de Saint Firmin à Amiens, sa prédication, son arrestation, son martyre, l'invention de son corps, et la translation de ses reliques. Les médaillons de ce porche sont au nombre de vingt-quatre. Les douze supérieurs représentent les figures du zodiaque. Ceux au-dessous représentent les travaux des mois correspondants. Douze statues dans ce porche représentent les saints évêques d'Amiens, et les martyrs et confesseurs qui ont apporté la foi dans ce pays. La seule statue de femme représente Sainte Ulphe, vierge et solitaire de nos environs. Dans l'ogive, au-dessus de la porte, se trouvent au premier rang six statues d'évêques assis ; dans les deux rangs supérieurs sept groupes, dont il est difficile d'expliquer les sujets, composés d'évêques accompagnés de divers personnages (1), et, au sommet, le Père Eternel dans sa gloire. Trois arceaux portent des figures; trois autres, au-devant, n'en portent pas. L'arcade extérieure est ornée d'un feston, comme aux autres portiques.

Sur chacun des pieds droits, ou trumeaux, entre les trois porches et aux extrémités, se voient trois statues avec les mêmes accessoires. Des pyramides cantonnées d'autres pyramides plus petites les surmontent et accompagnent les frontons extérieurs des porches.

Au-dessus des deux porches collatéraux, sous les tours, on voit de chaque côté une arcade de même dimension que les voûtes des bas-côtés intérieurs de l'église, et dans cette arcade est un vitrage de forme triangulaire ; il n'y a pas d'arcade au milieu, parce que le fronton est plus élevé A cette hauteur se trouve une galerie ornée de petites colonnes et d'arcades terminées en roses, qui correspond à la galerie qui règne dans la nef au-dessus des petites voûtes. Cette galerie s'étend au-devant de la grande nef et des deux tours.

Plus haut est une galerie, à peu près de même dimension, et régnant également sur toute la façade ; les arcades sont remplies de figures colossales, qui représentent les rois qui avoient régné en France jusqu'à la construction de cette église (2). Il y a huit de ces

(1) « Au tympan (du portail Saint-Firmin) six évêques assis au premier étage ; découverte des reliques de Saint Firmin, au second ; et au troisième, translation des reliques, miracle de la floraison des arbres le 18 janvier, et main de Dieu planant sur le cortège, en signe de bénédiction ». — *Guide pour visiter la Cathédrale d'Amiens*, par l'abbé Duval, S. D., p. 10, Lambert-Caron. Amiens.

(2) La question de savoir si les vingt-deux statues de rois qui garnissent les arcades de la seconde galerie de la façade de la Cathédrale, représentent des rois de France, a été fort débattue entre les archéologues L'opinion qui paraît prévaloir est que ces colosses de pierre figurent les rois de Juda ancêtres du Messie ; il faudrait alors considérer cette galerie comme une sorte d'arbre de Jessé horizontal, ainsi que nous l'avons dit plus haut. — Qu'il nous soit permis de citer un passage de Viollet-le-Duc, peut être

statues dans le milieu ; six au-devant de chaque tour, et une au dehors des quatre piliers qui soutiennent ces tours. Total, vingt-quatre. Il seroit difficile de reconnoître ces figures et l'ordre dans lequel elles sont placées. Le temps les avoit beaucoup altérées, et dans la Révolution, ceux qui ont cherché à abattre les fleurons de leurs couronnes, et à couper les fleurs de lis de leurs sceptres, les ont trop endommagées.

Au-dessus de cette galerie des rois, est une terrasse sans garde-fous, au bas de la rose qui sert de cadran dans l'église, et dont nous avons donné les dimensions ci-devant. Cette terrasse est aussi au-devant des deux tours.

Au-dessus encore, et seulement dans le milieu est une galerie avec arcades de plein-pied avec les terrasses qui règnent au bas du grand comble, et d'où l'on passe sur le plancher pratiqué pour aller dans l'intérieur du comble, sans endommager les grandes voûtes. Le plafond en pierre de ces arcades forme une dernière galerie découverte, avec une haute balustrade, derrière laquelle s'élève le pignon de la nef, accompagné d'aiguilles en sculptures.

Le portail est surmonté par les deux tours, dont celle du côté du nord est la plus haute, comme nous l'avons dit. On monte également au haut de ces tours, dont les toits, en charpente couverte d'ardoises, étoient ornés de croix de fer, avec des coqs aux sommets.

inconnu d'un certain nombre de nos lecteurs, et que l'on ne trouvera pas déplacé ici. « A Paris, à Reims, à Amiens, on a voulu voir, dans ces statues de rois, la série des rois de France ; et cette idée populaire date de fort loin, puisqu'elle est déjà exprimée au XIIIe siècle. L'une de ces statues, invariablement posée sur un lion, est alors prise pour Pépin. Dans les *XXII manières de vilains*, manuscrit qui date de la fin du XIIIe siècle, on lit ce passage : « Li vilains babuins, et cil ki va devant Notre-Dame à Paris, et regarde les rois et dist : Vés-la Pepin, Vés-la Charlemainne. Et on li coupe sa bourse par derrière ». Nous ne voyons pas cependant que les évêques qui, à la fin du XIIe siècle, fixèrent les règles générales de l'iconographie des cathédrales, aient voulu représenter les rois de France sur les portails des églises du titre de Sainte Marie, mais bien plutôt les rois de Juda ; car rien ne rappelle l'histoire contemporaine dans ces grands monuments, ou, quand par hasard elle s'y montre, ce n'est que d'une manière très accessoire. Le manuscrit cité ici est une satire, et son auteur a bien pu d'ailleurs, en faisant parler ainsi le badaud parisien devant le portail de Notre-Dame de Paris, vouloir rappeler une erreur populaire. Il nous paraît plus conforme à l'esprit de l'époque d'admettre que les statues des rois sont des rois de Juda, puisqu'ils participent à la venue du Christ. Le roi toujours posé sur un lion, et tenant une croix et une épée, ne peut être que David. L'autre roi, tenant également une croix et un anneau ou un globe, Salomon. D'ailleurs, avant le règne de Philippe-Auguste et même jusqu'à celui de Saint Louis, les évêques ne pouvaient avoir de la puissance royale les idées admises à la fin du XIIIe siècle.... » et l'auteur cite un fait frappant de l'importance de la prérogative épiscopale au-dessus de celle du monarque. — Viollet-le-Duc. *Dictionnaire raisonné d'architecture*, t. II, p. 389.

Il est difficile de voir l'ensemble de ce portail, faute d'une place suffisante au-devant (1).

Il faut noter ici que pendant l'été de 1777, on a fait une grande réparation à la maçonnerie de ce portail. Le parvis étoit couvert d'échafaudages qui s'élevaient jusqu'au sommet des tours. On a commencé par réparer le haut, et on a terminé par le bas. Il est aisé de reconnoitre que celle des pyramides qui accompagne les porches du côté du midi a été refaite tout-à-neuf. C'est à cette époque que les vantaux des grandes portes ont été robés de planches de chêne par dedans, et repeints tant en dedans qu'au dehors couleur d'ocre jaune (2).

En quittant le portail et tournant à gauche pour visiter l'extérieur de l'église, on est dans un passage fermé d'une grille. C'étoit ci-devant la rue des Soufflets, laquelle séparoit la Cathédrale de l'église Saint-Firmin-le-Confesseur, actuellement abattue. Cette église paroissiale et collégiale, avoit été bâtie en 1236 environ, sur le terrain de l'hôpital de Saint Jean-Baptiste, transféré en la chaussée Saint-Leu, où il a formé l'Hôtel-Dieu, qui subsiste encore, pour suppléer à l'église de Saint Pierre et Saint Paul, qu'il avoit fallu prendre pour établir le bras de la croix de la grande église vers le nord. Pendant la reconstruction, les paroissiens faisoient leur office dans le bas-côté de la nef.

Le logement des suisses flanque la Cathédrale à l'angle du portail et du côté gauche. Ce logement entoure le pilier butant dit de la table ronde, ainsi appelé parce qu'il est surmonté d'une tourelle dans laquelle se trouve un banc de pierre circulaire et une table aussi de pierre, tournant sur un pivot. Souvent, ceux qui visitent le haut de l'église y font porter des rafraîchissements et se reposent dans cette tourelle pour boire et manger (3). Ce pilier, au pied de la plus haute tour sert

(1) Le regret exprimé par l'auteur de cette notice n'a plus aujourd'hui raison d'être : une place de dimensions suffisantes s'étend maintenant devant la façade principale de la Cathédrale ; cette place a été de création lente et difficile.

(2) Une autre restauration plus complète et plus intelligente de la façade principale de la Cathédrale et des deux tours a été faite sous la direction de Viollet-le-Duc entre les années 1849 et 1856. Les vantaux de toutes les portes de la Cathédrale sont depuis longtemps, à l'intérieur et à l'extérieur peintes d'une couleur brune rougeâtre, dont le ton s'harmonise bien avec celui de la pierre.

(3) Cette table ronde existe encore, mais Viollet-le-Duc l'a fait enlever de sa place primitive et poser dans le jardin de l'Evêché, vis-à-vis le perron du Secrétariat. Ce déplacement est d'autant plus regrettable que rien ne le justifie. — D'après une tradition qui a cours à Amiens, Henri IV aurait pris sur cette table un léger repas. En 1825, la

à joindre les chapelles ajoutées au corps de l'église. Sur la face du pilier exposée au couchant, sont trois statues les unes au-dessus des autres. La plus haute représente la Sainte Vierge; la console qui la porte est soutenue par une figure d'homme accroupi et jouant du violon. La statue intermédiaire représente le roi Charles V, sous le règne duquel ce pilier a été érigé. Celle qui est au bas, en partie cachée par le bâtiment, représente le Cardinal Jean de la Grange, premier ministre de Charles V, Evêque d'Amiens, lequel a fait construire les deux premières chapelles de ce côté. Sur la face de ce même pilier, vers le nord, sont également trois statues. Celle d'en haut représente Saint Jean-Baptiste, l'un des deux patrons du Cardinal; celle du milieu représente Charles VI, dans sa jeunesse; la statue d'en bas est celle d'un autre ministre du roi, chevalier et seigneur suzerain, puisqu'il porte un gant destiné à supporter un faucon.

En suivant cette façade, sur le trumeau servant de refend entre la première et la seconde chapelle, il y a encore trois statues : celle du haut représente Saint Jean l'Evangéliste, que le Cardinal-Ministre considérait aussi comme son patron. Celle du milieu est encore d'un fils de France, probablement le duc d'Orléans, frère de Charles VI. Plus bas, une autre statue drapée de manière à représenter un magistrat (1), apparemment le Chancelier. A côté de ces statues sont restés des écussons portant leurs armoiries. Ceux qui sont versés dans l'art héraldique pourront reconnoître les familles auxquelles elles appartenoient.

Il y avoit également des statues sur les refends des chapelles subséquentes; mais la plupart sont tombées, et celles qui restent ne représentent que des figures de la Vierge, ou des saints, évêques et autres.

Au haut de ces façades règne une galerie avec une balustrade pour fermer les terrasses du bas-côté et des chapelles.

duchesse de Berry, visitant la Cathédrale, accepta quelques fruits et patisseries qui lui furent offerts au même endroit. Ce guéridon devait donc être conservé dans sa place primitive, à cause des souvenirs historiques qui s'y rattachent.

(1) On s'accorde généralement à reconnaître parmi les statues placées sur le pilier butant construit par le Cardinal de la Grange, celle de Bureau de la Rivière, administrateur des finances sous Charles V et celle de Guillaume Blondel, maître des requêtes en 1367 ; les autres personnages historiques sont bien ceux désignés par Baron. — Toutes ces statues sont remarquablement sculptées et drapées, particulièrement celle du Cardinal de La Grange, dont Viollet-le-Duc a donné un très beau dessin dans son *Dictionnaire d'Architecture*, t. VIII, p. 273.

Les bâtiments qui sont au bas étoient destinés à resserrer les échaffaudages pour les réparations. Ces échaffaudages ont été dispersés pendant la Révolution, et les bâtiments sont en ruine. Il ne reste d'entier qu'une petite sacristie, où l'on entre par l'intérieur de la croisée, près les fonts baptismaux (1).

Au bout de ce passage, ou rue des Soufflets, est une porte charretière qui donne entrée dans une cour de l'Evêché, dite de l'Officialité, parce que le juge ecclésiastique avoit son prétoire et donnoit ses audiences dans une salle, à présent détruite, qui avoit son entrée dans cette même cour. On y voit, au milieu de la croisée, vers le nord, la grande porte, dite de Saint Firmin le Confesseur, dont la statue placée sur le pilier du milieu fait tout l'ornement de cette arcade (2).

La façade est surmontée d'une balustrade derrière laquelle est le culas du grand comble en charpente couverte d'ardoises. Deux petites aiguilles, également couvertes en ardoises, accompagnent ce culas et amortissent les tourelles dans lesquelles sont pratiqués des escaliers en vis (3). Il sera plus aisé d'examiner en dedans de l'église les détails d'architecture de cette façade et de la rose qui en fait le plus bel ornement.

Comme les portes qui pourroient faciliter l'examen de l'extérieur en passant par les cours du palais épiscopal ne sont pas habituellement ouvertes, il sera bon de repasser sur le parvis pour reprendre le côté du midi. Ainsi donc en tournant à gauche on entre dans la rue du Cloître Notre-Dame, autrefois rue de l'Affiquet (4). Ce nom paroit être provenu du crochet de fer qui est scellé dans le pied de la tour, probablement pour tendre les chaînes dans le temps des guerres de religion, où fréquemment les habitants d'un quartier de la ville s'armoient contre ceux d'un autre.

En considérant la tour on voit au midi le cadran de l'horloge dans un compartiment surmonté d'un épi en pierre blanche. Au sommet de cette tour, sur le coin sud-est, est un petit dôme, couvert en plomb, dans lequel est la cloche sur laquelle l'heure a coutume de sonner. Cette cloche s'entend de fort loin et a un son très agréable. Cette

(1) Cette sacristie, qui servit longtemps de vestiaire aux enfants de chœur de la paroisse, a été détruite il y a quelques années. Un escalier de pierre met actuellement la petite porte latérale du transept en communication avec la cour de l'Evêché.
(2) La statue appuyée sur le trumeau paraît être celle de Saint Honoré qui décorait autrefois le portail méridional à l'autre extrémité du transept.
(3) Ces aiguilles en ardoise n'existent plus.
(4) Cette rue s'appelle actuellement rue Cormont.

horloge a été mise en cet état en l'an 1675, par Arnould de la Morgue, horloger de Bordeaux qui a construit également le cadran de l'intérieur (1).

Parmi les statues qui accompagnent le cadran de la tour, on voit celle de Sainte Catherine, sous les pieds de laquelle est une portion de roue, dont les rais sont disposés pour former un méridien Sainte Catherine étoit considérée comme la patronne des philosophes (2).

Après la tour, on voit une petite porte de l'église; le porche est fermé d'une grille. Au-dessus de l'arcade sont deux statues : l'une d'un évêque, l'autre d'un chevalier qui porte un faucon sur le poing garni d'un gant. On conjecture que c'est la représentation du comte de Doumelliers (sic), qui a donné de grands biens à la Cathédrale. Si cela étoit, cette statue auroit été retirée de l'ancienne église vu que la donation de Doumelliers est de 850, et que les additions au bâtiment de ce côté, ont été faites au xiv⁰ siècle. Des renseignements manuscrits portent que cette statue, répétée dans l'intérieur, est celle d'Henry Blampigné (sic) qui a fait construire la chapelle au-dessus, vers le commencement de ce xiv⁰ siècle (3).

Près de cette porte, sur le pan coupé de la chapelle, se présente le colosse de Saint Christophe, frappant par sa masse informe. A en croire la tradition, il auroit été ainsi construit parce que l'on étoit persuadé que si dans un pressant danger on pouvoit apercevoir une figure de Saint Christophe, on étoit délivré sur le champ. En conséquence il importoit qu'on la vit du plus loin possible (4).

Sur les trumeaux extérieurs des chapelles ajoutées à la nef de ce côté, on remarque diverses statues : 1° deux anges de grandeur naturelle,

(1) Le cadran de l'horloge a été supprimé vers 1850 par Viollet-le-Duc, malgré les protestations nombreuses des Amiénois. Le mécanisme existe toujours dans la tour et fait sonner la cloche et les timbres qui sont enfermés dans une sorte de niche pratiquée sur le devant du comble de la tour et ne peuvent plus être que très imparfaitement entendus des habitants de la ville, du côté de l'est et du midi.

(2) A la place de Sainte Catherine, il y a maintenant un ange tenant un dard servant à marquer les heures sur un cadran solaire placé à ses pieds.

(3) Les deux statues qui ornent ce portail latéral doivent être celle de Saint Lambert, évêque de Maëstricht, patron titulaire de la chapelle haute, placée à l'intérieur au-dessus de la porte, et celle de Pépin de Héristal auquel le prélat adressa de justes et sévères reproches sur sa mauvaise conduite, et qui paraît avoir été l'un des instigateurs du meurtre de l'évêque. Ces sculptures n'appartiennent évidemment pas à l'époque que leur assigne Baron.

(4) La statue de Saint Christophe est loin d'être *une masse informe*: elle est au contraire remarquable par une austère et sauvage majesté qui n'est pas sans mérite : elle doit être plus ancienne que la muraille contre laquelle elle est appuyée.

et plus bas l'Annonciation ; 2° plus loin, Saint Nicolas, avec trois enfants dans une cuve ; 3° un homme et une femme ayant entre eux un sac, dont la gueule ouverte laisse voir qu'il est rempli de petits globes ressemblant à des noix. Au bas est cette inscription en lettres gothiques :

Les Bonnes gens des villes entour d'Amiens qui vendent Woides, ont faict cette capelle de leurs aumofnes (1).

La Woide, que l'on appelle aujourd'hui *guesde*, est le produit de l'herbe appelée *pastel*, apprêtée pour la teinture en bleu, et qui se met encore dans le commerce sous la forme de petites pastilles ressemblant à des macarons, et de couleur bleue très foncée. La culture et le commerce de ces drogues de teinture indigène étoient très importants, et leur apprêt occupoit et faisoit vivre beaucoup de monde avant la découverte de l'Amérique et l'importation de l'indigo. Ceux qui tenoient magasin de ces drogues dans la ville d'Amiens formoient une communauté très riche, car ils avoient donné à cette église au moins dix des grands vitraux de la nef, lesquels coutoient fort cher ; et voici les marchands de la campagne qui ont fait bâtir une chapelle à lours dépens. Pendant les dernières années de la guerre qui vient de finir, on avoit essayé de revivifier cette branche de culture et d'industrie encore subsistante dans l'Anjou, et les essais de nos chimistes ont prouvé la possibilité de lui faire remplacer l'indigo, en lui donnant les soins nécessaires et en s'abstenant de détériorer la marchandise et d'y mêler des corps étrangers comme le font les marchands et fabricants actuels qui perdent tout en voulant trop gagner (2).

Sur ces mêmes façades on voit encore trois statues représentant la Transfiguration. Dans un autre compartiment est un pilier au haut duquel est la figure d'un serpent à tête humaine. Les statues d'à côté représentoient Adam et Eve ; on les a abattues depuis qu'en 1770 la

---

(1) Les deux personnages ici représentés sont *deux hommes* ; quant au texte de l'inscription voici quelle en est exactement la teneur et la disposition :

Les Bones gens — des viles dentour Amiens — qui vendent vuaides — ont faicte — chefte — cape — le de — leu — r so — mon — nes —

(2) La *guède, Isatis tinctoria* en botanique, croît encore à l'état sauvage aux environs d'Amiens ; on la trouve, assez abondamment, sur les glacis de la citadelle.

suppression des maisons qui les cachoient a mis à découvert leur nudité.

Ce côté de l'église, ainsi que celui de la rue des Soufflets étoit déshonoré par des barraques que le Chapitre avoit permis d'élever moyennant finances. En place on a construit le mur de pierres blanches qui y reste, sur lequel étoit un toit qu'on a détruit pendant la Révolution et à la suite, un autre bâtiment qui servoit de bureau aux archivistes. L'un des bedeaux de l'église réside dans cet endroit ; il a une porte dans la cour fermée par la muraille dont nous parlons et une autre dans la croisée de l'église. C'est à ce logement qu'il faut s'adresser lorsque l'on désire visiter la Cathédrale, aux heures où les portes sont fermées (1).

En s'éloignant un peu, comme on peut le faire si l'on entre dans le cloître de l'Horloge ou dans celui de Saint-Nicolas (2), on remarque que la nef et la croisée ne sont soutenues que par un seul rang de piliers butans au lieu qu'il y a deux rangs autour du chœur et du rond-point de cette église.

Il faut remarquer qu'au pied des grandes vitres il se trouve une terrasse d'environ quatre pieds de largeur sans garde-fous, laquelle est formée par les plafonds des galeries intérieures. Sur cette terrasse on fait tout le tour de l'église extérieurement au moyen d'embrasures pratiquées dans l'épaisseur des piliers butans.

En suivant le cloître de Notre-Dame, on se trouve devant l'extrémité méridionale de la croisée. Cette façade, dite le Portail de la Vierge dorée est beaucoup plus ornée que celle septentrionale. La porte s'ouvre au fond d'un porche ou voussure ménagé dans l'épaisseur du mur. Sur le pilier au milieu de cette porte est la statue de la Vierge portant l'enfant Jésus, restaurée et dorée dans les temps modernes. Ce qui a fait changer le nom de cette entrée qui s'appeloit autrefois Porte de Saint-Honoré. Cette Vierge est accompagnée de quatre statues de chaque côté de la porte représentant des saints prêtres. Ce qu'il y a de singulier, c'est que trois (*surcharge dans le manuscrit*), quoiqu'ils paroissent âgés ont des ailes comme on en donne aux anges. Aurait-on par là cherché à désigner des évêques missionnaires de l'Eglise

---

(1) Il était donc d'usage à cette époque de fermer la Cathédrale pendant l'intervalle des offices. — Peut-être ne serait-il pas mauvais de reprendre cette coutume, sinon d'une manière absolue, du moins en partie, dans l'intérêt de la décence et de la moralité. On pourrait tout au moins établir dans l'église une surveillance plus complète et plus sévère.

(2) Le cloître de l'Horloge est devenu la rue Porion et le cloître Saint-Nicolas, la rue Robert de Luzarches.

primitive ? C'auroit été faire allusion à l'Apocalypse, où le Saint Esprit nomme l'Ange d'Antioche, l'Ange de Corinthe et autres pour désigner les pasteurs des différentes églises. Cette même particularité des ailes se remarque à quelques statues du portail de Saint Firmin le Martyr, qui est décrit ci-devant (1).

Au-dessus de cette porte est un tableau terminé en ogive ayant cinq étages représentant la vie et la mort de Saint Honoré, Evêque d'Amiens, et les miracles opérés par ses reliques, qui étoient dans la Cathédrale (2).

Les ornements de ce portique s'élèvent jusqu'à une première galerie qui continue celles du dessus des chapelles. Cette galerie est découverte, et au pied d'un grand vitrail, qui forme une des roses d'architecture qui ornent les deux extrémités de la croisée, comme celle de la nef (3).

Au-dessus de cette rose est une seconde galerie en continuation de celles qui règnent au bas du grand comble. Derrière se voit le pignon de ce même grand comble, orné de diverses sculptures et surmonté d'une petite pyramide, le tout en maçonnerie.

Ce portail est flanqué de deux piliers butans, dans l'intérieur de l'un desquels se trouve un escalier montant du pavé de l'église à la dernière galerie. Ces deux piliers sont surmontés de pyramides de pierre, en épis, qui s'élèvent fort haut.

En quittant ce portail, on trouve l'entrée d'une cour contiguë à l'église dite *Cour du puits de l'œuvre* (4). Son nom vient d'un puits, qui y subsiste encore (5) et auprès duquel les ouvriers employés à la construction de la Cathédrale avoient coutume de se réunir pour recevoir leur salaire. Dans cette cour est une petite porte de l'église. Il y avoit autrefois, aux deux tiers de cette cour, un mur qui fermoit la partie au levant ; on l'a abattu depuis quelques années, et cela

(1) Nous appelons l'attention du lecteur sur cette observation de Baron, qui n'est point banale, et mérite au moins d'être signalée aux iconographes.

(2) Une description très complète des sculptures du tympan et des voussures du portail de la Vierge dorée a été faite par MM. Jourdain et Duval dans les tomes VI et VII des *Mémoires de la Société des Antiquaires de Picardie*.

(3) Sous cette galerie est une inscription curieuse, que l'on peut à peine déchiffrer aujourd'hui tant la pierre est fruste, mais dont il faut lire le commentaire dans le Mémoire précité de MM. Duval et Jourdain.

(4) Les hideuses masures, dont une rangée était insérée entre les contreforts de la Cathédrale et qui formaient la *Cour du Puits de l'Œuvre*, ont heureusement été rasées en 1851. Une cour intérieure fermée d'une grille du côté de la rue a remplacé ce cloaque.

(5) Ce puits a été comblé en 1851.

formé un passage plus à l'abri du vent pour se rendre à la Cathédrale.

Le vieux bâtiment en forme de chapelle qu'on voit dans ce passage étoit la salle du Chapitre des anciens chanoines de l'église. Il est accompagné d'une chambre voûtée en dessus et en dessous, qui contenoit leurs archives. La salle sert actuellement pour les catéchismes. La chambre est occupée par des locataires, comme les autres bâtiments de cette cour (1).

A l'extrémité de ce passage, à droite, est une grande porte, faisant face à la rue Saint-Denys, et à gauche une autre porte par laquelle on entroit en voiture sous le cloître dit *Macabré*, entourant le chevet de l'église et ayant son entrée à chaque bout par les deux premières chapelles du chevet. Il existoit un petit préau, planté d'arbres entre les murs de l'église et les arcades de ce cloître non voûté. On appelloit cet endroit le *Machabée*, par corruption de *Macabré* parce que sur les murs avoit été peinte la Danse macabre, ainsi appelée du nom du peintre qui en fut l'inventeur. Le sujet étoit la mort emmenant avec elle les gens des divers états, chacun étant représenté dans son costume distinctif accompagné d'un squelette (2).

(1) Cette chapelle, vulgairement désignée sous le nom de chapelle des *Machabées*, servait pour la célébration des mariages comme aussi pour les catéchismes. L'extérieur de la chapelle annonce le style du xiv° siècle. L'abside est à trois pans ; une rose s'ouvre dans le pignon ouest, parcouru par des crochets et sommé d'un épi ; une statue d'évêque surmonte la rose. A l'angle droit du pignon, est posé coquettement un joli clocher octogone : sa tour de pierre n'est ouverte que par deux portes, pour permettre la circulation dans la galerie tréflée qui fait le tour du comble. Les façades de ce clocher sont aveugles et décorées de panneaux délicatement tréflés ; le toit, très aigu, est sommé, ainsi que l'extrémité du comble de la chapelle, d'un épi de plomb travaillé à jour. Cette tourelle ne paraît pas avoir renfermé de cloches : on présume que c'était une *lanterne des morts*, comme on en voyait dans les anciens cimetières (Goze). Les fenêtres de la chapelle sont terminées par trois trèfles superposés, portés par deux ogives. Une seule fenêtre est rectangulaire, bipartite comme les autres. A l'intérieur la voûte consiste en un berceau ogival, pris dans la haute toiture, robé en chêne, avec les entraits et poinçons apparents. A l'extrémité opposée à l'abside est une fort belle tribune, avec balustrade de style flamboyant, en chêne : au centre de cette balustrade une statue de la Vierge est posée sur un cul-de-lampe. La tourelle ajourée qui renferme l'escalier est un vrai chef-d'œuvre. Depuis 1853, la chapelle des *Machabées* est convertie en sacristie. Une galerie en pierre, dont les fenêtres sont vitrées, et qui reproduit en partie la disposition de l'ancien cloître, y donne accès de la Cathédrale. L'ancien bâtiment des Archives a été remplacé en 1852 par un édifice en pierre, style du xiii° siècle. Le rez-de-chaussée est affecté à quelques dépendances de la sacristie, avec laquelle il communique par le cloître. Le premier étage et le comble servent de logement au prêtre custode. C'est une habitation très exigue et fort incommode.

(2) L'étymologie donnée par Baron du nom de la danse *macabre* paraît très hasardée ; on fait venir avec plus de vraisemblance l'origine du mot *Macabré* de celui de *Machabée*,

Pour donner une idée de ces peintures je vais mettre ici l'inscription qui se trouvoit au premier cadre. Elle paraît l'ouvrage d'un praticien qui se prétendoit poëte, ou d'un poëte qui se donnoit pour praticien :

> Dieu le vif éternellement
> Sans fin et sans commencement
> Régnant en Sainte Trinité
> . . . .
> Savoir faisons en général
> Et par cest mandement moral
> Que nous volons que la mort fasse
> Comparoir par devant nos face
> Tous ceux qui sont et seront
> D'Eve et d'Adam sy rendront
> Compte de leurs faits justement
> Et en particulier jugement
> Si donnons pouvoir à la mort
> Pour y contraindre fèble et fort
> Et que nulle opposition
> Ne vaille à l'exécution
> Car ainsi volons qu'il soit fait
> Pour pugnir qui aura mefait
> Et aux bons donner à toudis
> Les joyes de nos paradis
> In seculum fiat fiat.

Ce cloître, à la réserve de quelques arcades plus voisines de l'église, destinées à servir de magasin de gros ustensiles employés au culte, a été abattu depuis quelques années. L'emplacement forme une espèce de jardin circulaire. Malheureusement il n'est pas assez vaste pour permettre d'y voir les dehors de l'église (1).

Lorsqu'on est dans cette enceinte, on remarque un petit bâtiment adossé au cul-de-lampe de la plus grande chapelle et servant de sacristie. Ce bâtiment est posé sur une espèce de terrasse élevée

par allusion à la mort des sept frères martyrisés successivement sous Antiochus Epiphane : la mort entraîne l'un après l'autre dans une sorte de danse lugubre tous les êtres composant le genre humain, depuis les plus élevés jusqu'aux plus humbles.

(1) Depuis longtemps le dégagement de la place Saint Michel, permet de saisir d'un seul coup d'œil le magnifique ensemble de l'abside de la cathédrale.

d'environ trois pieds. Dans les murs de cette terrasse on voit un soupirail fermé jadis par des pierres découpées. Ce pourroit être le reste de la chapelle souterraine où étoient renfermées les reliques de l'ancienne cathédrale (1).

Les cinq chapelles du chevet qui accompagnent le rond-point ont leurs piliers butans surmontés de statues assises; celles de la chapelle de la Vierge, ou *Petite Paroisse*, représentent des rois d'Israël : ce sont ceux qui sont cités dans la généalogie de la Mère du Sauveur (2).

Etant derrière la cathédrale, on a la vue des doubles arcs-boutans qui soutiennent le chœur et le sanctuaire. Les deux rangs de piliers qui portent ces arcs-boutans se terminent par des pyramides en forme d'épis et des petits clochers qui s'élèvent au-dessus des toits des collatéraux au-delà de la balustrade qui règne au pied du grand comble. Cette balustrade, en forme d'entrelacs losangés est encore traversée par des frontons qui accompagnent les grandes vitres. Le tout orné de colonnes, de moulures et de sculptures très variées.

Le faîte du grand comble, couvert en ardoises étoit surmonté de fleurs de lis et de trèfles en plomb découpé. Les fleurs de lis ont été enlevées en 1793. A l'extrémité Est de ce comble on voit une petite croix de fer, qui en remplace une autre plus grande, laquelle avoit pour girouette une sirène en bronze, que les observateurs préféroient au coq de la flèche pour connoître le vent (3).

La charpente du comble est en bois de châtaignier et de chêne du plus fort équarrissage, assemblée en divers sens avec un art infini. Tous les bois sont utiles, tous en décharge les uns des autres; ils ne chargent point la voûte et servent d'empâtement inébranlable à la flèche placée au centre. On n'y voit ni araignées, ni vermoulures. Des espèces de ponts jetés d'une poutre à l'autre et recouverts d'un plancher facilitent la circulation sous ce comble sans nuire à la voûte, qui se trouve comme isolée par-dessous. On y a pratiqué, vers le couchant et au centre de grands réservoirs de plomb ou séjournent les eaux

---

(1) Hypothèse très hasardée.

(2) Il y a aussi au sommet de plusieurs de ces piliers butans des figures d'animaux qui rappellent le verset du psaume cxlvjjj : *Bestiæ et universa pecora : serpentes et volucres pennatæ*.....

(3) Cette croix est très mesquine et tout à fait indigne de figurer sur le comble de la cathédrale; depuis longtemps il est question de la remplacer par un beau poinçon en plomb, exécuté il y a quelque quarante ans, et qui depuis cette époque est relégué dans les combles de l'église : se décidera-t-on à le placer en meilleur endroit??? Des offres avaient été faites pour son agencement, mais elles n'ont point abouti.

pluviales reçues par les terrasses pour porter secours en cas d'incendie au moyen de seaux, conservés aux mêmes endroits. On voit également dans ce comble des cabestans et autres machines pour monter les matériaux nécessaires aux réparations.

En regardant par les trous percés au centre des pierres qui forment les clefs de la voûte, on a le coup d'œil intéressant du pavé de l'église, qui, de si haut, paroît toujours agréablement varié, malgré sa défectuosité actuelle qui est très sensible lorsqu'on est en bas. Mais ce qu'il y a de plus beau, c'est le pavé du sanctuaire en marbre, qui semble un tapis de la plus grande richesse, et composé d'étoffes des couleurs les plus éclatantes.

Dans les galeries extérieures on a le coup d'œil de la ville et de ses environs, et comme la cathédrale se voit à quatre lieues à la ronde réciproquement on en découvre la même étendue de pays. Les personnes curieuses montent ici pour examiner tous ces objets, et principalement la flèche, dont il reste à parler pour terminer ce qui concerne l'extérieur de notre église.

Le clocher de pierre que l'évêque Arnoult avoit fait élever vers 1240 sur les quatre piliers de la croisée, étoit à ce qu'il paroît, d'une grande hauteur et travaillé à jour, avec des colonnes et des arcades terminées par des roses, comme le reste de l'édifice. Il étoit surmonté d'une flèche en charpente artistement travaillée. Tout cela formoit un édifice d'un tiers plus haut que nous le voyons, et présentoit un assez beau coup d'œil. Mais les piliers et les arcades devoient être bien fatigués de cette surcharge. En effet, il fut constaté que les quatre maîtres piliers avoient éprouvé quelques altérations dans leur position verticale ; ils furent ancrés et réparés en 1497. On attribua ces altérations à l'ébranlement occasionné par les bourdons, et le Chapitre arrêta qu'à l'avenir on ne les feroit plus sonner au-delà d'un quart d'heure chaque fois.

Le 15 juin (sic) 1527, sur les dix heures du soir, la charpente fut brûlée, et le clocher renversé par le tonnerre. L'incendie se communiqua aux quatre côtés du comble, et six cloches, qui étoient suspendues dans ce clocher furent fondues, ainsi que les plombs qui le couvroient. L'emplacement du clocher resta couvert de planches pendant deux ans, en attendant qu'on décidât comment on s'y prendroit pour le rétablir.

En 1529, l'Évêque et le Chapitre assemblèrent les plus célèbres architectes et entrepreneurs de la ville et de la province, et même des étrangers d'un talent distingué. Aucun des plans fournis ne présentoit assez de solidité, où l'exécution devoit entraîner des dépenses trop considérables. Un ouvrier, inconnu jusque-là, nommé Louis Cordon, charpentier, originaire du village de Cotenchy, tirant à part M. Christophe de La Meth, l'un des chanoines, lui dit qu'il n'y avoit qu'un moyen pour réussir, lequel étoit d'employer des clefs de décharge, pour alléger le poids de la charpente. Il crayonna même son idée. Elle parut si lumineuse que M. de La Meth s'empressa d'introduire cet homme dans l'assemblée. Il exposa son système, et le démontra d'une manière tellement satisfaisante que tous les gens de l'art présents n'y trouvèrent rien à redire, et que l'Evêque et le Chapitre le chargèrent unanimement de conduire l'entreprise.

La charpente exécutée sous ses ordres par Simon Tanneau, aussi charpentier, fut terminée en 1531. En cette année, Jean Pingart, plombier du Chapitre, acheva de la revêtir de plomb, et travailla aux ornements qui décorent le clocher et la flèche. Ce fut aussi en 1531 que Pierre Wallet, chapelain de cette église, fit présent de six cloches pour remplacer celles qui avoient été fondues lors de l'incendie. Jean Rabache, peintre, dora tous les ornements, ce qui fit donner à la flèche le nom de clocher doré qui lui est resté, quoique, depuis, les injures du temps aient effacé la dorure, qui n'a jamais été rétablie. Louise de Savoie, mère de François 1er, contribua de cent écus d'or pour le rétablissement de ce clocher. Le tout fut terminé en 1533. Cette année-là, François de Hallewin (sic), Evêque, en fit la bénédiction, s'étant rendu processionnellement dans la rue de Saint-Denys, d'où l'on a le coup d'œil entier du clocher et de la flèche.

Cette dernière subsista intacte jusqu'en 1627, que, le 4 décembre, sur les dix heures du matin, un grand coup de vent fit plier le bout du pivot, de sorte qu'elle se trouva surplomber de sept pouces, du côté de l'Evêché. On mit un arc boutant à ce côté, et on ajouta trois nouvelles clefs aux quatre qui avoient été mises d'abord, pour fortifier les quatre sablières qui portent les neuf entrebandes qui composent cette flèche ; on diminua de treize pieds le pivot qui étoit pourri parce que le plomb qui le couvroit s'étoit gercé et crevassé par la chaleur, et que d'ailleurs ce pivot n'avoit pas assez de corps et de soutien pour résister au vent. On donna plus d'empatement au pied de la croix de fer et on engagea ce pied et les branchons en forme de tulipes qui l'accompagnent dans une pomme de plomb qui entoure et assujettit tout l'assemblage.

Lorsqu'on étoit occupé de cette grande réparation, le Procureur du Roi au Bailliage rendit plainte de ce qu'on avoit coupé le pivot de la flèche et conclut à ce que le Chapitre fût condamné à remettre les choses dans l'état où elles étoient auparavant (1). Une visite d'experts fut ordonnée et leur avis fut qu'on ne pouvoit sans d'énormes dépenses et un péril imminent conserver cette flèche à une telle hauteur, d'abord, à cause des grands vents auxquels elle étoit exposée et ensuite à cause de l'ébranlement occasionné par les grosses cloches, lequel étoit si grand, qu'eux experts s'étant trouvés sur les échafaudages au moment où l'on sonnoit, s'étoient senti remués autant que dans un bâteau agité par les flots. En conséquence on passa outre à la réparation commencée. Elle coûta 400 livres, probablement pour la charpente et fut faite par deux habiles ouvriers du temps, l'un nommé Wargnier, du village de Hangest-sur-Somme, meunier du Moulin du Roi à Amiens; l'autre, nommé Dequerbecq, demeurant au faubourg de Hautoye. M. Blasset, fondeur à Amiens, rétablit la couverture de plomb, et fondit la grosse pomme sur un échafaudage fait exprès à la hauteur des tiges des tulipes ; on avoit aussi fait un hordage en spirale qui entouroit toute la flèche, de manière que les ouvriers, à couvert, montoient et travailloient commodément et sans risque. Cette besogne dura jusqu'en 1628, et se termina par mettre dans la pomme, par les ordres du Chapitre, un cœur de bronze doré, surmonté d'une croix et contenant des reliques des saints Fuscien, Victorice et Gentien, pour préserver ce clocher de la foudre.

Le dimanche 29 juin 1712, vers une heure d'après-midi, le tonnerre mit le feu à la flèche, un peu au-dessous de la pomme. Cet accident, qui alarma le Chapitre et toute la ville, n'eut pas de suite par la vigilance des ouvriers couvreurs et plombiers, attachés à l'église qui y portèrent secours avec l'eau qui se trouva dans les réservoirs. Mgr de Sabatier, Evêque, ordonna une procession et une messe solennelles en actions de grâces de ce que le temple du Seigneur avoit été préservé par sa divine Providence.

De 1770 à 1775, on fit des réparations considérables à la charpente et à la plomberie de ce clocher. Un hordage circulaire, placé au milieu de la flèche subsista pendant assez longtemps ; il en résulta quelques changements à la pomme du haut de cette flèche, et les ornements furent remis en couleur jaune, qui s'est effacée depuis ce temps-là.

(1) Cette réclamation du Bailliage est très curieuse : elle prouve que l'autorité civile ne se désintéressait pas de la conservation d'un édifice qui, pourtant, paraissait être alors la propriété exclusive de l'autorité religieuse.

En 1792, on enleva les étoiles qui étoient en guise de fleurons à la couronne qui sert de balustrade à la plate-forme où la flèche prend son origine ; on effaça les fleurs de lis qui étoient peintes sur les compartiments des pans coupés de cette flèche. En 1794, aucun habitant ne voulant s'en charger, des ouvriers belges scièrent les bras de la croix et descendirent le coq, de sorte que la barre de fer ainsi élevée pouvoit produire l'effet inverse d'un paratonnerre ; heureusement il n'arriva aucun accident, et plus de deux ans après on reporta le coq à sa place (1).

L'ouragan du 18 brumaire an IX (novembre 1801), fit beaucoup de mal à cette flèche. Outre qu'il enleva plusieurs feuilles de plomb exposées au vent du sud-ouest, le clocher, depuis ce temps, paroit surplomber du côté du levant. La flèche est pliée sensiblement du même côté, et l'arbre de fer de la croix penche également du même sens. Cela est très sensible quand on regarde le clocher et l'église du côté du midi. On a remplacé les nappes de plomb que le vent avoit enlevées ; mais il paroit impossible de rétablir l'aplomb du clocher, au moins sans des dépenses exorbitantes, parceque le vent, dans ce pays, souffle le plus souvent du même côté qu'au moment de l'ouragan dont il s'agit.

Au mois d'août 1813, on a remis d'autres bras à la croix ; ils paroissent plus longs que les anciens, et ne sont pas parfaitement de niveau. L'importance de ce clocher ne m'a pas permis d'être plus court dans l'historique que je viens d'en tracer. Je vais m'en justifier en essayant de faire la description tant de l'intérieur que de l'extérieur, c'est-à-dire de la charpente et des décorations.

Deux fortes poutres, de cinquante pieds de longueur chacune, posées en croix horizontalement et portant par leurs extrémités sur les quatre maîtres piliers soutiennent tout l'édifice du clocher. D'autres poutres sont en travers sur ces deux-là, et donnent un plan octogone sur lequel s'élève la base du clocher, formée par des bois debout et horizontaux entretenus par des croix de Saint-André et assemblés par des étrésillons, qui dégagent et soulèvent les diverses pièces de manière à ce qu'elles pèsent le moins possible sur les deux poutres

---

(1) Le sommet de la flèche a été réparé et quelque peu modifié en 1886, sous la direction de MM. J. Lisch et Ch. Billoré, architectes. La croix a été renouvelée d'après un modèle nouveau, et surmontée d'un beau coq en cuivre doré. L'ancienne croix avait été brisée par un coup de foudre en 1884. — Le devis (comprenant le coq) n'a été approuvé que le 18 mars 1886.

principales, qui sont au bas de cet édifice. Cette base octogone s'élève ainsi jusqu'au niveau des faîtes des grands combles qui lui servent d'emboîtements et de soutiens, ainsi que les ventrières et autres bois horizontaux de ces mêmes combles qui viennent aboutir et s'agraffer à ce clocher et qui en multiplient les arcs-boutans. Tout cela fait un assemblage admirable qu'on ne peut bien concevoir qu'en le voyant en place et dont les gens de l'art ne cessent de faire l'éloge.

Au delà du faîte des combles, ce clocher a deux étages qui contiennent les cloches. La terrasse du premier étage est couverte par celle du second qui se trouve par conséquent à ciel découvert. Les piliers de ce premier étage pyramident au-dessus de la balustrade du second; ils sont liés avec les piliers plus intérieurs de ce second par des côtes de baleine, et sont amortis par des statues isolées qui règnent ainsi au pourtour de ce second ordre, ce qui figure un octogone circonscrit dans un second octogone. Au-dessus du second ordre ou étage est une plate-forme entourée d'une balustrade qui représente une couronne. C'est sur cette plate-forme qu'est entée dans les bois debout inférieurs, la pièce qui sert de pivot et supporte la croix de fer. Cette poutre est accompagnée de huit autres pièces debout, qui forment une pyramide ou aiguille à huit pans joints par huit côtés, flanqués par en bas de petites aiguilles entretenues par de petites arcades en ogive, qui sont surmontées de statues. Ces huit entrebandes qui sont assujetties à la maîtresse pièce, ou pivot, par des bois horizontaux convenablement placés d'espace en espace avec des croisillons aux endroits où la distance de ces pièces les unes des autres a permis d'en placer; ces entrebandes, dis-je, de quinze à dix-huit pouces d'équarrissage, étant taillés en diminuant par le haut, s'unissent enfin à la pièce du pivot, et la laisseroient seule et toute nue si les branchons formant l'empatement du fût de la croix de fer ne venoient pas s'y joindre et s'y appliquer au moyen de divers liens et bourrelets qui sont couverts en plomb et indiqués par des ornements que nous désignerons en parlant de ce qui constitue la décoration de ce clocher.

Cette charpente, qu'on peut appeler une forêt est toute en chateignier (1); il n'y a point de chevilles; les tenons sont dans les mortaises comme à volonté, ce qui met le clocher et la flèche à l'abri des ouragans. La flèche cède à la violence des vents. S'ils la poussent

---

(1) « Les bois (de la flèche d'Amiens) sont de belle qualité, *essence de chêne* ». — Viollet-le-Duc, *Dictionnaire d'architecture*, t. V, p. 472.

d'un côté, elle penche tant soit peu de l'autre, et font qu'elle se relève aussitôt à plomb et en droite ligne.

Pour terminer ce qui concerne cette charpente, je dois rappeler qu'on a pratiqué un escalier de moulin dans l'intérieur pour monter à la première galerie du clocher, lequel escalier a cinquante-quatre marches. Il existe un autre escalier pour conduire de la première galerie à la seconde ; il a vingt-neuf marches, et il est couvert en plomb, parcequ'il est exposé aux injures de l'air, la galerie d'en bas étant ouverte par les côtés, et celle d'en haut à ciel découvert, comme nous l'avons déjà dit. Pour aller à la plate-forme on se sert d'une échelle. Et pour monter de la plate-forme à une fenêtre placée sur un des pans de la flèche, à cinquante-deux pieds de hauteur, on a une autre échelle, ou l'on se sert des croisillons qui font l'assemblage intérieur. De cette fenêtre au coq, il y a encore soixante-dix-huit pieds ; de là, on monte en dehors jusqu'à la croix à l'aide de crochets de fer, plantés dans le bois de l'un des pans, à peu près en zig-zag, environ à un pied de distance l'un de l'autre. De semblables crochets sont sur l'un des côtés de la boule qu'on ne peut franchir qu'en allant renversé, et dans une position presque horizontale. Après cela les collets, branchons, et fleurons de la croix soutiennent l'homme qui parvient enfin au coq, et monte s'il veut, à califourchon sur cette figure d'oiseau, qui a le corps aussi gros que celui d'un anon, mais les flancs plus comprimés (1).

Avant la Révolution, on citoit avec admiration ceux qui avoient monté jusqu'au coq de la cathédrale, et il falloit bien des années pour qu'un nouvel argonaute fît oublier le voyageur précédent. Aujourd'hui, il existe dans Amiens plusieurs ouvriers qui entreprennent cette excursion sans difficulté. On y a vu, en 1813, cinq hommes occupés pendant plusieurs jours à replacer les bras de la croix, se servant de ces barres de fer à peine assujetties pour tout échafaudage. Mais celui qui est le plus célèbre pour la hardiesse, c'est M. Bruno Vasseur, maître couvreur et entrepreneur de bâtiments en cette ville (2). Cet artiste, déjà

---

(1) Toute cette description de la flèche de la cathédrale est fort exacte, bien que l'auteur n'ait pas employé les mots techniques dont les archéologues se servent aujourd'hui, mais qui n'étaient point en usage à l'époque où écrivait Baron.

(2) « C'est au dévouement de Bruno Vasseur qu'est due en grande partie la conservation de la cathédrale durant la période révolutionnaire. Cet homme appartenait à une famille d'entrepreneurs amiénois qui, pendant tout le cours du XVIIIe siècle avait, de père en fils, été chargée de l'entretien des couvertures de la basilique. Lors de la suppression du Chapitre, il n'y eut plus de fonds alloués pour subvenir aux frais des réparations :

sexagénaire, à qui d'ailleurs les sacrifices ne coûtent rien pour la conservation de notre cathédrale, se fait un plaisir et un jeu de monter au coq ; il le déplace et replace, y attache des rubans, des drapeaux et autres ornements, il s'assied dessus, y mange, y boit ; il offre même à ses amis de les y régaler ; il est sûr qu'il ne se ruinera pas si c'est là seulement qu'il tient table ouverte (1).

L'extérieur de ce clocher, c'est-à-dire sa décoration, est digne, comme nous l'avons dit d'entrée, du reste de l'édifice. Cette partie forme une pyramide dont la base est octogone. Chacun des pans de cette base a neuf pieds. Le diamètre est de vingt-quatre pieds, et la circonférence de soixante-douze. Cette base est engagée entre les quatre combles de la nef, du chœur, et des deux bras de la croisée. Conséquemment on n'en voit que ce que la pente des quatre toits laisse à découvert. Aussi elle est sans ornement jusqu'à la hauteur du faîte de ces combles. Dans les angles, et au bas de ces combles, se trouvent des portes qui servent à passer du plancher sur les grandes voûtes

plusieurs parties des combles furent bientôt à découvert et l'eau tombait sur les voûtes. Bruno Vasseur entreprit de sauver l'édifice d'une ruine certaine ; durant cinq années consécutives, il garnit en tuiles les nombreuses lacunes produites dans les ardoises par l'injure du temps, sans savoir s'il serait jamais indemnisé de son labeur ; le travail était entièrement à ses frais. Grâce au zèle et au désintéressement de Vasseur, la cathédrale fut sauvée. Plus tard, la toiture a été soigneusement réparée en ardoises sous la direction du même entrepreneur, et ce travail, qui était de la plus grande urgence, fut achevé en 1815. » — *Ami des monuments*. — Une note placée après celle-ci relate la fin tragique de Bruno Vasseur, à qui la ville d'Amiens voulut rendre un témoignage de reconnaissance en faisant ériger sur sa tombe, au cimetière de la Madeleine, un monument de style gothique, en vertu d'une délibération municipale en date du 3 décembre 1853. Les restes de Bruno Vasseur reposaient depuis sa mort dans ce cimetière sous une dalle en grès sculpté, provenant de l'ancien cimetière de Saint-Firmin à la pierre ; cette dalle est toujours au pied du monument érigé un peu tardivement par nos édiles. — Ajoutons qu'un neveu de Bruno Vasseur, M. Vasseur-Thuillier, fut également chargé durant de longues années de l'entretien des toitures de la cathédrale ; il s'acquittait de sa charge avec un grand soin ; il mourut en 1888. — V. l'*Ami des Monuments*, t. II, pp. 136-139. Tout en rendant à Bruno Vasseur le juste tribut d'éloges qui lui était dû pour le dévouement qu'il apporta à l'entretien de la Cathédrale pendant la Révolution, nous devons ajouter que l'administration civile ne se désintéressait pas complètement de la basilique, ornement le plus magnifique de la cité d'Amiens : On lira avec intérêt dans l'*Histoire d'Amiens* de M. de Calonne, t. II, p. 525, un passage attestant la sollicitude des magistrats relativement à la préservation de l'église Notre-Dame, menacée d'une ruine imminente, par l'insuffisance des réparations.

(1) Une fiche collée après coup en regard de ce passage du manuscrit porte ces quelques lignes :

Le vingt-cinq août 1816, sur les huit heures du soir, M. Vasseur est tombé du haut de la tour sud-ouest, au-dessus du cadran ; il a expiré sur le pavé en trottoir près de la maison, place Notre-Dame, n° 1, qui lui avoit appartenu.

dans les galeries découvertes du pourtour. C'est donc après le faîte des grands combles que commencent les décorations du clocher. En cet endroit se trouve une première galerie haute d'environ vingt-cinq pieds, fermée sur chaque pan par deux arcades en ogive, avec un montant au milieu, chacune surmontée d'un trèfle, dans le genre des autres galeries. Au bas est une balustrade en entrelacs, d'environ cinq pieds d'élévation. Les arcades sont répétées intérieurement, et laissent un vide, au milieu duquel est le pilier montant, entouré d'une charpente quadrangulaire, qui s'élève jusque dans l'étage supérieur, et forme ce qu'on appelle le beffroy, disposé pour contenir huit cloches suspendues. Ce beffroy n'est assujetti que par le bas, de manière que le balancement des cloches ne se communique point au reste de l'édifice ; et, comme il est bien à couvert, les bois ne sont point revêtus de plomb, mais peints en ocre rouge à l'huile. On ne peut faire le tour de cette galerie, attendu qu'il s'y trouve la porte de l'escalier intérieur, et que les premières marches de l'escalier couvert en plomb pour aller à l'étage supérieur y sont établies.

Cet étage supérieur est à peu près de la même hauteur que l'autre, mais les arcades qui forment le pourtour du clocher sont en retraite, de manière que la galerie est à ciel découvert ; la balustrade ornée dans le même genre que celle plus bas est engagée dans les huit poutres debout qui contiennent les angles de la base. Ces poutres sont assemblées par des côtes de baleine du même dessin que celles en maçonnerie du corps de l'église, avec les montants de la lanterne du clocher ; elles en forment les arcs-boutans, et se trouvant amorties et terminées par huit statues d'environ quinze pieds de proportion, représentant la Sainte Vierge, Saint Firmin et autres patrons de la Cathédrale. Ces statues ont sous leurs pieds des figures de sphinx, de centaures, ou d'autres animaux fantastiques qui servent de gargouilles pour l'écoulement des eaux qui tombent sur les côtes de baleine.

Au-dessus de cette galerie est la plate-forme, défendue par une balustrade circulaire en entrelacs qui étoit jadis ornée d'étoiles et peut-être de fleurs de lis. C'étoit là que commençoit la dorure, et depuis on a repeint les fonds en bleu et les ornements en jaune. La flèche s'élève sur cette plate-forme.

Tant pour l'ornement que pour le soutien de cette flèche, on voit au bas huit niches ou arcades en ogive dont les huit piliers se terminent comme on l'a dit par de petites aiguilles ornées d'épis et de feuillages. A la réunion des ogives par le bas, il y a encore des salamandres qui servent de gargouilles, et ces arcades sont surmontées par des statues d'environ neuf pieds de proportion, qui représentent des anges portant les instruments de la Passion. Quand on les regarde à distance convenable, on voit que ces figures sont d'un très bon style, et on peut conjecturer qu'elles ont été renouvelées à l'époque où la flèche a été diminuée. Cette flèche, comme nous l'avons dit, a huit pans accompagnés de huit côtés. Ces côtés sont relevées de dix pieds en dix pieds environ par des faisceaux de feuilles d'acanthe qui donnent à la flèche l'apparence d'un épi Les pans sont ornés, ou plutôt fortifiés par des moulures qui forment des compartiments en losanges dont le milieu étoit décoré d'une fleur de lis. A environ vingt pieds de la boule qui supporte la croix, les cotes sont garnies tout-à-fait d'enroulements formés par des feuilles d'eau, qui se recouvrent les unes les autres, et les moulures des pans représentent des écailles.

Ce qu'on a appellé jusqu'à présent la boule, n'est pas tout-à-fait une partie sphérique ; c'est plutôt une coupe dont le couvercle forme comme un col de bouteille dans l'orifice de laquelle la croix et les fleurons qui sont au pied se trouveroient plantés. Cette espèce de coupe est accompagnée en dessous de huit ornements en forme de consoles, auxquelles paroissent suspendues les feuilles d'eau qui accompagnent les cotes au haut de la flèche. Cette pomme ou coupe porte six pieds de diamètre sur dix-huit pieds de circonférence. Le couvercle ou col a huit pieds de hauteur. Les tiges ou branches des tulipes en fer sont de la grosseur du poing et les calices des fleurs épanouies ont deux pieds de diamètre. Nous avons dit que la croix avoit trente-deux pieds de haut et que les bras avoient actuellement plus de quinze pieds de longueur ; ces bras sont terminés par des branches qui figurent le fer d'une lance, et sont contournés près de l'arbre par des ornements de fer carré qui représentent la tête et les deux branches supérieures d'une fleur de lis.

Toute la charpente, comme nous l'avons dit est revêtue en plomb. Les ornements en relief sont coulés de cette matière ainsi que les statues et autres figures. Il est probable qu'il y a des armatures de fer et des noyaux de bois dans l'intérieur, pour obvier à ce qu'ils ne s'affaissent.

Le coq est de cuivre doré, creux, et n'a rien d'extraordinaire.

Dans ce clocher du milieu étoient six petites cloches de métal, et une de bois ; cette dernière ne servoit que les jeudi, vendredi, et samedi de la semaine sainte ; elle s'entendoit fort peu, quoiqu'elle fût de la même dimension que la première cloche de métal, et taillée dans un bloc d'orme. Des six cloches données en 1531 par le chapelain Wallet, une seule subsistoit à l'époque de la Révolution ; les autres ayant été cassées, avoient été refondues séparément à différentes époques, notamment en 1633 et 1672, ce qui les avoit rendues très peu d'accord. En 1791, la paroisse de Saint-Firmin-le-Confesseur ayant été réunie à la Cathédrale, on prit six petites cloches de cette première église pour les mettre à la place de celles du clocher doré, et elles y faisoient un fort bon effet. Mais en 1793, un décret de la Convention ordonna qu'on ne laisseroit plus qu'une cloche dans chaque église. Par une fraude pieuse, les gens attachés à notre église cachèrent dans les combles une des six cloches ; on l'a remise en place en 1802. Mais comme c'est la plus petite, elle accompagne fort mal la plus grosse, qui avoit été laissée dans le clocher (1).

Dans la tour, au midi du portail, dite *Tour de l'horloge*, étoient huit cloches qui se sonnoient en branle, et deux qui ne servoient que pour le carillon. Toutes ces cloches ayant été fournies et refondues à différentes reprises, pouvoient être fort belles entendues séparément ; mais quand elles sonnoient ensemble, elles n'étoient pas harmonieuses. D'ailleurs la tour étant dominée par l'église sur deux de ses faces et les ouïes étant très peu ouvertes, le son ne se répandoit presque pas au dehors, ce qui faisoit donner a la tour en question le nom de *clocher sourd*. Aussi la principale destination de ces cloches étoit-elle pour carillonner.

Dans la tour du nord, ou de Saint-Firmin, sont encore deux cloches, ou bourdons. Il paroit qu'il n'y en a jamais eu davantage. Celles d'aujourd'hui ont été refondues le 6 juin 1736, dans la cour du Palais Episcopal. La plus grosse, qui se nomme *Marie*, pèse environ 12.000 livres, et l'autre, appelée *Firmine*, pèse environ 10.000 livres. Elles sonnèrent pour la première fois le jour de l'Assomption, en 1736. Le plus petit de ces bourdons s'est entièrement cassé le 8 brumaire an XII (3 novembre 1803) (2), comme on sonnoit la messe du

(1) Il n'y a plus de cloches dans la flèche depuis 1875 : les quatre petites cloches que possède actuellement la Cathédrale ont été alors retirées sous prétexte qu'elles ébranlaient la charpente, et transportées dans la tour du nord ; l'une de ces cloches, la plus belle, porte la date de 1609 ; elle provient de l'église supprimée de Saint-Firmin-le-Confesseur ; les trois autres ont été fondues en 1884, par M. Cavillier, dont la famille pratique avec succès depuis plusieurs siècles l'art campanaire en Picardie.

(2) « Le petit bourdon, nommé *Firmine*, refondu en 1816, s'étant brisé quelques années plus tard, fut refondu de nouveau, à Amiens, par M. Cavillier, le 2 décembre 1833 ; le

Saint-Esprit, célébrée pour la première fois à la rentrée de la cour d'appel. On peut attribuer cette fracture aux coups de masse donnés sur ces cloches en 1793. Après avoir brisé celles du clocher doré et du clocher sourd, afin d'avoir moins d'embarras à les descendre, on étoit à frapper sur les bourdons, lorsque le sieur Lescouvé, maire de la ville, et marguillier de cette église, ayant fait entendre aux autorités d'alors que ces deux belles cloches étoient nécessaires pour la solennité des fêtes républicaines, apporta l'ordre de les laisser en place. Il y a apparence qu'une petite fêlure, dont on ne s'aperçut pas alors, s'augmenta imperceptiblement par la percussion du battant et finit par éclater au moment dont nous parlons. Cet accident est fâcheux, en ce que les deux cloches ont perdu leur harmonie, et qu'on ignore quand on aura le moyen de les refondre. Actuellement, on n'en sonne plus qu'une à volée.

Nous avons compté 306 marches pour parvenir à la terrasse de cette tour dite de Saint Firmin. Nous en descendrons pour examiner l'intérieur de cette église. Mais en descendant, ou en montant, il ne faut pas oublier de voir les galeries intérieures, où l'on peut jouir d'un repos agréable et utile. Dans ces galeries, on remarque sous ses pieds les liens de fer qui retiennent les piliers et préviennent leur écartement. Ces liens, qui sont assemblés par des clefs, ont trois pouces et demi de largeur, sur deux pouces d'épaisseur. Ils n'existent pas au rond-point, ne pouvant être d'aucune utilité en cet endroit. On en voit les agrafes à deux faces de chacun des quatre maîtres-piliers de la croisée, ce qui indique qu'il y a des agrafes correspondantes aux trois grands pignons du nord, du couchant et du midi, et à l'extrémité des gros murs vers le levant. Ces liens ont été mis en en 1497, comme nous l'avons observé ci-devant.

métal bouillant fut bénit par M. l'abbé Affre, alors chanoine et vicaire général d'Amiens, mort glorieusement depuis archevêque de Paris. Cette cloche bénite le 16 du même mois par Mgr de Chabons, Évêque d'Amiens, fut nommé *Firmine-Ambroisine*, par Madame la Marquise de Lameth et M. Victor de Franqueville. Son poids est d'environ 5.000 kilogrammes ». — Ch. Salmon, *Histoire de Saint Firmin*, p. 375. — Au cours de l'impression de ce volume, ce petit bourdon s'est fêlé, le mardi 14 novembre 1899, tandis que l'on sonnait le *trépas* de M. l'abbé Vion, chanoine théologal.

SECONDE PARTIE DE LA DESCRIPTION

ARCHITECTURE. INTÉRIEURE

Deux parties bien distinctes sont à considérer dans l'intérieur de la Cathédrale d'Amiens. La première et la principale est l'architecture qui constitue l'édifice en lui-même et doit subsister dans son entier tant que le monument durera. La seconde partie se compose des décorations et monuments qui occupent si agréablement ceux qui visitent notre basilique, lesquels ont dû changer plusieurs fois depuis que l'église est bâtie et changeront vraisemblablement encore avant qu'elle soit détruite. Ces considérations obligeront à rappeler les monuments dont la mémoire s'est conservée depuis qu'ils ont fait place aux décorations qui s'offrent aujourd'hui à la vue des curieux. Le rapprochement des monuments détruits avec ceux qu'on voit encore est fait pour intéresser en ce qu'il sert à l'histoire de la Cathédrale autant qu'à celle de la ville et du diocèse.

> .... *D'un pas religieux*
> *Franchissant de la nef le seuil majestueux,*
> *Ils entrent, et longtems, dans un profond silence,*
> *Admirent la grandeur de cette voûte immense,*
> *Ce dôme si hardi, qu'un art industrieux,*
> *Sur de légers appuis, suspendit dans les cieux.*

En commençant donc cet examen de l'intérieur par l'architecture, pour bien jouir du coup d'œil qu'elle présente, il faut se placer au bas de la nef. De là on voit l'ensemble de cet immense édifice ; on admire la hardiesse et la hauteur des grandes voûtes, la délicatesse et la légèreté des piliers qui les soutiennent, le mouvement de toutes ces colonnes isolées, l'infinité des percées qui en résultent, et qui forment une perspective aussi variée qu'agréable. Ceux qui arrivent dans le temple avec des sentiments religieux, se trouvent portés à rendre de nouveaux hommages au Très-Haut, dans un si bel ouvrage de sa créature, et ne peuvent qu'espérer beaucoup de l'intercession de la Vierge et des saints qui y sont honorés si magnifiquement. Mais l'exactitude exige que nous entrions dans les détails.

L'édifice est soutenu par cent vingt-six piliers ou colonnes ; quarante-quatre sont isolés ; quelques-uns ne le sont qu'à demi ; d'autres sont adossés ou engagés dans les corps des piles ou des murs. Ils sont cantonnés, les uns de quatre, les autres de huit, les autres de seize boudins ou petites colonnes. Tous ces piliers portent le poids des entablements. Les deux grands piliers ou colonnes qui soutiennent le grand portail seroient cantonnés de seize boudins, s'ils n'étoient pas engagés dans les murs des tours, ce qui n'en laisse voir que douze à chacun. Ces deux gros piliers laissent un vide de treize à quatorze pieds jusqu'aux piliers voisins. Entre la nef et les bas-côtés, les piliers suivants sont éloignés l'un de l'autre de quinze pieds. Quelques-uns de ceux de la croisée sont distants de dix-huit pieds. Mais ces entre-colonnements différents sont ménagés avec tant d'art, qu'ils forment un tout admirable. Pour juger de leur harmonie et de la régularité des percées, il faut se placer à la porte de l'un des escaliers qui montent aux tours et porter sa vue vers le bas-côté du chœur, à l'extrémité opposée. Par exemple, étant à la porte de la tour de l'horloge, on découvre entre la suite des piliers qu'on a devant soi, la statue de Notre-Dame-des-Douleurs, qui est au retable de la chapelle de marbre, près de la sacristie. Au même point, sous la tour de Saint-Firmin, on voit Saint Charles Borromée qui est à la chapelle correspondante.

Les piliers isolés ont quatre pieds deux pouces de diamètre, ils sont posés chacun sur leur stéréobate (1) carré qui soutient la base. Ils ont chacun quatre moyennes colonnes adossées, qui les font paroître carrés. Comme ces colonnes accessoires sont placées deux dans le sens de la longueur, et deux dans le sens de la largeur, cet assemblage forme losange sur le plan, et leur élévation les fait paroître plus dégagées.

Dans la nef, il y a seize de ces piliers, huit de chaque côté ; il y en a six, trois de chaque côté dans les ailes de la croisée ; et seize dans le chœur, dont six sont placés circulairement, pour former le rond-point. Il n'y a que des moitiés de piliers contre les murs des pignons méridional et septentrional.

Les quatre gros piliers de la croisée ont aussi quatre moyennes

(1) Stylobate.

colonnes comme les autres; huit autres colonnes des plus petites rangées deux à deux de chaque côté; d'autres plus grosses de la moitié du diamètre, et placées entre chacune de ces huit, composent le pourtour de ces piliers, dont les stéréobates sont également carrés. Par ce moyen ces maîtres-piliers ont toute la force nécessaire pour soutenir le clocher et arc-bouter à la réunion du chœur, de la nef, et des deux bras de la croix. Ces quatre mêmes faisceaux de colonnes dont les faces intérieures ne sont interrompues par aucune moulure ni cordon, montent de fond et reçoivent toutes les retombées des nervures des voûtes. Celle du milieu est garnie de branches d'ogive, croisées et délicates, qui forment une espèce de croix de Malte. A la clef du centre, il y a un grand trou, par lequel les cloches ont pu passer dans le temps de l'ancien clocher. Mais il n'est plus d'usage dans le nouveau le pivot de la flèche étant dans le point milieu. On a pratiqué une trappe dans cette voûte du côté du midi, pour le passage des cloches dans la position actuelle.

Il est à remarquer que l'ouragan du 18 brumaire an IX, qui a fait surplomber le clocher et plier la flèche, avoit occasionné un écartement dans cette voûte qui est au-dessous, et que celui des quatre gros piliers qui est au nord-est, s'étoit affaissé sur lui-même. Le sieur Bruno Vasseur s'étant aperçu en 1804 que vingt-quatre pieds d'arche au-dessus de la grille du chœur s'étoient surbaissés de trois pouces, et menaçoient d'une chute prochaine arrêta les progrès du mal en y mettant quatre colliers de fer pour retenir cette arche. Pour y parvenir il fut obligé de se faire hisser du pavé jusqu'aux voûtes sur une planche qui lui servit d'échafaudage; il ne voulut s'en rapporter qu'à lui-même pour cette opération, étant l'entrepreneur des réparations qui furent alors ordonnées pour obvier aux suites fâcheuses que ce tassement et cet écartement pouvoient avoir On fortifia aussi pour lors l'ancrage des grosses poutres du clocher; on fit encore différents ouvrages de charpente et de maçonnerie pour consolider cet endroit de l'église. Le tout fut terminé en 1806.

Tous les piliers isolés sont joints ensemble, comme nous l'avons dit, et assujettis par la chaîne de fer qui est posée dans la galerie intérieure, et qui les traverse dans leurs diamètres. Ces piliers sont destinés à soutenir d'une part les petites voûtes des bas-côtés, et de l'autre les grandes voûtes. C'est pourquoi, à quarante-deux pieds de la hauteur de ces piliers se trouve un premier chapiteau, à partir duquel les petites voûtes commencent à se recourber, et forment entre les piliers une arcade qui a vingt-deux pieds sept pouces jusqu'à l'architrave sculptée en forme de pampres de vignes sous l'appui des galeries intérieures. Ces galeries ont dix-neuf pieds dix pouces d'élévation jusqu'à la frise. Chaque travée entre deux piliers forme deux arcades qui ont pour pieds-droits et jambages des faisceaux de petites colonnes. Les arcades, dans le chœur sont accompagnées d'encadrements en forme de frontons ornés de feuillages aux sommets en pointe desquels sont des vases qui supportent des fleurs. Les ouvertures sont ornées de petites colonnes délicatement travaillées et d'une seule pierre qui soutiennent des compartiments en trèfles ou en roses. Le poids des murs est soulagé par des arcades de décharge pratiquées dans leurs épaisseurs. Dans la nef, ces arcades sont remplies de pierres taillées en coin comme dans les voûtes. Au contraire, autour du chœur, et sur les façades de la croisée au levant, étant moins exposées au vent, les galeries sont éclairées par des vitrages pratiqués dans les murs.

Au-dessus de ces galeries commencent les grands vitraux, qui ont quarante-huit pieds d'élévation, et sont terminés en ogive, à cause de la portion de la grande voûte qui en fait l'encadrement.

On conçoit aisément que tous ces piliers isolés par le bas se trouvent engagés dans l'épaisseur des murs qui forment les arcades, galeries et vitraux que l'on vient d'indiquer. Aussi à partir du premier chapiteau, on ne voit plus dans l'église que le boudin qui fait face à ce dedans. Mais au-dessus des feuilles d'acanthe (1), qui composent les chapiteaux des colonnes gothiques, il y a des abaques carrés comme les plinthes de l'ordre toscan, sur lesquels sont placés deux petits boudins qui accompagnent celui qui est parti du fond. Deux autres plus petits prennent naissance sur l'appui de la galerie et forment ainsi réunis les arcs doubleaux, branches et croisées d'ogive des grandes voûtes.

Ces voûtes sont plus hautes que le demi-cercle parfait, et en cela

(1) Baron ne voit dans les feuillages sculptés composant les chapiteaux des piliers de la Cathédrale et des colonnettes des galeries et arcatures, que des feuilles d'*acanthe* ; il est excusable pour un homme qui n'avait guère étudié que l'antiquité classique, de n'avoir point remarqué l'étonnante variété des plantes et des feuillages, appartenant, pour la plupart, à la flore de nos contrées, que les entailleurs de pierre du moyen-âge firent entrer dans l'ornementation des chapiteaux, à Amiens aussi bien que dans d'autres basiliques. L'étude seule de ce décor est pleine d'attraits et a déjà fixé l'attention des artistes et des archéologues, sans avoir épuisé une mine aussi profonde qu'intéressante. — Voir *Iconographie des plantes aroïdes figurées au moyen-âge en Picardie*, par le Dr Woillez, t. IX des *Mémoires de la Société des Antiquaires de Picardie*. — Viollet-le-Duc, *Dictionnaire raisonné de l'Architecture*, t. V, p. 285. — Lambin, *La Flore des grandes*

elles ont plus de solidité et paroissent plus dégagées. Les cintres de ces voûtes d'ogive, faits de deux lignes courbes égales, et formant des arcs pleins en ligne diagonale, s'entrecoupent en un point au sommet. Au rond-point, les côtes de baleine de huit piliers formant le demi-cercle, et dont les entre-colonnements ne sont plus que de huit à dix pieds, se croisent toutes ensemble pareillement au sommet et forment ce qu'on appelle le cul-de-lampe.

Les pierres qui servent de clefs à toutes les voûtes sont percées à jour, et ce vide semble rempli de vases et de ventouses qui augmentent la répercussion de la voix et font écho.

Les petites voûtes sont arrangées de même que les grandes ; les quatre côtés formant une arcade en ogive et les côtes de baleine s'entrecoupant au sommet.

Les petites pierres de toutes ces voûtes, actuellement badigeonnées en jaune avec les sutures peintes en blanc, s'appellent *pastoureaux*, parce que des bergers les taillèrent en gardant leurs troupeaux dans la campagne. Ces pastoureaux acquirent une célébrité funeste : un fanatique hongrois, nommé Jacob, en 1250, Saint Louis étant prisonnier chez les Sarrasins, amassa des bergers et des paysans, sous prétexte d'aller délivrer le roi. Il s'y joignit des bandits et des voleurs qui pilloient, massacroient, et prêchoient contre le Pape et contre le Roi. On leur donna le nom de *Pastoureaux*. La reine Blanche les fit excommunier. Un boucher tua d'un coup de coignée leur chef Jacob. On assomma le reste comme des bêtes féroces (1).

Les voûtes des bas-côtés soutenues vers la nef par les piliers isolés, s'appuient à l'extérieur sur les piliers ci-devant engagés dans les murs et formant actuellement les pieds-droits des arcades des chapelles ajoutées depuis la construction de l'édifice.

Cathédrales de France, Paris 1898. — Idem, *Les Eglises des environs de Paris étudiées au point de vue de la Flore*, etc., etc. — Le lecteur qui voudrait étudier tout spécialement cette branche si importante de l'archéologie médiévale, devra surtout porter son attention sur les ouvrages de M. Lambin. — Cet écrivain a relevé avec un soin scrupuleux toutes les plantes si variées qui entrent dans l'ornementation de la Cathédrale d'Amiens. — Nous citerons aussi comme digne d'une étude approfondie les travaux si complets de M. Virgile Brandicourt sur l'ornementation florale des édifices du moyen-âge : ces travaux insérés dans les publications de la Société des Antiquaires de Picardie, révèlent toute la science de leur auteur, à la fois botaniste, archéologue, homme de goût et écrivain d'un style charmant et délicat.

(1) La taille des petites pierres des voûtes par les bergers n'est rien moins que prouvée. Quant au fait historique de la révolte des *pastoureaux*, il n'était guère à propos d'en parler ici.

Près du chœur les bas-côtés sont doubles et il se trouve une série de quatre piliers isolés qui soutiennent les voûtes des deux allées. Ces piliers sont cantonnés de huit boudins ce qui leur donne cinq pieds huit pouces de diamètre et à leur base sept et demi. Les piliers principaux ont dix-neuf pieds de circonférence.

Il n'y a qu'une allée à la partie du rond-point, dite le chevet ; mais cette allée est accompagnée de sept chapelles qui sont de la même construction que le reste de l'église. Les piliers qui font le diamètre extérieur de cette allée sont engagés dans les murs qui servent de cloisons aux chapelles, de sorte qu'au lieu de quatre boudins principaux, on n'en voit que trois. Entre ces trois boudins, il en est deux plus petits qui sont isolés dans toute leur hauteur, n'étant liés à la maçonnerie que par leurs bases et leurs chapiteaux, de manière qu'en les frappant ils résonnent comme une corde d'instrument tendue par ses extrémités. Cette particularité est digne de remarque.

Les voûtes des travées du rond-point sont en carrés aussi ; mais ces carrés ne sont pas équilatéraux, le côté du centre étant nécessairement plus étroit que le côté extérieur. Les voûtes des chapelles du chevet sont disposées comme celles du rond-point, si ce n'est qu'il n'y a que les côtes de baleine de six piliers qui s'y réunissent au lieu de huit.

Tous les murs des bas-côtés et des chapelles sont percés de fenêtres de quarante-huit pieds de hauteur terminées en ogive et ornées de montants, avec des croisillons en haut qui forment de petites roses et des trèfles, de même qu'aux vitraux de la grande voûte.

A l'extrémité de chacun des bas-côtés de la nef on voit un réduit formé par les parois des tours. La voûte est en plein-cintre et sans nervures et dans chacune de ces voûtes il se trouve un vide circulaire, qui sert pour le passage des cloches quand il faut les renouveler. Les portes collatérales, qui sont dans le grand portail et donnent sur le parvis, sont surmontées d'ouvertures triangulaires, les pointes en haut, et les côtés en quart de cercle, les ouvertures sont garnies de vitres dans des compartiments de pierre dont le centre est en roses. Les vitres peintes qui garnissent ces ouvertures sont si bouleversées qu'on ne peut plus en distinguer les dessins ni assembler les mots que pouvoient former de grandes lettres gothiques, la plupart mises de haut en bas (1). On y lit Cofegi, ce qui fait conjecturer que ces vitres étoient le produit

(1) Ces vitraux ont été remplacés par Viollet-le-Duc, il y a une trentaine d'années ; on a garni les roses de mosaïques en verre d'un ton verdâtre.

d'une quête ou collecte. Les portes des escaliers pour monter aux tours sont dans ces réduits.

A l'extrémité occidentale de la nef, on voit la principale porte, qui est sans ornement. Au-dessus est la tribune de l'orgue, en charpente ; le dessous est de menuiserie, en forme de petites voûtes pendantes. Cet ouvrage est regardé comme des plus hardis. Derrière le buffet se continue la galerie intérieure qui règne tout autour de l'église. Au-dessus est une autre galerie, de plein-pied avec celle du portail où sont les statues des rois ; cette seconde galerie est surmontée d'une plate-forme, qui est au bas de la rose, sur l'encadrement de laquelle sont attachées les figures des heures du cadran formé par cette même rose (1). C'est pourquoi la balustrade en bois de cette plate-forme est échancrée dans le milieu, afin de laisser voir d'en bas les chiffres du diamètre inférieur du cadran. A l'extrémité de la croisée vers le midi, la porte est ornée d'un encadrement en ogive profilé sur le pignon. Le fronton est composé de trois trèfles dans lesquels sont trois figures d'anges, et le tout est surmonté de la statue de Saint-Michel (2). La galerie intérieure règne aussi sur ce pignon, et le dessus forme une plate-forme au pied de la grande rose. Cette plate-forme est défendue par une barrière de bois ; on y passe pour suivre le cours des terrasses sans garde-fous qui font tout le tour de l'église par-dehors, comme nous l'avons indiqué ci-dessus.

Au bout de la croisée vers le nord est une pareille porte donnant sur l'Evêché, laquelle n'a aucun ornement. Au-dessus est une vitre triangulaire, dont les croisillons représentent une espèce d'araignée. La galerie intérieure règne encore sur ce pignon, et les arcades en sont moins ornées. Mais la plate-forme est extérieure, supportant des pieds-droits et des arceaux qui fortifient la baie de la grande rose à qui l'on a donné une dimension beaucoup plus considérable qu'aux deux autres.

Pour pouvoir comparer ensemble les trois principales vitres en roses de cette église, il faut se placer sur le perron du chœur et promener sa vue sur les trois extrémités de l'église qui se découvrent de cet endroit.

(1) Ce cadran d'horloge formé à l'intérieur par la grande rose a été supprimé lors de la restauration de la façade de la Cathédrale, il y a quarante ans.

(2) Les trois anges placés à l'intérieur contre la décoration appliquée au portail de la Vierge dorée sont de merveilleuses statues parmi les plus belles de la Cathédrale ; la statue de Saint Michel est polychromée ; on s'en est aperçu récemment en enlevant la couche séculaire de poussière qui recouvrait la sculpture.

La rose occidentale, ou du grand portail, est la moindre ; elle a trente-deux pieds de diamètre et quatre-vingt-seize pieds de circonférence. Les compartiments ou feuilles sont au nombre de vingt-quatre. Les vitres peintes qui subsistent présentent plusieurs sortes de fleurs et des têtes de coq, dont les crêtes et les plumes sont des plus vives couleurs. On prétend qu'elle représente la terre. Les coqs sont les armes parlantes de Jean de Cocquerel, mayeur d'Amiens, qui fit construire cette rose à ses frais. Son écusson est au-dehors, sur la pierre au centre de la vitre. Il est à remarquer que ce sont les seules armoiries qui se trouvent à l'ancien bâtiment de l'église (1).

La rose du côté du midi, plus grande que la première, porte le nom de rose du ciel ; le rouge domine sur les vitres, qui représentoient ci-devant des anges regardant le centre. Les compartiments de pierre forment vingt-quatre feuilles.

L'architecte qui a dessiné la rose au septentrion a cherché à se surpasser lui-même ou à désespérer ses collaborateurs. Car la tradition rapporte que l'auteur de la rose du midi, père de l'auteur de la rose du nord, ayant vu découvrir celle-ci, de jalousie se précipita de son échafaudage et en perdit la vie (2). Les compartiments forment trente-deux feuilles, avec une étoile à cinq pointes dans le milieu. On voyoit autrefois peints sur les vitres des poissons et des coquillages. Mais à présent il est impossible d'y distinguer une figure entière ; le bleu et le vert de mer y dominent, ce qui indique que cette rose a été destinée à représenter l'eau, et que, par l'étoile, on a voulu représenter la boussole. Telle qu'elle est, cette vitre mérite une attention particulière. Pour l'histoire, il est à remarquer qu'elle a été remise à neuf en l'année 1777. On la démonta alors de toutes pièces ; on étendit les pierres sur le pavé dans l'ordre où elles étoient employées, et on tailla des pierres neuves pour suppléer à celles qui étoient usées ou rompues. Après quoi on les replaça comme auparavant. Mais on trouva nécessaire d'y ajouter un plus grand nombre de ferrements, qui ne se voient pas aux autres roses (3).

(1) Cette remarque de Baron, relativement à l'écusson de Cocquerel, est à noter : elle semble prouver que l'usage des armoiries était rare avant l'époque où vivait ce mayeur. — Toutefois le remplage de la rose occidentale ne date pas du xiiie siècle, il a été refait postérieurement et serait probablement un don de quelqu'autre membre de la famille Cocquerel, qui y aurait fait apposer ses armes.

(2) Rien n'est moins prouvé que l'authenticité de cette légende, dont on retrouve d'ailleurs des variantes en nombre d'endroits.

(3) Cette rose vient encore tout récemment d'être l'objet d'une réfection complète, dirigée avec beaucoup de talent par MM. Lisch et Billoré.

Tout ce que nous venons de décrire de l'intérieur de la Cathédrale a trait à l'architecture ; il faut terminer cette partie en rappelant que, dans l'été de 1771, tout cet intérieur fut reblanchi et badigeonné par les ordres du Chapitre, moyennant 6.000 livres. Ce fut un Milanais, nommé Dominique Baroni (*sic*), qui fut l'entrepreneur de cette réparation. Elle étoit indispensable pour faire disparaître les marques de peintures et les dégradations qu'avoient laissé de toutes parts une infinité de monuments gothiques qui gâtoient l'église, et qu'on avoit pris le parti de supprimer. Mais, dans la nécessité où l'on étoit de donner une teinte uniforme aux pierres, il auroit fallu leur en donner une plus terne : car on se sent contrarié par la trop grande clarté que répand dans cette église la blancheur de la maçonnerie ; on préfèreroit y trouver une religieuse obscurité. Cela est si sensible que les peintres qui ont voulu représenter l'intérieur de la Cathédrale, se sont éloigné du ton de couleur de l'original, et ont employé des fonds jaunes ou verdâtres, et ceux qui voient les tableaux ne sont pas choqués du changement (1).

(1) Baron se montre beaucoup trop indulgent pour le regrettable travail de badigeonnage exécuté en 1771 à la Cathédrale ; du reste notre église ne fut pas la seule à subir ce malencontreux embellissement ; la plupart des basiliques françaises furent vers le même temps passées au lait de chaux, et il paraît que ce fut la même troupe de badigeonneurs milanais (car *Baroni* ou *Borani* était originaire de Milan) qui s'en alla exercer dans presque toutes nos cathédrales sa déplorable industrie.

TROISIÈME PARTIE

DÉCORATIONS ET MONUMENTS DE LA CATHÉDRALE

Dans l'ancien temps, il y avoit beaucoup de choses à voir dans les peintures des vitres de la Cathédrale. Mais, par malheur, il n'existe presque plus rien de toute cette magnificence. La longueur des temps, les vents, les grêles, la chute des montants et croisillons et même de plusieurs vitraux entiers ont opéré la destruction de ces fragiles monuments. Il étoit impossible de les remplacer et de les réparer. Le secret de peindre sur verre est décidément perdu ; car les méthodes qu'on trouve dans Félibien : *Traité d'Architecture, Peinture et Sculpture*, ne sont sûrement pas les anciennes méthodes, et, avec de grandes dépenses et des soins très minutieux produisent des peintures moins éclatantes et moins solides que les anciennes. Au commencement du XVIII° siècle, on trouvoit que les verres peints de la Cathédrale d'Amiens avoient considérablement souffert. Mais depuis, et surtout pendant le Révolution, ils ont achevé de se détruire. Si les vitres des fonds des chapelles du chevet subsistent, tout s'y trouve en confusion, les carreaux cassés ayant été remplis avec des pièces provenant des vitres voisines. Convenons donc que le jour religieux qui régnoit dans l'église au moyen de toutes ces vitres peintes étoit préférable à la grande clarté qu'y répandent les verres blancs qu'on a été forcé d'y substituer, clarté qui porte à la dissipation, tandis que l'obscurité invitoit au recueillement. Disons, d'après les mémoires du temps, que ces vitres étoient admirables, et que les inscriptions, les armoiries et les portraits qui y étoient peints, tendoient à éterniser la mémoire des donateurs. Pour que leur espoir ne soit pas tout-à-fait frustré, nous allons en rappeler les noms, autant que possible.

Les mémoires qu'on va suivre ont été transcrits en 1720, et paroissent plus anciens(1). C'est ainsi qu'ils s'expriment sur l'état des vitres à cette époque :

(1) Ces mémoires pourraient bien être la note rédigée par Du Cange, après une visite faite aux vitraux de la Cathédrale, le 25 avril 1667, par le célèbre érudit, en compagnie de MM. Houllon, chanoines. Cette note a été publiée par les soins de M. Rigollot, et insérée dans le *Bulletin de la Société des Antiquaires de Picardie*, t. IV, pp. 291-296.

On compte quarante-et-un vitraux au pourtour de l'église sous les grandes voûtes. En les prenant à partir du grand portail, côté gauche, ou du nord, la première vitre portoit alors cette inscription qui s'étendoit sur les quatre panneaux divisés par trois montants de pierre :

Che : fist : faire : Oriev : Malherbe : Thomas : Reniev : Egrares : de : Saint : Fvscien.

Adrien Malherbe étoit mayeur d'Amiens en 1297.

La seconde présentoit quatre écussons, dont le premier étant répété, portoit les armoiries de Malherbe ; le troisième étoit de Renieu ; et le quatrième de Saint-Fuscien. Au-dessus de ce dernier écusson étoit un navire, les voiles déployées.

La troisième portoit quatre écussons dont ceux de Malherbe et Saint-Fuscien.

La quatrième étoit conforme à la troisième pour les écussons.

La cinquième contenoit ces mots :

Cheste : verrière : fist : faire : maistre : Willavme : li : ovre · pries : pour : s'ame.

Au second panneau de cette vitre étoit une Vierge ; au troisième panneau un homme qui présentoit une vitre à la Vierge ; au quatrième un ours d'or dans un carré d'azur.

La sixième avoit ces caractères :

Li : maievrs : des : waidiers : damiens : ont : fait : faire : cheste : verrière.

Au-dessus de l'inscription étoit un écusson répété dans les quatre panneaux de cette vitre, *de gueules au chef cousu d'azur*, armoiries que Philippe-Auguste avoit données à la ville lorsqu'il réunit le comté d'Amiens à la couronne. Louis XI en la retirant des mains du duc de Bourgogne, en 1470, permit d'orner ce champ de gueules de branches de lierre pour servir de corps à cette devise : **Liliis tenaci vimine jungor.**

La septième vitre étoit en tout conforme à la sixième pour les caractères. Ces *Maieurs des Waidiers*, dits maieurs *de bannières*, devoient être les chefs d'une communauté très importante. Nous avons vu, au-dehors de l'église, la représentation des marchands de waide de la campagne ; les *waidiers* d'Amiens étoient les marchands en gros de cette drogue, qu'ils revendoient aux teinturiers, que l'on appeloit alors *guédrons*. Ce dernier nom est resté au premier garçon des ateliers de teinture en laine, chargé de soigner la cuve de bleu.

Les huitième, neuvième et dixième vitres qui sont en suite, dans la croisée à gauche, du côté du couchant, n'avoient plus rien qui pût faire connoître les donateurs à l'époque des mémoires où nous puisons ces renseignements.

La onzième, qui est la plus près de la belle rose du nord, côté du levant, portoit une inscription dont les lettres avoient été brouillées par le vitrier en remontant les carreaux. Ces lettres rassemblées pouvoient se lire ainsi :

𝔐aistre : Raoul : de : Coffes : fist : faire : ches : verrières.

Au-dessous étoit un chanoine vêtu d'une robe bleue, avec une grande couronne cléricale, lequel présentoit une vitre. Dans les autres panneaux étoient les figures de la Vierge, de Saint Pierre et de Saint Paul.

La douzième portoit la même inscription dans le sens naturel ; au-dessus la figure du même chanoine.

La troizième avoit une inscription formée de caractères transposés et impossibles à assembler parce qu'il en manquoit. On n'y voyoit autre chose que :

𝔏i : qui : drent : cheste : verière.

Au-dessus de l'inscription étoient plusieurs figures. Il y en avoit, aux deux extrémités, de personnages qui tenoient chacun un grand sac rempli de marchandises de couleur bleue et qui recevoient de l'argent d'autres personnages. Ce qui peut faire croire que c'étoient des marchands de *waide* ou guesde.

La quatorzième vitre, qui est la première en entrant dans le chœur, côté du nord, portoit ces mots :

𝔏e : dienne : de : Pois : et : de : Conti : et : de : Parviler : me : firent : faire.

Il est à croire que c'est Grandvillers qu'il faut lire, au lieu de Parviller (1).

---

(1) La notice de Du Cange porte aussi Parviller, mais il est très probable qu'il s'agit ici de Grandvillers.

La quinzième portoit :

La : ville : de : Dourlens : et : le : dienne :

ensuite des caractères transposés.

La seizième :

Ches : verrières : sa : ve : veves : damiens

ce qui ne représente aucun sens. Il y avoit d'autres caractères brouillés qu'on n'a pas su assembler. On ne dit pas quels sujets étoient représentés sur cette vitre, ni sur celle d'à côté.

Sur la dix-septième étoient encore des caractères bouleversés dont on ne pouvoit lire que ces mots entiers : **Dienne : Pois.**

A la dix-huitième étoit représentée une tour d'or ; cette vitre paroisssoit être d'une fabrique plus récente et avoir été donnée par..... Latour, pénitencier de Notre-Dame, qui avoit donné les figures derrière le chœur représentant le martyre de Saint Fuscien et de ses compagnons où ses armoiries étoient sculptées et portoient de...... *à la tour d'or* (1).

Sur la dix-neuvième étoient des caractères bouleversés qui offroient encore de lisible les deux mots : **Dienne : Pois.** Au-dessus étoit la figure de Saint Firmin ; il reste encore trois figures en pied sur cette vitre, lesquelles sont actuellement méconnaissables.

La vingtième présentoit un écu échiqueté d'or et d'azur ; on sait que c'étoient les armes de la maison de Vermandois. La Morlière et autres prétendent que c'étoient les anciennes armoiries de la ville.

La vingt-et-unième vitre, qui est au milieu du rond-point, ou cul-de-lampe, au-dessus de l'autel, représente, en première ligne, quatre évêques dans les quatre compartiments (2). Au-dessous cette inscription déjà annoncée :

Bernardus : epe : me : dedit : M. C. C. L. XIX.

(1) Le chanoine dont il s'agit s'appelait *Charles* de Latour. Ses armes étaient *d'azur, à la tour maçonnée et crénelée d'or*.

(2) Ce ne sont pas des évêques, mais bien quatre anges adolescents ayant les ailes relevées derrière la tête et portant chacun à la main une couronne, que représentent les panneaux supérieurs de la grande fenêtre centrale. Dans le bas, on voit deux évêques placés l'un et l'autre aux deux extrémités de la fenêtre et paraissant présenter une verrière à la Sainte Vierge, figurée deux fois dans les arcatures du centre. Nous possédons un joli dessin à la plume de cette verrière ; il a été exécuté par L. Duthoit et un peu maladroitement reproduit en lithographie dans notre opuscule sur le *Sanctuaire de la Cathédrale d'Amiens*.

[Il est à remarquer que dans le mois de juillet 1814, on a descendu le panneau rond de la rose supérieure de cette vitre, et qu'on y a mis trois fleurs de lis, au lieu de l'étoile qu'on avoit fabriquée en l'an 1812, en restaurant cette vitre ; les fleurs de lis sont couleur de brique, et les palmes de laurier qui les accompagnent sont grisâtres. Ce qui prouve combien les moyens de fabrique des vitres peintes sont insuffisants aujourd'hui] (1).

La vingt-deuxième offroit le même écusson échiqueté de la maison de Vermandois, ou de la ville d'Amiens. Ce qui pourroit indiquer que Bernard d'Abbeville n'a pas fait seul les frais des trois vitres du fond, comme on l'a prétendu.

La vingt-troisième, où il reste encore à présent trois figures très embrouillées, représentoit une Vierge, et au panneau suivant, une femme ayant la tête couverte d'un voile blanc, et une couronne sur ce voile. Son habit étoit bleu. De la ceinture en bas, elle étoit couverte par un espèce d'écusson carré ; *écartelé au premier et au quatre, de gueules au château d'or, au deux et au trois d'argent au lion de sable.* Pas de doute que cette figure représentoit Blanche de Castille, mère de Saint Louis. Elle étoit morte, à la vérité dès l'an 1252. Mais Bernard d'Abbeville ayant donné les vitres voisines en 1269, comme cette princesse avoit contribué de ses largesses à l'achèvement de ce grand vaisseau, l'Evêque et le Chapitre prirent soin non seulement de la faire peindre ici, mais de faire mettre sur la plupart des vitres les châteaux de Castille mêlés avec les fleurs de lis, comme le témoignent les anciennes histoires de cette église.

Les vingt-quatrième, vingt-cinquième et vingt-sixième vitres ne présentoient plus de renseignements, puisque les mémoires n'en parlent point.

La vingt-septième avoit un reste d'inscription dont les lettres étoient transposées ; on n'y voyoit plus que les mots *faire* et *Abbeville*.

La vingt-huitième portoit ce fragment d'inscription :

Che : donne : le : ville : de : saint : Rikier : et : le : Dienne.

Il est probable que les vitres du chœur dont les renseignements manquoient, avoient porté les noms des autres doyennés du diocèse, dont le clergé et les fidèles s'étoient réunis pour l'achèvement de ce

(1) Les lignes entre crochets qui précèdent ont été bâtonnées dans le manuscrit, mais elles sont encore très lisibles.

bel édifice. La bâtisse en avoit langui au point qu'il avoit fallu obtenir des Bulles du Pape pour porter en procession dans la campagne la châsse de Saint Honoré. Cette pieuse démarche excita la dévotion des pasteurs et des peuples. C'étoit pour en perpétuer la mémoire qu'on avoit fait toutes ces belles peintures. Remarquons qu'il n'étoit question là ni ailleurs des libéralités des moines. Ceux de Corbie, voisins d'Amiens, n'étoient point jaloux que la procession passât sur leur territoire. Gérard de Conchy, alors Doyen, depuis Evêque d'Amiens, adressa, le 15 septembre 1240, des lettres à Raoul, Abbé de Corbie, pour lui demander que la châsse fut reçue avec honneur dans les paroisses de sa dépendance. Aux XII° et XIII° siècles, les moines empiétoient sur les fonctions des évêques et des curés, et appliquoient au profit des monastères les restitutions que les Seigneurs, allant à la croisade, faisoient des biens qu'ils avoient usurpé sur les églises, et même y faisoient joindre des propriétés patrimoniales de la plus haute importance.

La vingt-neuvième vitre, qui est la première, côté du levant, en tournant dans la croisée méridionale, avoit conservé cette inscription :

𝕰𝖓 : l𝖆 : 𝖉𝖊 : 𝖌𝖗𝖆𝖈𝖊 : 𝕸. 𝕮𝕮. 1111ˣˣ : 𝕳𝖞𝖌𝖆𝖓𝖘 : 𝕷𝕴𝕰𝕹𝕬𝕽𝕿 : 𝕷𝕰 : 𝕾𝕰𝕮 : 𝕽𝕺𝕭𝕰𝕽𝕿 : 𝕺𝕰 : 𝕾𝕮𝕿 : 𝕱𝖀𝕾𝕮𝕴𝕰𝕹 : 𝕸𝕬𝕴𝕰𝖁𝖗𝕾 : 𝕺𝖊𝖘 : 𝖂𝖆𝖎𝖉𝖎𝖊𝖗𝖘 : 𝖋𝖎𝖗𝖊𝖓𝖙 : 𝖋𝖆𝖎𝖗𝖊 : 𝖈𝖍𝖊𝖘 : 𝖛𝖊𝖗𝖗𝖎𝖊𝖗𝖊𝖘.

Liénart-le-Sec fut mayeur de cette ville en 1296 (1).

La trentième ne présentoit plus rien qui put en faire connoître les donateurs.

La trente-et-unième vitre avoit au second panneau une Sainte Catherine et au troisième un évêque. Au-dessous étoient trois écussons sur la même ligne, dont le premier étoit celui de Malherbe, et point d'inscription.

(1) Le nom de Liénard-le-Secq occupe une place d'honneur sur les pages de l'Histoire d'Amiens. La famille à laquelle appartient cet homme de bien, remarquable à plus d'un titre, était déjà ancienne dans la cité, quand Liénard fut pour la première fois appelé à remplir la charge de mayeur, en l'an 1296. On trouve dans les annales amiénoises (*passim*), en 1151 un *Villardus Siccus*, en 1153 *Oilardus Siccus*, en 1177 *Oilardo Sicco* et *Roberto filio ejus*. L'écusson de Liénard-le-Sec portait échiqueté d'argent et d'azur de 25 pièces, au chef coupé de 3 traits, au 1 et 3 de sinople, endenché d'argent; au 2° de sinople à 5 besans d'argent; Villers de Rousseville, en son épitaphier, remarque que ces armes sont celles d'Enguerran de Picquigny, dont Liénard serait peut-être un descendant. *Le Secq* était un surnom. Liénard fut encore mayeur en 1299, en 1303, en 1308, continué en 1309, enfin en 1311. Liénard avait donc six fois exercé la première magistrature

Les trente-deuxième, trente-troisième, et trente-quatrième, qui sont dans la même croisée, côté du couchant, n'offroient plus de renseignements.

La trente-cinquième, qui est dans la nef, en tournant pour revenir au portail, et du côté du midi, étoit aussi sans marques distinctives reconnoissables.

La trente-sixème avoit ces mots :

𝔏𝔢 : 𝔳𝔦𝔩𝔩𝔢 : 𝔡'𝔄𝔪𝔦𝔢𝔫𝔰 : 𝔡𝔬𝔫𝔫𝔢 : 𝔠𝔥𝔢𝔰𝔱𝔢 : 𝔳𝔢𝔯𝔯𝔦𝔢𝔯𝔢.

C'étoit principalement sur cette vitre qu'étoient les anciennes armoiries de la ville, et la représentation de son sceau, dit des *Marmousets*, lequel portoit une étoile de six rais, au bout de chacun desquels étoit une tête d'homme, pour représenter les pairs ou échevins de la cité. Cette étoile étoit cantonnée de six fleurs de lis. L'empreinte de ce sceau se mettoit aux actes les plus importants ; et il en existe encore dans les archives de la ville.

La trente-septième vitre offroit au bas une ligne de caractères transposés qu'on pouvoit restituer ainsi :

𝔏𝔦 : 𝔚𝔞𝔦𝔡𝔦𝔢𝔯 : 𝔡𝔬𝔫𝔫𝔢𝔫𝔱 : 𝔠𝔥𝔢𝔰𝔱𝔢 : 𝔳𝔢𝔯𝔯𝔦𝔢𝔯𝔢.

Aux trente-huitième et trente-neuvième vitres, les inscriptions et renseignements étoient détruits.

Les quarantième, quarante-et-unième, et dernière, présentoient chacune quatre écussons qui ressembloient à plusieurs autres des vitres précédentes ; ce qui indiquoit que les corps ou particuliers qui avoient donné des vitres les présentoient au moins par couples, et toujours en nombre pair.

Sur les vitres qui étoient aux petites galeries on voyoit en plusieurs

---

municipale d'Amiens. Il fonda par son testament l'Hôpital Saint-Jacques, situé presqu'en face l'église Saint-Leu, non loin du *pont où Dieu ne passe oncques*, ainsi nommé parce que ce pont formait la limite entre les paroisses Saint-Leu et Saint-Sulpice. Liénard se signala encore par d'autres libéralités envers les églises et les pauvres d'Amiens. Il avait été maire de la bannière des Waidiers, et comme tel contribua beaucoup à l'accroissement d'une branche du commerce amiénois, qui accrut au moyen-âge la richesse et l'importance de la cité. On fait aussi à Liénard-le-Secq l'honneur d'avoir aidé de ses deniers à l'achèvement, en 1296, du transept gauche de la Cathédrale. La ville d'Amiens a récemment rendu hommage à la mémoire de Liénard-le-Secq en donnant à l'une de ses rues le nom de l'ancien mayeur. — V. A. Janvier, *Livre d'Or; Les Clabault*. — De Calonne, *Histoire d'Amiens*, t. I (*passim*). — Cf. La Morlière, Daire, Dusevel, etc.

endroits les armoiries de la maison de Picquigny, et celles de la ville d'Amiens.

Quant aux vitres des chapelles, sur celles des deux premières en bas de la nef, côté de Saint-Firmin, étoit cette inscription, mutilée dans l'une, et entière dans l'autre :

𝕸onseigneur : 𝕴ehan : 𝕯elagrange : qui : fust : euesque : d'Amiens : depuis : Cardinal : a : fait : faire : ceste : chapelle : en : l'honneur : de : Dieu : et : de : 𝕸onseigneur : Saint : 𝕴ehan : (à la première) 𝖁aptiste : (à la deuxième) l'𝕰uangéliste.

Dans la chapelle de Sainte-Marguerite, qui est la dernière dans la nef, près de la croisée, à gauche, il y avoit quatre images. Sous la première étoit écrit : S*ti* Firmini martyris ; sous la deuxième S*ti* Margarite ; sous la troisième S*ti* Agnetis ; sous la quatrième qui étoit un évêque : Guillelmus : Ambianensis : epvs : natione : Burgundus : fecit : me : fieri.

Dans les autres chapelles les vitres représentoient les instruments et même les travaux des différents corps des métiers qui avoient adopté quelques-unes de ces chapelles pour les dévotions de leurs confréries. On distinguoit encore, à l'époque de la Révolution, les ateliers et boutiques des épiciers-chandelliers, à la chapelle de Saint-Jacques ; des merciers, des tisserants, des cordonniers, et d'autres, dans les chapelles qui leur avoient été affectées dans l'ancien temps.

Après avoir donné aux vitres, vitraux, ou verrières, l'attention qu'ils méritent, la vue se repose naturellement sur le pavé de cette église. Nous avons déjà observé qu'il est dans un état de dégradation déplorable. Et l'on n'en sera pas surpris quand on saura que la partie de la nef est du temps même où l'église a été bâtie. C'est ce que prouve le monument qui est au milieu de cette nef, au centre du labyrinthe formé par les compartiments noirs et blancs du pavé. Ce labyrinthe a cent vingt-huit pieds de circonférence. Pour en parcourir les tours et détours, il faut toujours marcher sur les lignes noires ; et après (*en blanc*) minutes de marche, on parvient à la pierre du centre de ce labyrinthe (1). Elle est de marbre noir, octogone, entourée ci-devant de deux bandes de cuivre, sur lesquelles étoit l'inscription que je vais donner. Au milieu étoit une croix, également de cuivre,

(1) En moyenne, il faut mettre de cinq à huit minutes pour parcourir d'un pas ordinaire les méandres noirs du labyrinthe.

dont la place est restée en creux dans la pierre. Cette croix marque au vrai les quatre points cardinaux de notre horizon, et fait voir que l'autel principal n'est pas précisément à l'orient, mais qu'il est au sud-est. Entre les bras de cette croix sont incrustées des figures de marbre blanc, dont on ne voit plus que les contours, la surface, qui étoit gravée, s'étant usée par le temps. Celle de ces figures qui est du côté du sud-ouest représente un évêque. Les trois autres représentent des hommes, dont l'un tient une règle, l'autre un équerre, et le troisième tient probablement un niveau ou un compas qui est effacé. Au-dessus des quatre bouts de la croix, terminés en fleurs de lis étoient des anges également en marbre blanc, tenant des lambels de cuivre où pouvoient être inscrits les noms des personnages au-dessous. Ce peu de cuivre a été arraché pendant la Révolution.

Voici la copie de l'inscription que j'ai tirée de l'ancien martyrologe obituaire de cette église, volume premier, partie intitulée *Distributiones*, page 237 :

Memore quant leuure de l'egle de cheens fu comenchie et si coe il est escript el moison de le moison Dedalus.

En l'an de grace mil 11°
Et. y y fu l'œvre de cheens
Premierement encommenchie
Adonc yert de cheste Evesquie
Evrart Evesque Benis
Et roi de France Loys
Q̃ fu fils Phelippe le Sage
Chil qui maistre yert de l'ouvrage
Maistre Robert estoit nomes
Et de Luzarches surnomes
Maistre Thomas fu apres luy
De Cormont, et apres cestuy
Maistre Regnault ses filz (1) qui mectre
fist a chest point chi cheste lectre
Que l'incarnacion valoit
XIII° ans XII en faloit

(1) *Ses fils*, nominatif singulier, en latin *suus filius*. Le français du XIII° siècle gardait encore beaucoup de traces de la déclinaison latine.

En 1220, Philippe II, dit Auguste, qui n'est mort qu'en 1223, étoit encore roi de France. Mais il n'y a rien d'étonnant qu'en 1288 sous le règne de son quatrième successeur, Philippe IV, dit le Bel, on se soit trompé sur le nom du roi qui régnoit en 1220. D'autant que, dans cet intervalle, avoit existé Saint Louis, dont la gloire avoit effacé celle de ses prédécesseurs, et dont la mémoire étoit restée en vénération dans toute la France, qui l'honora comme saint, même avant qu'il fût canonisé.

Le monument ci-dessus rapporté fixe donc d'une manière précise l'établissement du pavé de la nef. Le dessin n'en a pas varié, et si quelques parties en ont été renouvelées, on s'est appliqué à les rétablir dans les mêmes compartiments.

Quant au pavé du pourtour du chœur ou chevet, il a été refait à neuf de 1620 à 1624, jusque et compris les marches qui sont dans la croisée des deux côtés. C'est à cette époque qu'ont été mis au-devant de la chapelle de Saint-François les carreaux blancs coupés en tiers-point qu'on y remarque ; voici pourquoi : le 7 décembre 1561, les Calvinistes sortant du prêche qui s'étoit tenu dans le voisinage, entrèrent dans l'église des Augustins de cette ville, y mirent l'épée à la main, tuèrent et blessèrent différentes personnes. Le lendemain, jour de la Conception, pendant l'office, ces mêmes Calvinistes se portèrent à la Cathédrale, mais ils furent repoussés et eurent plusieurs de leurs gens blessés, dont il en mourut un. Le 9 décembre, jour suivant, Nicolas de Pellevé, soixante-treizième évêque d'Amiens, fit la cérémonie de réconcilier l'église, souillée par l'effusion du sang. Pour garder la mémoire de cet évènement, on composa le pavé de cette manière, à l'endroit où le fort de l'action s'étoit passé.

Tout le pavé de l'église est mi-partie de carreaux de marbre noir et de pierre de liais blanche, dont le mélange forme des dessins variés à chaque travée et distingués par des filets de marbre noir qui partent d'un pilier à l'autre et font autant de compartiments. Il est fâcheux, nous le répétons, que ce pavé soit si usé, et que dans les derniers temps on ait brouillé les dessins en remplaçant des carreaux. A l'époque de la Révolution, le Chapitre avoit fait faire un devis pour mettre à neuf le pavé de la nef (1).

(1) La réfection totale du pavage de la Cathédrale, a été entreprise sous l'épiscopat de Mgr Renou et terminée sous celui de Mgr Dizien entre les années 1894 et 1897 ; exécuté sous la direction de MM. Lisch et Billoré, le nouveau dallage reproduit avec une exactitude scrupuleuse la disposition de l'ancien. Les inscriptions tumulaires ont toutes

En continuant cette description nous indiquerons divers monuments qui font partie du pavé.

Quant à présent, l'observateur que nous supposons avancé dans la nef jusqu'au centre du labyrinthe a vu se déployer des deux côtés la superbe perspective des bras de la croisée et des doubles bas-côtés du chœur. Mais il voit avec peine le milieu offusqué par les deux ambons de l'entrée du chœur. La grille ne lui laisse voir que les immenses dossiers des stalles et la Gloire du fond du sanctuaire. De cette place tout cet appareil lui paroit écrasé et mis là seulement pour obstruer les percées qui devroient lui donner le coup d'œil des chapelles du chevet, surtout de celle du milieu, et de cette forêt de piliers qui les dessinent et des nombreuses vitres qui en varient les jours et les aspects à l'infini. Pour se calmer, qu'il réfléchisse que la destination du temple ne permettoit pas qu'il fut distribué autrement (1). Le Chapitre étant obligé de chanter l'office canonial beaucoup allongé par des obits et autres fondations, il falloit être au chœur autant de nuit que de jour, surtout dans l'hiver. C'est pourquoi le chœur avoit été renfermé dans cette enceinte formée par les stalles et leurs grands dossiers, avec leurs dômes suspendus. Ce n'étoit que depuis peu de temps qu'on avoit donné plus d'ouverture à la porte du chœur, en supprimant le jubé, et qu'on avoit abattu une quantité d'édifices qui entouroient le sanctuaire, moins pour l'ornement, qui étoit à l'extérieur, que pour rompre le courant d'air et préserver du froid pendant les offices. Quant au sanctuaire, le recueillement étant indispensable pour célébrer les saints mystères, on ne pouvoit laisser ouvert le derrière de l'autel et pour mettre une clôture à cette enceinte, il falloit qu'elle présentât un aspect magnifique et religieux, proportionné au reste de l'édifice. C'est ce qu'ont cherché ceux qui ont construit la Gloire dont il s'agit. Entrons au chœur pour en juger. Mais pour le faire plus sainement, il faut connoitre ce qui existoit auparavant dans le sanctuaire et l'on verra que la décoration que l'on y a substituée remplaçoit très avantageusement les objets antiques qui ont disparu (2). Il faut aussi

été recopiées telles qu'on pouvait encore les lire sur les dalles qu'elles devaient remplacer ; quant au labyrinthe, il a été rétabli au milieu de la nef, à sa place traditionnelle : les caractères de l'inscription ont été gravés par M. Frennelet, graveur à Amiens ; les figurines ont été dessinées par MM. Lameire, de Paris, et Delambre, conservateur du Musée d'Amiens, sur les indications de M. G. Durand. — V. pour plus de détails l'opuscule publié par nous en 1896, sous ce titre : *Les labyrinthes d'églises*.

(1) Aveu précieux à noter.
(2) Baron regrette peu l'ancienne décoration du chœur ; il est bien de son époque. On

se représenter l'état des lieux tel qu'il a subsisté jusqu'à la Révolution.

Nos mémoires disent que le premier autel du chœur étoit élevé selon *l'usage romain*. Il paroit que c'étoit au fond du cul-de-lampe (1), où est encore aujourd'hui le petit autel de *Retro*, et que là se dit la première messe dans cette église. Tout le chœur étoit alors fermé de petites colonnes de pierre ouvragées (2). Sur cet autel étoit simplement un crucifix, avec la Vierge et Saint Jean ; et dans une niche de pierre étoit l'ancienne châsse de Saint Firmin le Martyr avec d'autres reliques.

Il y avait longtemps que cet autel existoit dans sa simplicité, lorsque l'an 1484, Michel Marié le décora d'une représentation du Saint-Sépulcre ; l'Evêque Pierre Versé en fit la bénédiction la même année.

En 1413, sous l'Evêque Philibert de Saulx, on avoit construit un autre autel en avant, entre les deux premières arcades de demi largeur où commence le rond-point. Pierre Millet, chanoine, fit présent d'une table de marbre noir, longue de quatorze pieds, large de quatre et demi, sur huit pouces d'épaisseur (3).

L'an 1486, sous l'Evêque Pierre Versé, ce nouvel autel fut décoré d'une devanture d'argent, travaillée, dit-on, avec autant d'art que de richesse. Nicolas Lerendu, maieur d'Amiens, et le Corps de ville, y contribuèrent de leurs largesses, ainsi que plusieurs personnes pieuses (4).

En 1472, le roi Louis XI avoit fait appendre à la voûte, au milieu du chœur, une représentation en argent massif de la ville d'Amiens. Si cet ouvrage étoit aussi beau qu'on le dit, il devoit être fort curieux, et l'on auroit bien dû en conserver le dessin (5). On fondit cette

peut comparer son appréciation avec celle de l'abbé Danse, chanoine de Beauvais, qui fit en 1758, un voyage archéologique en Picardie. — *Mémoires de la Société des Antiquaires de Picardie*, t. IX, p. 260.

(1) Par *cul-de-lampe* il faut entendre la travée centrale de l'abside ou le *rond-point*.

(2) Nous ignorons où Baron a puisé ce renseignement sur l'ancien entourage du chœur ; il ne paraît provenir d'aucun document authentique. Toutefois la conjecture est vraisemblable, et d'accord avec les usages liturgiques de l'époque.

(3) Cette pierre existe encore enchâssée dans l'autel de bois doré, élevé par Mgr de la Mothe.

(4) « Il y a peu d'églises cathédrales dans le royaume et peut-être dans l'Europe, excepté Saint-Pierre de Rome, dit De Court en parlant de cette devanture, où il y ait eu autrefois un autel plus riche ni plus magnifique que celui d'Amiens ». — *Mémoires chronologiques*, M. S. de la Bibliothèque nationale.

(5) Ces *représentations* de villes, consistant en une agglomération de petits édifices, entourés d'une couronne de murailles, étaient fréquemment offertes aux églises comme *ex voto*. La Cathédrale de Soissons possède une pièce d'orfèvrerie qui paraît appartenir à cette catégorie d'objets d'art : cette pièce a figuré sous le numéro 445, à l'Exposition

représentation en 1486, pour en employer le métal à faire la devanture d'autel.

Elle fut finie en 1493. Elle pesoit 1576 marcs, et avoit coûté de façon 12.290 livres. Au milieu de cette devanture étoit le crucifiement de Notre-Seigneur, accompagné de la Vierge et de Saint Jean. Au bas, Saint Claude présentant un évêque agenouillé à son prie-Dieu. Au-dessus de la croix étoient les prophètes Isaïe et Jérémie. Des deux côtés étoient les figures en pied des douze apôtres. Et au-dessus de chacun d'eux, les douze petits prophètes. Chacune de ces figures étoit de plein relief, et avoit été offerte par un donateur différent. En retour se voyoit du bout à droite la décollation de Saint Jean-Baptiste ; à gauche, celle de Saint Firmin le Martyr, chacune à trois personnages, compris le donateur priant. Ces riches décorations étoient cachées par des étuis de bois peint, et on ne les mettoit à découvert que les jours doubles.

Les malheurs de la France, au XVI° siècle, furent cause qu'on ne jouit pas longtemps de ces magnificences. En l'an 1562, le Chapitre fut taxé de 20.000 livres pour les frais de la guerre de religion. Il tira cette somme de son trésor, en bijoux d'or et d'argent. En 1597, après la reprise de la ville sur les Espagnols par Henri IV, le clergé d'Amiens, qui s'étoit montré peu fidèle, fut taxé par le roi à une somme de quatorze mille cent quatre-vingts écus. La part du Chapitre fut de douze cent quatre-vingt-onze écus, et il fit démonter la devanture d'autel pour fournir à cette taxe, qu'il ne se crut pas autorisé à prendre sur ses fonds (1). On fit faire des ornements d'étoffes riches et de couleurs différentes pour parer l'autel suivant l'office qui devoit se célébrer. Le tabernacle et le retable de cet autel se garnissoient aussi de parements d'étoffes. Et l'on plaçoit dessus une croix et des chandeliers de vermeil avec des bras et d'autres reliquaires précieux.

Au milieu et au-dessus de l'autel étoit la châsse d'or de Saint

---

archéologique organisée à Amiens en 1886, par la *Société des Antiquaires de Picardie* ; elle est sommairement décrite à la page 75 du catalogue ; elle n'offre qu'une représentation très imparfaite de la ville de Soissons, qu'elle est censée reproduire ; il est probable que *la ville d'Amiens*, offerte par Louis XI, avoit une grande analogie avec ce beau travail, qui est en cuivre doré et sert de reliquaire.

(1) Le chanoine Guillain Lucas, dont on admire le mausolée derrière le chœur, fut chargé de la pénible mission de faire démonter et de vendre les figures d'argent du maître-autel ; on fit à ce propos cette pauvre épigramme : *Maistre Guillain Lucas à fait pis que Judas, car il a vendu Dieu et les douze apôtres.* — Garnier: *Inventaires du Trésor de la Cathédrale d'Amiens.*

Firmin le Martyr, portant environ quatre pieds de longueur et trois pieds de hauteur. Des deux côtés, et un peu plus bas, au-dessus du même autel, étoient, à droite, la châsse de Saint Firmin le Confesseur, en argent doré ; à gauche, celle de Saint Honoré, en argent.

Au-dessus de ces châsses, on voyoit, en albâtre, les figures de la Sainte Vierge, Saint Jean-Baptiste et Saint Jean l'Evangéliste. Le tout étoit surmonté d'un Crucifix, au pied duquel étoit une crosse de cuivre, ornée d'argent doré, laquelle supportoit le pavillon dans lequel étoit suspendu un tabernacle de vermeil à six piliers, contenant le ciboire, qui descendoit au milieu de l'autel quand on vouloit renouveler l'hostie.

Les autres châsses étoient posées sur la clôture qui accompagnoit ce grand autel derrière lequel étoit un espace qui servoit de sacristie. En 1587, l'Evêque François de Halluin fit faire sur cette clôture, pour mettre les châsses à couvert, des niches en pierres sculptées, peintes et dorées.

Un plan que j'ai sous les yeux présente treize niches. Cependant, à la Révolution il n'existoit que cinq châsses dans le chœur, outre les trois déjà nommées. C'étoient celles des Saints Fuscien, Gentien et Victorice, en argent doré ; celle des Saints Warlois et Luxor, de même ; celle de Saint Domice, en argent ; celle de Sainte Ulphe, aussi en argent ; enfin, celle des Saints Ache et Acheul, de même. [Enfin celle de Saint Berchund, Evêque d'Amiens, en argent, garnitures dorées] (1).

Au-devant de ces châsses étoit une espèce de corniche supportant des bassins de cuivre avec une fiche au milieu, sur lesquels on mettoit des cierges qu'on allumoit pendant les offices solennels. L'autel étoit entouré d'un balustre, et, au côté, étoient six colonnes de cuivre ciselées et surmontées de figures d'anges et de saints. Ces colonnes servoient à suspendre des rideaux qui se changeoient aussi suivant la couleur des ornements employés aux offices (2).

Au-dessus de cet autel, étoit un dais suspendu à la voûte.

Derrière l'autel, dans l'entre-colonnement central du rond-point, étoit un grand tableau représentant Notre-Seigneur tirant la Sainte Vierge du tombeau, peint en 1628, par Claude François, dit le *frère*

---

(1) Les mots compris entre crochets sont bâtonnés dans le manuscrit.
(2) On désignait sous le nom de *courtines* ces rideaux abritant les autels : l'usage en était général au moyen-âge, surtout autour des autels principaux.

Luc, récollet, natif d'Amiens, élève de Vouet et du fameux Lebrun (1).

Dans le sanctuaire, et vis-à-vis de l'autel, étoit suspendu un candélabre à trois branches, formé de trois des cinq bassins d'argent que Geoffroy de Milly, bailli d'Amiens, dont il a été parlé ci-devant avoit été condamné à fournir pour mettre des cierges qui devoient brûler devant les châsses des saints en réparation du meurtre des cinq clercs qu'il avoit fait pendre.

Au milieu de ce même sanctuaire avoit été enterré le cœur d'Antoine de Créquy, Cardinal et Evêque d'Amiens, décédé l'an 1574. Son chapeau rouge étoit suspendu au-dessus. Ce cœur fut levé de terre et mis un peu de côté pour faire place au corps de Henri Feydeau de Brou, autre Evêque, mort en 1706. Celui-ci étoit couvert d'une tombe de marbre blanc, entourée de marbre gris, de plus de douze pieds de longueur, et large à proportion.

A droite du dit sanctuaire gît le corps de Pierre Versé, Evêque, mort en odeur de sainteté, le 8 février 1500. Il étoit représenté en relief sur son tombeau, placé contre la clôture en dedans de ce sanctuaire.

De l'autre côté gît l'Evêque Jean de Boissy, mort le 4 septembre 1410; sa représentation couchée dans une arcade fermée d'une grille, étoit en regard de celle de Pierre Versé.

Aux pieds de Jean de Boissy, et au long de la clôture, étoit la représentation en marbre blanc de son oncle, le Cardinal Jean de la Grange, ancien Evêque, dont le corps avoit été rapporté d'Avignon à Amiens, après son décès, arrivé le 24 avril 1402 (2).

Du côté de l'épitre étoient trois chaires de bois, travaillées dans le même goût que les stalles, qui servoient originairement quand l'évêque officioit. Mais dans les temps plus modernes, on dressoit à côté de ces chaires un trône avec un dais, comme aujourd'hui, pour le pontife et ses assistants (3).

(1). Le tableau dont il est ici question serait-il celui qui est encore actuellement à la Cathédrale dans la chapelle des saints Etienne et Augustin ? Il est généralement attribué au Frère Luc, bien que certaines difficultés chronologiques paraissent contredire cette attribution. — V. *Mémoires de la Société des Antiquaires de Picardie*, t. XV, pp. 527-528.

(2) Nous possédons une reproduction de ces deux tombeaux dans une vue intérieure de la Cathédrale faisant partie d'une suite de dessins exécutés en 1727, et de laquelle nous avons tiré le plan qui accompagne ce volume.

(3) Depuis la restauration de la liturgie romaine, le trône épiscopal consistant en une estrade supportant des sièges et surmontée d'un baldaquin en étoffe, est appuyé au pilier le plus voisin des degrés de l'autel, du côté de l'Evangile. La tenture des jours de fête, en velours rouge brodé d'or, est fort riche.

Le sanctuaire étoit plus élevé que le chœur de deux marches placées au même point que le sont celles qui existent aujourd'hui ; et sur le bord du pavé étoient posés quatre chandeliers de cuivre, rangés deux l'un devant l'autre, au milieu, et deux à côté. Le plus petit de ces chandeliers, qui a été conservé dans la sacristie jusqu'à la Révolution, portoit écrit en lettres gothiques :

Les manangliers de Sainct Leu mont chy mis en Mille chonq chens et un quarteron tout juste.

Une autre marche étoit à peu près à moitié distance en avant de l'autel. Le balustre étoit sur une quatrième marche, et le marchepied en formoit une cinquième.

Entre le sanctuaire et les stalles étoient les portes collatérales. L'ouverture en étoit très petite, et dans l'épaisseur des piliers (1) ; à droite étoit pratiquée une chambre pour le veilleur ou guidon, bénéficier qui étoit chargé de garder l'église pendant la nuit, et de donner le premier coup de cloche pour les matines. Du côté gauche étoit une horloge, dont le cadran se voyoit par le dedans du chœur. Sur les murs étoient les statues des douze apôtres, que le Chapitre avoit fait repeindre en 1738.

Tel fut l'état du sanctuaire de cette église jusqu'au milieu du XVIIIe siècle. L'espace en étoit très resserré par la disposition de l'autel et des monuments qui l'entouroient. Les entre-colonnements étoient tout-à-fait bouchés par les décorations tant intérieures qu'extérieures, de façon que des bas-côtés on ne pouvoit rien voir des cérémonies, et les chants étoient entendus avec beaucoup de difficulté. Aussi le Chapitre n'avoit pu se dispenser d'avoir la condescendance d'admettre les laïques dans le chœur, même les femmes et les enfants qui se plaçoient où ils pouvoient, jusque dans le sanctuaire, au pied du trône de l'évêque officiant. Les ornements avoient vieilli, et il étoit nécessaire qu'on les renouvelât. Le feu, qui avoit pris une fois dans la chambre de veille, avoit brûlé une des pyramides des stalles (2). En 1744, un incendie s'étoit manifesté dans la sacristie derrière l'autel. En travaillant pour en arrêter les progrès, on avoit cassé beaucoup de morceaux des sculptures en pierre des niches des châsses et de la clôture. Tout ce

(1) Non pas *dans l'épaisseur des piliers* mais entre les piliers de la première travée du chœur.
(2) Cette pyramide fut non pas brûlée entièrement, mais gravement endommagée.

désordre détermina Mgr de la Motte, Evêque, qui venoit de réformer le bréviaire et le cérémonial, à changer également les dispositions du sanctuaire. Et le Chapitre, composé d'ecclésiastiques d'une piété éclairée, donna les mains à ces changements, et consentit même à partager la dépense, dont le saint Evêque offroit de se charger seul.

En conséquence, en 1751 et 1752, on supprima tous les monuments qui étoient au pourtour du sanctuaire jusqu'au rond-point, et on les remplaça par six grilles de fer, très magnifiques, qui sont celles encore peintes aujourd'hui en jaune couleur d'or (1), ce qui procura d'abord aux laïques le moyen de voir les cérémonies. En 1752, on abattit aussi l'autel, le retable, la clôture et les niches où étoient les châsses, lesquelles furent provisoirement resserrées dans la sacristie, qui venoit d'être récemment construite, et dont nous parlerons en décrivant les monuments du pourtour de l'église.

En 1755, le Chapitre fit poser l'autel principal que nous voyons aujourd'hui ; il est en bois sculpté, et l'on prétend que ces bois proviennent des échafaudages qui ont servi à la construction de l'église, et que l'on avoit conservé jusqu'alors. Cet autel resta dans sa couleur de bois jusqu'en 1768, qu'on le fit peindre et dorer, après l'avoir employé dans la décoration du sanctuaire. Suivant l'opinion publique, cet autel étoit seulement le modèle de celui qui avoit été projeté en marbre blanc, avec les ornements en bronze doré d'or moulu. Le bruit courut plusieurs fois que cet autel étoit arrivé, mais la dépense qu'on avoit faite pour peindre et dorer ce prétendu modèle, prouvoit assez qu'on n'avoit pas intention d'en faire davantage.

On mit sur cet autel une croix et six chandeliers en argent d'une grandeur proportionnée (2), et on fondit les bassins de Geoffroy de Milly, pour avoir deux lampes d'argent, qui étoient pendues dans le sanctuaire, à la même place où l'on voit encore celles d'aujourd'hui, qui ne sont plus qu'en bois.

Le sanctuaire étant ainsi disposé, le Chapitre put interdire l'entrée du chœur aux laïques, ce qu'il fit par une délibération de l'année 1755, après avoir supprimé le jubé, et élargi la grande porte de ce chœur.

---

(1) Plus tard ces grilles ont été peintes en vert, et les ornements dorés. Actuellement les entrelacs sont peints en brun très foncé, et les enroulements et autres décors, sont couverts de dorure. Cette peinture exécutée par M. Richard, d'Amiens, date, ainsi que la restauration de tout le sanctuaire de la fin de l'année 1890.

(2) Voir la description de cette garniture d'autel dans notre *Notice sur le Sanctuaire*, p. 187 et suivantes. La croix et les chandeliers étaient un présent de Mgr de la Motte.

En 1761, on supprima la chambre du guidon et l'horloge, qui étoient au-dessus des portes collatérales, avec les ornements qui les accompagnoient, et l'on mit en place des grilles ouvrantes à un battant, avec des murs derrière les dossiers de partie des stalles.

En 1766, Mgr de la Motte arrêta le dessin du pavé du sanctuaire et du chœur. On commença par le chœur, après avoir supprimé une balustrade en bois qui traversoit ce chœur à l'extrémité des stalles. Ce pavé, qui est fort beau, est composé de différents compartiments de marbres blancs, noirs et bruns. Sous le carreau blanc qui porte aujourd'hui l'épitaphe du saint Evêque, est un autre carreau, portant l'inscription ci-dessous, dite *Chronogramme*; les lettres plus élevées, formant, rassemblées en chiffres romains, la date de l'année où cet ouvrage a été fait:

IHS
Me Dedit
cirCa penteCosten
LoDoiX franCisCVs
gabrIel
hVIVs eCClesIae
præsVl
M.

Par conséquent, c'est en l'année MDCCLXVIII que le pavé du chœur a été fini.

Quant à l'épitaphe en tête de laquelle étoient les armoiries du Prélat, qui ont été grattées, ainsi que les mots *Ludovicus* et *d'Orléans*, la voici:

Ludovicus Franciscus
Gabriel d'Orléans
Delamotte epus Ambian
Humiliter se commendat
Precibus Cleri et populi
Dilectus Deo et hominibus
Cuius memoria
In benedictione est
Obiit die X jun 1774
Ætat. an. 92°
Episcopatus 40°
Hic sepultus
13ᵃ eiusdem
mensis

La décoration du sanctuaire a été commencée en 1760 et finie en 1771.

La suppression de l'autel et des monuments du sanctuaire et l'établissement des grilles laissoient à peu près libre la vue de l'architecture du chevet, et les connoisseurs applaudissoient à ces découvertes. Mais l'Evêque et les ecclésiastiques qui officioient étoient troublés par les personnes qui se plaçoient aux ouvertures derrière l'autel, et les allées et venues de ceux qui passoient autour du chevet étoient très importunes, Il n'étoit pas possible de fermer ce passage à cause de la petite paroisse et des autres chapelles où les messes et autres exercices de dévotion avoient lieu pendant l'office canonial. D'un autre côté le Chapitre n'entendoit pas faire le sacrifice des dossiers des stalles. Alors on considéra que pour peu qu'on élevât les retables du maître autel, les personnes qui seroient dans la nef seroient toujours privées de la vue du chevet, et l'on décida qu'il falloit faire le sacrifice entier des percées du rond-point. En conséquence, d'une quantité de projets présentés pour la décoration du sanctuaire, on choisit celui de M. Soufflot, architecte de Paris, qui remplissoit le mieux les données fournies par Mgr de la Motte (1).

Ce pontife vénérable désiroit que l'autel principal de son église et tout ce qui l'entouroit concourussent à l'honneur et à la manifestation du sacrement de l'Eucharistie, dont l'Evêque est le principal ministre, et qui est le fondement de la foi catholique.

C'est pour rendre hommage à la majesté de l'Homme-Dieu, cachée sous l'espèce du pain eucharistique, que le soleil se lève, au fond du temple. Ses rayons s'échappent entre les nuages, et les dispersent dans l'étendue de l'édifice. Au centre lumineux de la Gloire, est le nom redoutable du Très-Haut ; une couronne de raisins et d'épis, supportée par des anges, accompagne le corps de Notre-Seigneur, qui descend du ciel sous un pavillon dans lequel est le tabernacle contenant un ciboire précieux (2). Deux archanges, prosternés sur les nuages,

---

(1) Baron est le seul auteur de description qui attribue à Soufflot le projet de décoration adopté pour le sanctuaire de la Cathédrale. Nous n'avons trouvé aucune preuve qui vienne corroborer son assertion.

(2) Depuis le jour de Pâques, 13 avril 1879, la Sainte Hostie suspendue au-dessus du maître-autel de la Cathédrale, est renfermée dans une colombe de vermeil, offerte par la piété de plusieurs fidèles ; la Congrégation des Rites a autorisé ce mode d'exposer ainsi le Saint Sacrement à la vénération publique par une délibération en date du 16 novembre 1878. C'était d'ailleurs ainsi que la Sainte Eucharistie était anciennement présentée à l'adoration des fidèles. La rénovation des Saintes Espèces se fait solennellement à la

s'humilient à la contemplation du mystère. Les Chérubins et Séraphins se couvrent de leurs ailes ; d'autres esprits célestes se répandent dans l'air, jonchant la terre de fleurs, et célébrant le Pain des Anges par leurs chants, que l'on croit entendre. La Mère de Jésus et son Saint Précurseur sont debout, les yeux fixés sur le gage du salut des chrétiens. La Vierge, la main droite sur la poitrine, indique de la gauche son Divin Fils, renfermé sous l'humble espèce du pain. Saint Jean le proclame l'Agneau de Dieu, Celui qui efface les péchés du monde (1). Au bas, se voit sur un autel antique, l'Agneau pascal reposant sur la croix, et sur le livre fermé de sept sceaux, comme il est dit dans l'Apocalypse (2). Des deux côtés plusieurs anges forment des trophées, avec les attributs et les instruments des martyres de Saint Jean-Baptiste et de Saint Firmin. Les rayons et les nuages laissent découvrir dans le bas de la composition les reliques des saints martyrs, pontifes et confesseurs, patrons de la ville et du diocèse, qui ont témoigné si courageusement de la vérité du Saint-Sacrement de l'autel. Des anges soulèvent les draperies, qui couvroient deux des châsses. D'autres tiennent des candélabres pour éclairer et honorer le Saint Mystère. Les portraits des quatre évangélistes dont les écrits divins sont les guides de notre foi, sont tenus par les quatre animaux qui les caractérisent, adossés à quatre piliers du sanctuaire, revêtus de marbre blanc. Des vases remplis d'encens fument à l'entrée, qui est défendue par des balustrades en marbre, ornées de bronze doré. Les marches de l'autel resplendissant d'or, et le pavé du sanctuaire sont formés des marbres les plus précieux et les plus éclatants.

L'autel dit de *Retro* occupe le fonds. La table est de marbre de

---

Messe Capitulaire, le premier dimanche de chaque mois. — On lit dans les livres de chant du rite amiénois, qui servirent à l'usage de la Cathédrale jusqu'à la restauration de la liturgie romaine, l'antienne suivante : *Nemo ascendit in cœlum, nisi qui descendit de cœlo, Filius hominis, qui est in cœlo : sicut Moyses exaltavit serpentem in deserto, ita exaltari oportet Filius hominis, ut omnis qui credit in eum non pereat, sed habeat vitam æternam.* Cette antienne, composée à l'aide de quelques versets du Saint Évangile, se chantait en musique avant la Révolution, comme le témoignent les anciens *Ordo.* Vers 1837, elle fut mise en plain-chant, par M. l'abbé Voulin, vicaire général. M. l'abbé Boucher, maître de chapelle, l'a harmonisée et adaptée aux chants du Séminaire et de la Maîtrise, et elle est toujours en usage à Notre-Dame d'Amiens.

(1) La statue de Saint Jean-Baptiste est particulièrement remarquable par la majesté de son attitude : elle a été choisie pour servir de modèle au bronze artistique offert par les Amiénois à Mgr Renou lors de sa promotion au siège archiépiscopal de Tours. M. Roze, artiste amiénois, dont le talent est justement apprécié, a modelé la maquette de ce bronze.

(2) L'Agneau a depuis longtemps disparu.

Flandre, supportée par des pieds droits en marbre blanc, qui laissent place pour resserrer une châsse dans le dessous. Le ciboire de la suspension descend sur cet autel, où l'on peut dire la messe au besoin.

Le maître-autel est posé au milieu du rond-point. Il est en forme de tombeau en console ; un gradin le surmonte, et laisse un espace suffisant pour le Saint Sacrifice. Un petit tabernacle est pratiqué dans le gradin qui se trouve plus élevé au milieu. Il s'ouvre derrière l'autel, et l'on y va chercher l'hostie que l'on rapporte dans un ciboire, ou dans un soleil, suivant que l'exige la cérémonie. Quand il étoit décoré seulement d'une croix et de six chandeliers, cet autel contribuoit à l'ensemble de la Gloire du fond. Mais aujourd'hui, que par rapport aux fréquentes expositions du Saint-Sacrement, on laisse à demeure sur cet autel une petite Gloire pour y mettre le soleil, l'unité est rompue, et il arrive souvent que le Corps du Seigneur se voit en deux endroits à la fois (1).

Le gradin est orné de guirlandes en sculptures ; sur le panneau du milieu est un bas-relief représentant Jésus-Christ rompant le pain aux disciples d'Emmaüs.

La devanture de cet autel, doré dans toute son étendue, est décorée d'un bas-relief en rond représentant la prière de Jésus-Christ au jardin des olives. Il est accompagné de deux panneaux de glaces, qui laissent voir des reliquaires déposés dans le coffre de cet autel, suivant l'ancienne discipline de l'église, qui exige que le sacrifice soit offert sur les tombeaux des martyrs. Aux quatre coins de l'autel des têtes d'anges supportent la table, soutenue encore par un pilastre à chaque extrémité.

Cet autel est élevé sur deux marches (2), et le palier qui l'accompagne au-devant règne tout autour dans le fond du rond-point, où l'autel de *Retro* est encore élevé de deux autres marches. Toutes ces marches sont en marbre rouge sanguin du Languedoc, et les paliers ont des compartiments en marbre de même, et de brèche jaune et grise.

(1) Depuis la restauration du sanctuaire en 1890, on est revenu à l'ancien usage : il y a habituellement sur le tabernacle un grand crucifix en cuivre doré, du même style que les dix chandeliers, six grands et quatre petits, rangés sur le gradin au-dessus de la table d'autel. Cette garniture a été, croyons-nous, offerte par les parrains et marraines des cloches, lors de la refonte de celles-ci ; quant à la petite Gloire, on ne la place plus qu'aux jours où le Saint-Sacrement doit être longtemps et solennellement exposé.

(2) Le maître-autel est élevé sur *quatre* degrés et de chaque côté *trois* degrés conduisent au palier qui occupe tout le fond du rond-point.

Entre les marches de l'autel et celles du sanctuaire est un espace pour les cérémonies qui peut avoir quarante pieds en carré, et dont le milieu forme une rose, ou plutôt une roue d'environ trente pieds de diamètre. Le cercle de cet espèce de roue est en marbre blanc veiné, avec huit fuseaux composés de cercles entrelacés comme des chaînes, en marbre blanc, cantonnés par compartiments de ronds et d'autres figures de marbre rouge sanguin, jaune et gris. Le centre, ou moyeu de cette roue formoit un compartiment circulaire portant huit demi-fleurs de lis en marbre blanc dont les pointes tendoient au milieu, où se trouvoit un plus petit cercle et enfin un disque en argent, sur lequel étoient gravées les armes du roi, de la ville d'Amiens, de l'Evêque et du Chapitre. En 1793 on a enlevé les fleurs de lis ainsi que les armoiries et leurs places ont été remplies avec du plâtre, de sorte qu'il est nécessaire d'étendre un tapis pour cacher ces dégradations (1).

La Gloire et les figures qui l'accompagnent sont partie en bois, partie en pierre, partie en plâtre. Les rayons et draperies sont dorés, les figures sont blanchies, et les nuages sont en camaïeu jaune fauve, nuancé de manière à rapprocher ou renfoncer les objets de sculpture auxquels on n'a pu donner toute la saillie nécessaire pour ne pas nuire à la solidité.

Le tout a été fait, comme on l'a déjà dit, sur le plan de M. Soufflot, par M. Christophe, architecte de Paris, assisté de M. Dupuis, son beau-père, très bon sculpteur, natif d'Amiens, qui avoit déjà fourni beaucoup de morceaux dans cette cathédrale, et qui, alors sexagénaire, a exécuté les principales figures de cette Gloire (2).

Sous les autels, et dans les divers enfoncements étoient les huit

---

(1) Toute la partie centrale du dallage du sanctuaire a été restaurée postérieurement à la description de Baron ; depuis longtemps il ne reste plus trace des dégradations signalées par lui.

(2) Pierre-Joseph *Christophle* dit *Projet*, originaire de la paroisse Sainte-Madeleine, à Avignon, était né vers 1715 ; il épousa le 18 décembre 1749, la fille de Jean-Baptiste-Michel Dupuis, sculpteur, né à Amiens le 16 septembre 1698 (C'est à ce dernier que la Municipalité amiénoise a voulu récemment faire honneur en donnant son nom à la rue précédemment dénommée rue du *Puits-Vert*, non loin de la Cathédrale). Dupuis et Christophle collaborèrent, l'un comme sculpteur, l'autre comme architecte, à de nombreux ouvrages destinés à la décoration des églises et des monastères, à Amiens et dans la Picardie. Dupuis mourut à Paris ; son gendre ne lui survécut que peu de temps, et décéda probablement aussi dans la même ville. — Voir l'intéressante notice sur Dupuis et Christophle, publiée en 1895, par M. Robert Guerlin, vice-président de la Société des Antiquaires de Picardie. M. R. Guerlin avait donné lecture de son travail à la réunion des Sociétés des Beaux-Arts des départements, tenue à Paris, le 17 avril 1895.

châsses dont l'énumération se trouve ci-dessus. Celle de Saint Firmin, martyr, posée à la principale place, au-dessus de l'autel de *Retro* étoit renfermée dans un coffre de fort bois qui s'ouvroit par le devant. La châsse de bois doré, qui y est aujourd'hui, provenant de l'église des Capucins d'Amiens, contient les reliques de Saint Firmin-le-Confesseur ; il y avoit à cette niche ainsi qu'aux autres des rideaux de taffetas cramoisi qui s'ouvroient les jours solennels. Dans l'hiver, les grilles du chœur étoient garnies du haut en bas de rideaux de serge d'Aumale aussi cramoisie, que l'on ouvroit les fêtes et dimanches (1).

Au mois de novembre 1793, toute l'argenterie et les ornements furent enlevés (2). Les bustes de Marat et de Pelletier (*sic*) figurèrent sur le maître-autel : on y fit asseoir une femme qui, pour tout dire, représentoit la *Liberté*. Les auteurs des orgies révolutionnaires commençoient à briser les décorations du sanctuaire (le nez de Saint Jean, sur le premier médaillon à gauche, porte encore les marques des coups), lorsque le Représentant (3) proclama d'une voix solennelle ces vers que dit Gengis Kan à son entrée sur le théâtre, dans la tragédie de l'*Orphelin de la Chine* :

> Cessez de mutiler tous ces grands monuments,
> Ces prodiges des arts consacrés par les temps ;
> Respectez-les : ils sont le prix de mon courage, etc.

En entendant cet oracle philosophique, les vandales s'arrêtèrent et voulurent bien ne plus faire de ravages dans le chœur. Il fut presque

---

(1) Ces rideaux, qui étaient une réminiscence des voiles ou *courtines* dont on avait coutume d'entourer les autels au moyen-âge, sont mentionnés sur un compte daté du 20 juin 1761, actuellement déposé aux Archives de la Somme. On y voit qu'il a été payé au sieur Picard, marchand, pour la serge cramoisie, par lui fournie pour faire les rideaux du chœur et du sanctuaire, la somme de 1.818 livres ; et la somme de 889 livres, à Genaut, tapissier, pour façon et fourniture pour les dits rideaux.

(2) Le *14 décembre 1790*, dans la soirée, l'argenterie, conservée au chœur de la Cathédrale, avait été inventoriée par plusieurs délégués du district d'Amiens, en présence de trois membres du clergé de l'église. Cette argenterie fut ensuite mise sous scellés, confiés à la garde de ces ecclésiastiques. Les pièces d'orfèvrerie ont été confisquées au profit de l'Etat, au mois de novembre 1793, ainsi que le dit Baron. Quant à la fête révolutionnaire dont il est ici question, elle eut lieu le 20 de ce même mois de novembre.

(3) Ce représentant du peuple, en mission dans le département de la Somme, délégué par la Convention, était André Dumont : Né à Oisemont le 24 mai 1764, fils de Jean-Charles, notaire et procureur, et de Marie-Thérèse Manier, André Dumont, sa mission à Amiens terminée, devint un personnage important à la Convention, qu'il présida plusieurs fois. Elu membre du Conseil des Cinq Cents, il fut nommé sous-préfet d'Abbeville au

toujours fermé pendant le temps de la terreur par les soins des gardiens de l'édifice, vu qu'on ne le trouvoit pas commode pour les réunions décadaires qui avoient lieu dans la nef, devenue le temple de *la Raison*.

Il fut enfin permis de convenir que l'on étoit chrétien, et le culte catholique se rétablit, quoique avec beaucoup de difficultés, jusqu'à ce que le Concordat réunît toutes les opinions et ramenât un pontife légitime sur le siège des Firmin et de leurs dignes successeurs. Mais les dotations de l'église étant trop modiques, il fallut renoncer à l'ancienne magnificence, et se contenter de ce qui étoit nécessaire ou décent. Le pavillon de la suspension qui étoit autrefois en argent, orné de fleurs de lis, a été remplacé par un pavillon couvert d'étoffes à fleurs de soie nuancée, sur un tissu d'argent. Le tabernacle, qui provient de la paroisse de Saint-Firmin à la porte, est en cuivre doré, et le petit ciboire de vermeil.

La petite gloire sur l'autel provient de la paroisse de Saint-Remy, les chandeliers, de celle de Saint-Firmin-le-Confesseur. Partie s'est trouvée dans les dépôts nationaux, partie a été rachetée aux ventes. Il en est de même des ornements mis la plupart à l'usage du culte par des particuliers qui auroient la faculté de les retirer si les circonstances changeoient. Seulement, depuis peu d'années, la fabrique a pu en rembourser une partie aux propriétaires et faire quelques acquisitions (1).

De tout l'ancien chœur il ne subsiste que les stalles. Commencées le 3 juillet de l'année 1508, elles furent achevées en 1522. Elles sont, en grande partie, un don de M. Adrien de Hénencourt, alors Prévôt et depuis Doyen de cette église. Arnoult Boulin et Alexandre Huet, maîtres menuisiers à Amiens, en furent les entrepreneurs Le principal conducteur de l'ouvrage étoit un nommé Jean Turpin (2). Les mémoires du temps marquent que cet ouvrier gagnoit par jour sept sols tournois et celui au-dessous trois sols. Quant à la sculpture, on fit un marché à part avec Antoine Avernier, *tailleur d'images*, demeurant à Amiens,

18 brumaire. Destitué par la Restauration le 8 avril 1814, il devint préfet du Pas-de-Calais pendant les Cent-jours. Il fut exilé au retour des Bourbons, rentra en France en 1830 et mourut à Abbeville le 21 octobre 1838. Durant sa mission à Amiens, pendant la période révolutionnaire, il rendit de réels services en s'opposant tant qu'il le put aux excès contre les personnes et les propriétés. Il empêcha notamment que des mutilations très importantes fussent faites à la Cathédrale.

(1) La plupart des différents ornements et accessoires du maître-autel et du sanctuaire dont parle Baron ont été renouvelés depuis l'époque où il écrivait sa description.

(2) Ou plutôt *Trupin* ; la municipalité a dernièrement donné son nom à une petite rue voisine du pont Du Cange.

pour les figures et histoires du dessous des sièges moyennant trente-deux sols par pièce. Cet ouvrage passe pour un chef d'œuvre de menuiserie et de sculpture en bois.

Ces formes ou stalles sont posées des deux côtés du chœur à partir du pilier de la croisée, sur une longueur de soixante pieds environ, et faisoient un retour de dix-huit pieds en face de l'autel et adossé à la clôture du bout, vers cette même croisée. Ce qui laissoit environ neuf pieds de baie à la porte du milieu. Il y avoit cent vingt-huit formes en deux rangs d'un côté et de l'autre, savoir, au rang d'en bas dont le marche-pied est élevé d'environ huit pouces, vingt-huit, et trente-cinq au rang d'en haut, élevé sur trois marches, où l'on parvient par quatre perrons dont un sur le côté à l'entrée du chœur, deux autres entre les stalles basses, et un à l'extrémité, vers le sanctuaire, aussi du sens des stalles. En 1751, on a supprimé deux des stalles hautes et autant de basses de chaque côté à la partie faisant face à l'autel, pour pouvoir agrandir l'entrée, en retirant vers les piliers les pyramides qui terminent les dossiers des stalles.

Sous celles de ces pyramides qui sont à l'entrée du chœur sont deux formes plus larges que les autres et fermées des deux côtés du haut en bas ce qui en fait des places d'honneur. Celle à droite étoit la stalle du Doyen, qui ne s'y asseyoit que les jours où il officioit. Celle à gauche étoit la stalle du Roi, et les commandants pour Sa Majesté y prenoient séance. Le Prévôt, seconde dignité du Chapitre étoit dans la stalle suivante ; on y voit les armes de M. De Hénencourt, donateur et Prévôt en exercice à l'époque de la construction.

Les dossiers qui accompagnent les chaires hautes sont décorés de petites colonnes à l'aplomb de la séparation des stalles, et se terminent en arcades d'ogives. Le fond étoit semé de fleurs de lis qui ont été supprimés en 1793 (1). Au haut règne une voussure qui couvre la tête

(1) Rétablies en 1816 aux frais d'un particulier, les fleurs de lis furent enlevées de nouveau en vertu d'un arrêté préfectoral du 18 février 1831. On avait, il y a quelque temps offert de rendre au dossier des stalles, cette ornementation si gracieuse. Mais l'offre n'a point été agréée. — « Vendredi 18 fév. 1831, des bruits de police avaient donné lieu de croire que des ouvriers avaient l'intention de se porter sur l'Evêché et sur la Cathédrale, pour arracher les fleurs de lis : des mesures de prudence ont été prises par les autorités civiles et militaires, mais rien n'est venu troubler l'ordre public. Les soldats, consignés ce jour ont cru qu'ils allaient partir sur Paris ou sur Lille, où l'on disait qu'un mouvement avait eu lieu. — Ce même jour, vendredi 18 fév., M. le Préfet de la Somme a fait afficher un arrêté ainsi conçu : Art. 1er. — A la réception du présent arrêté MM. les Maires feront enlever de tous les lieux et édifices publics, tant à l'intérieur qu'à l'extérieur, les fleurs de lis et autres signes, insignes ou symboles du gouvernement de Charles X. — Art. 2.

de ceux qui siègent aux hautes stalles et forment autant d'arcades qu'il y a de places, avec des côtes de baleines qui se réunissent et restent suspendues au droit des colonnes du fond. En avant de cette voussure règne une décoration dont le bas est profilé selon la courbe des petites arcades, surmontées par des frontons gothiques, et le haut présente une espèce de dentelle composée d'entrelacs et de petites aiguilles ou épis, d'une grande délicatesse (1).

Les pyramides des extrémités sont à jour et contournées d'une manière très ingénieuse. D'autres petites pyramides les accompagnent et se terminent par des figures d'anges et de saints debout et en relief. Les bases de ces pyramides, qui sont, si l'on peut s'exprimer ainsi, les joues des dossiers et des voussures des stalles, sont chargées de sculptures du même genre, depuis le bas jusqu'en haut. Un premier panneau forme bas-relief plein jusqu'à l'accoudoir des hautes stalles. Au-dessus, des groupes sont placés à différentes distances, dans les entrelacs et montants à jour de cette clôture. Il se trouve aussi des bas-reliefs aux rampes des petits escaliers, et les appuis sont surmontés d'une grande quantités de figures. Outre l'accoudoir des formes, il y a des appui-mains à l'extrémité du cercle que parcourt le siège qui se lève et qui se baisse. Ces appui-mains sont sculptés en figures d'hommes ou d'animaux des plus grotesques (2). Les sièges des stalles étant relevés, présentent selon l'usage un autre petit siège soutenu d'une console, lequel s'appelle *miséricorde*, et sert à s'appuyer lorsqu'on doit rester levé au chœur. Le dessous de ces miséricordes, est sculpté et forme des groupes de personnages. Il faut savoir que ces groupes ont une suite et représentent une partie notable de l'Ancien Testament. Le commencement de l'histoire sainte se trouve sur le refend de la

---

Cette opération sera faite par les personnes que l'autorité municipale commettra à cet effet, et non par aucun autre; elle aura lieu avec tous les soins et précautions nécessaires, afin d'éviter les dégradations. — Art. 3. Le présent arrêté sera inséré (etc.), (dispositions administratives d'usage) ». — *Communication de M. A. Dubois.*

(1) Le 30 avril 1812, le Chapitre prit une décision en vertu de laquelle il était défendu d'attacher des tentures funèbres ou autres le long des boiseries des stalles, de peur d'occasionner des mutilations à ce chef d'œuvre de sculpture. Ce sage règlement n'a pas toujours été scrupuleusement observé, en plusieurs endroits on constate avec peine les conséquences fâcheuses de cette négligence. Peut-être serait-il bon et utile de publier actuellement quelque disposition analogue, qui devrait toujours être rigoureusement suivie.

(2) Les figures que Baron trouve *grotesques* sont fort belles, et méritent toute l'attention des artistes; il faut, pour bien connaître et apprécier la haute valeur des stalles d'Amiens, lire le magnifique ouvrage que MM. les chanoines Duval et Jourdain ont consacré à la monographie de ce chef-d'œuvre.

première pyramide à droite, au moyen des groupes placés dans les entrelacs, qui font l'ouvrage à jour. On y voit la Création du monde et le reste ; il y avoit même, au haut de la place d'honneur, des figures d'Adam et d'Eve que leur nudité a fait supprimer. Ensuite l'histoire se continue aux consoles sous les sièges des stalles d'en haut. Et, quand on y fait attention, on reconnoît la lacune occasionnée par la suppression de deux de ces stalles dans le coin. On suit jusqu'au bout, puis on revient à la première stalle, en bas près de la grande porte, toujours de *miséricorde* en *miséricorde*. Mais ici, pour ne rien perdre, il faut considérer les groupes qui sont debout sur les rampes des petits escaliers, à mesure qu'on les rencontre. On doit suivre le même ordre de l'autre côté, sans oublier les parties à jour des pied-droits des pyramides.

Les bas-reliefs pleins des bases de ces pyramides, et ceux des côtés des rampes des escaliers font des suites différentes. A droite est la vie de la Sainte Vierge, à gauche celle de Notre-Seigneur. Ces grands sujets sont rangés dans le même ordre que les petits ; il faut, pour ne pas perdre la suite, examiner chaque histoire séparément.

Plus on entre dans ces détails, moins on conçoit l'adresse et la patience qu'il a fallu pour exécuter un ouvrage aussi étendu et aussi compliqué. Le tout cependant n'a coûté que 9.488 livres 11 sols 3 oboles. Suivant d'autres, cela auroit coûté 11.231 livres 5 sols, compris la sculpture. Les lutrins et la clôture vers le sanctuaire, faits en même temps, seroient entrés dans le marché.

Le bois, qui est de chataignier et de chêne, fut pris dans les forêts de Neuville-en-Haynault (1), sous Auneuille, près de Clermont, et le reste dans les bois du Chapitre. Comme il en manqua pour achever l'ouvrage, le Chapitre en acheta à Abbeville et à Saint-Valery, venant de la Hollande.

La pyramide à droite, près la porte collatérale, ayant été brûlée, il fallut la refaire. En l'examinant bien, on remarque qu'elle n'est pas traitée aussi élégamment et que les figures ne sont pas tout-à-fait en rapport avec les autres (2).

L'Evêque n'avoit pas de place marquée dans les stalles du chœur.

---

(1) C'est de la *Neuville-en-Hez* (Oise) qu'a été tirée une grande partie du chêne où ont été *entaillées* les stalles de la Cathédrale.

(2) On se servit, dit-on, de la pyramide qui couronnait l'un des *mais* de corporations aux processions générales pour remplacer le clocheton avarié par l'incendie ; le raccord a été assez grossièrement fait.

Sa chaire, et celles de ses archidiacres étoient dans le sanctuaire du côté de l'Epître, comme on l'a rapporté ci-devant. Pour être rapproché des chanoines, il siégeoit dans la stalle du Trésorier dont la dignité étoit réunie à l'Evêché. C'étoit une cérémonie, dans l'acte de sa prise de possession, de l'y installer, et il falloit qu'il demandât permission au Chapitre pour y placer un dais et un tapis. C'étoit à l'extrémité gauche, vers l'autel. Mgr. de Villaret, nommé Evêque depuis le Concordat avec le Pape Pie VII, avoit choisi sa place dans la stalle vis-à-vis, au côté droit, et Mgr de Mandolx, Evêque actuel, occupe l'ancienne stalle du Doyen, près la grande porte, à droite, où se voient au dossier ses armes, sur une draperie de damas cramoisi ; on étend devant lui un tapis de même étoffe sur les formes du bas (1).

Au milieu du chœur étoit un aigle sur une colonne de cuivre, où l'on venoit chanter les Epîtres, Evangiles et Leçons. Plus bas vers la porte étoit un grand lutrin sur un pivot, aussi en cuivre, pour les chantres. Ces objets ont disparu à la Révolution. Le lutrin actuel, de bois peint, n'a rien de remarquable. Au lieu d'un banc en longueur, les chantres et officiant ont trois escabeaux sur un marchepied ; on met un petit pupitre portatif près la porte du chœur pour chanter l'Epître et l'Evangile les fêtes et dimanches (2).

Les enfants de chœur ont comme autrefois des escabeaux assujettis à la marche des basses stalles (3). Ils mettent de petits tapis sur leurs pieds pour n'être pas incommodés de la fraîcheur du marbre. Leur

(1) Il faut lire dans *les stalles de la Cathédrale d'Amiens* de MM. Jourdain et Duval, une note des plus intéressantes sur la place que l'Evêque devait occuper au chœur lorsqu'il n'officiait pas (pp. 352 et suiv.). Pendant leur épiscopat MMgrs de Bombelles et de Chabons se plaçaient à l'endroit où se trouve actuellement le petit orgue. Mgr Mioland et ses successeurs, MMgrs de Salinis, Boudinet, Bataille et Guilbert, siégèrent à droite de la grande porte du chœur. Mgr Jacquenet, très scrupuleux observateur du Cérémonial Romain, ne voulut jamais se placer ailleurs qu'au trône du sanctuaire, même quand il ne faisait qu'assister. Ses successeurs ont repris la place à droite de l'entrée du chœur.

(2) Ce lutrin avait été remplacé vers 1840, par un autre fort beau, sculpté par les frères Duthoit, et surmonté d'un aigle doré de grande envergure. Des anges jouant différents instruments de musique sont assis à sa base. L'ensemble de cette œuvre remarquable rappelle le style des stalles ; le lutrin a été enlevé en 1852 par suite de l'adoption de la liturgie romaine. Il est actuellement relégué dans un couloir de l'Evêché, et mériterait une meilleure place.

(3) Ces escabeaux ont été enlevés il y a longtemps et remplacés par des banquettes à dossier, sur lesquelles s'asseoient les enfants de chœur, recrutés parmi les élèves de l'Ecole des Frères de Notre-Dame, depuis la suppression des deux maîtrises de la paroisse et du Chapitre. Sur l'un des escabeaux, on lisait le nom du musicien-compositeur Le Sueur, gravé par lui-même avec la pointe d'un couteau, du temps où il était enfant de chœur à Notre-Dame.

costume est le même qu'anciennement si ce n'est qu'ils ont des calottes rouges et des souliers de drap de même couleur. Ils sont au nombre de dix à douze, réunis dans une maison commune, sous la direction d'un ecclésiastique qui les instruit dans le latin et les cérémonies de l'église ; le maître de musique, qui est en même temps l'organiste, va leur donner des leçons ; ils chantent journellement des motets, qu'ils accompagnent du basson et du violoncelle, et quand l'ordre de l'office exige plus de musique, des amateurs laïques viennent y contribuer par goût et par zèle.

Le bas-chœur consiste en quatre voix basses-contre, ou basses-taille, et deux serpents (1).

Le Chapitre actuel est composé de douze chanoines titulaires, dont deux grands-vicaires, le Curé de la Cathédrale, et le Supérieur du Séminaire (2).

Douze vicaires font le service de la paroisse Cathédrale, et assistent aux offices du Chapitre. Plusieurs sont chanoines honoraires ; ce titre a été conféré à d'autres prêtres de mérite, dont plusieurs assistent aussi régulièrement, quoiqu'ils n'aient aucun emploi dans cette église. Cette réunion n'est pas, à beaucoup près aussi imposante que celle qui existoit dans le chœur avant la Révolution. Mais quand on considère le mérite de ceux qui la composent, on n'a rien à regretter, d'autant qu'on y retrouve à peu près tout ce qui reste de l'ancien clergé. L'Administration a rendu à l'église les anciens livres de chant et de prières, tant manuscrits qu'imprimés, lesquels sont en vélin (3). Les offices auxquels tous les fidèles doivent assister se font dans le chœur, soit par le Chapitre, soit par le Curé, à des heures différentes et marquées. Quant aux offices particuliers, il se font à la chapelle dite de la *petite paroisse*, comme on le verra lorsqu'il sera question de cette chapelle.

Enfin, on sort du chœur par une grande grille de fer, placée entre

(1) Les serpentistes ont été supprimés le jour de Noël 1870 ; les deux derniers titulaires étaient MM. Guilbert et Retell qui exercèrent durant de longues années leurs fonctions avec zèle et exactitude.

(2) Le Chapitre de la Cathédrale se compose actuellement de neuf chanoines titulaires, en y comprenant l'archiprêtre faisant fonction de curé de Notre-Dame. Quant à la paroisse, peuplée de 8,415 habitants, elle n'a plus que trois vicaires et un prêtre habitué, remplissant la charge de sous-diacre d'office.

(3) Qu'est devenue cette collection de livres liturgiques, qui devait être intéressante à plus d'un titre ? Nous croyons qu'il n'en subsiste plus que de très rares débris, — si toutefois il en reste encore, — enfouis dans quelque fond poudreux d'une armoire de sacristie.

deux pans de mur, ou *ambons*, ce qui fait une clôture de toute l'étendue entre les deux maîtres-piliers de la croisée, vers le levant.

Cette porte avoit autrefois tout au plus neuf pieds de largeur sur dix de hauteur, et étoit fermée de deux vantaux de bois sculpté, à panneaux pleins par le bas et à claire-voie par le haut, de sorte qu'il falloit être tout près pour voir quelque chose dans le chœur (1).

En dehors du chœur, et au-dessus de cette ancienne porte, était le pupitre, tribune ou jubé, qui servoit pour y lire les leçons des matines, les jours doubles, chanter l'épître et l'évangile aux grandes messes, à l'absoute le jeudi-saint, à la montre du Chef de saint Jean, pendant les octaves de ses fêtes, et autres actions solennelles. On y montoit par deux escaliers pratiqués dans l'épaisseur de la clôture. Cette tribune avoit quarante-deux pieds de longueur sur vingt-cinq de hauteur. Elle était soutenue sur le devant par huit petites colonnes de marbre noir, et la frise, servant de balustrade, en pierre sculptée, d'un dessin arabesque, offroit l'histoire de la Passion de Notre-Seigneur, en divers bas-reliefs peints et dorés. Sur ce jubé étoit un crucifix, dont la croix, qui avoit vingt pieds de hauteur, étoit couverte de glaces

(1) V. sur l'ancienne disposition de l'entrée du chœur de la Cathédrale et sur la grille actuelle le *Rapport* présenté le 11 décembre 1878 et inséré dans le tome XIII du *Bulletin de la Société des Antiquaires de Picardie*. — Voici en quels termes un archéologue chrétien s'exprime sur la destruction des jubés et des clôtures de chœur, et sur la mise en évidence trop grande des principaux autels des Cathédrales : « Ce sanctuaire que le Moyen-Age dérobait aux yeux avec tant de soin, au-dessus duquel planait un nuage d'encens, qui rappelait cette nuée qui vint se reposer sur le sanctuaire du Temple de Jérusalem, au moment de sa consécration, ce sanctuaire est aujourd'hui ouvert de toutes parts. On prétend que ces clôtures n'ont aucune signification. On nie la tradition de l'ancien sanctuaire conservée dans le nouveau, et l'allégorie du voile qui se déchira du haut en bas, au moment solennel où le sacrifice fut consommé, allégorie si bien représentée par l'ouverture de la riche portière du jubé gothique, au moment de la consécration. On ne veut voir dans ces riches barrières, où l'art avait prodigué toutes ses magnificences, que de mesquines précautions prises contre le vent et le froid, par les chanoines, au temps où ils chantaient matines au milieu de la nuit. Le clergé tout-puissant du Moyen-Age célébrait les Saints Mystères dans cette enceinte impénétrable aux regards et presque à la pensée ; depuis, le célébrant n'a pas cru pouvoir être jamais assez en vue. Alors on a abattu les jubés et les clôtures qui le dérobaient aux regards. Le pupitre gênait encore ; alors, par un renversement de toutes les idées, on a mis l'autel en avant, et le pupitre et le chœur en arrière. C'est depuis qu'on a vu qu'un autel pouvait se déplacer aussi facilement, se transporter à volonté d'un bout de l'église à l'autre, qu'on s'est accoutumé à l'envisager comme un meuble, lorsqu'il devrait être considéré comme la pierre angulaire, comme le fondement inébranlable de l'édifice. ». — *Les Eglises gothiques*, par M. Smith, ancien inspecteur général des Cathédrales de France. — Cité par l'abbé Bulteau, *Description de la Cathédrale de Chartres*.

peintes de différentes couleurs. Au pied de la croix étoit l'image de la Sainte Vierge assise, faite en carton, appelée *Notre-Dame des Bons Barons*, au devant de laquelle pendoit une lampe expiatoire, donnée par Geoffroy de Milly. Ce jubé, qui avoit été bâti vers l'an 1460, fut doré en 1613, des libéralités de MM. Adrien Deverité et Claude Gellée, chanoines de cette église. Nicolas Choquet, bourgeois d'Amiens, l'avoit fait redorer en 1707.

Sous ce jubé, à droite, étoit la chapelle appelée du *Trésor de Saint Jacques* parce que le menton de ce saint apôtre (1) y étoit conservé, avec plusieurs autres reliques (2), dans une figure d'argent doré donnée par le chanoine Guillaume Auxcouteaux, qui avoit fait construire la chapelle.

A gauche étoit la chapelle de Saint Firmin le Martyr. Le crâne de ce premier évêque, dans un buste d'argent doré y étoit exposé habituellement. C'étoit aussi sous ce jubé que se distribuoient le pain et le vin pour les messes.

Ce jubé fut démoli en 1755. En place on éleva d'abord deux chapelles en marbre, ornées de colonnes torses, et surmontées des statues assises des quatre évangélistes. Celle à droite, sous le titre de saint Charles Borromée, fut donnée par M. Cornet de Coupel, alors simple chapelain de la Cathédrale. Celle à gauche, sous le vocable de Notre-Dame de Pitié, fut donnée par Mgr de la Motte, Évêque d'Amiens. L'une et l'autre furent bénies par le Prélat le 12 février 1758. Ces chapelles, ainsi que de petits jubés qu'on avait pratiqués derrière, se trouvant encore trop masquer le chœur, furent ôtées en 1761, et replacées dans les ailes, où nous aurons occasion de les décrire par la suite.

L'an 1762, on fit faire sur les plans de M. Slodtz, architecte de Paris, sous la direction de M. Scellier, architecte de la ville, et par le sieur Vivarets, serrurier à Corbie, la grande porte et grille de fer, qui se voit aujourd'hui au-devant du chœur, ainsi que les deux murs de clôture qui l'accompagnent, et le perron en marbre, à l'aide duquel on y parvient (3). Ce perron, en marbre brun veiné, de Boulogne, et en

---

(1) Cette chapelle constituait un titre de chapelain, désigné sous le nom de *De Maxilla*.

(2) « Cette précieuse relique (de S. Jacques), sauvée à la Révolution, est aujourd'hui à l'église Saint-Jacques d'Amiens, comme le prouvent une authentique de Mgr Demandolx (1807) et un procès-verbal, signé de M. Voolin, en date du 18 août 1810 ». — Corblet, *Hagiographie*, t. IV, p. 327.

(3) V. le *Rapport* cité plus haut.

gris jaspé de Flandre, porte six marches, séparées de trois en trois par des paliers et repos, lesquels sont en compartiments ronds, analogues au reste du pavé du chœur. Les murs ou ambons sont ornés d'arcades en ogive, d'un dessin correspondant à celles qui se trouvent dans les bas-côtés, mais plus ornées ; le fonds est en arabesques formant des ronds au centre desquels étoient des fleurs de lis, avec des rosaces dans les intervalles. Au-dessus sont des fleurons en relief représentant des trèfles et demi-fleurs de lis. Aux deux côtés de la grille sont des colonnes d'ordre corinthien supportant des vases de tole, peints en jaune, comme la grille. Cette grille est composée de quatre panneaux, dont les deux du milieu sont les battants de la porte, s'ouvrant sans imposte dans une hauteur d'environ quinze pieds. Sur le tout règne une corniche surmontée d'un couronnement au milieu duquel est un médaillon circulaire, contenant le chiffre de la Vierge Marie, entouré d'étoiles. Ce médaillon est accompagné de guirlandes et de branches de roses. Au-dessus s'élève le Crucifix. Tout cet ouvrage porte de hauteur, à partir du pavé de la nef, cinquante-six pieds.

Pour terminer ce qui concerne le chœur, il faut en faire le tour extérieurement et reconnoître les restes ou l'emplacement des monuments qui en faisoient la clôture.

En montant donc sur la gauche, on trouve deux travées occupées par des figures sculptées, représentant la vie et la mort de Saint Jean-Baptiste. Ces ouvrages où l'on voit la date de 1531, ont été faits, à ce qu'on croit, des deniers de Jean Sacquespée, chanoine, et gardien de la Trésorerie du Chef de Saint Jean, mort à la fin de 1524. On y voyoit les armes de Jean de Cocquerel, aussi chanoine, mort en l'an 1521 (1).

Ces sculptures ont souffert de la Révolution, mais pas autant que celles correspondantes du côté droit, de sorte qu'il est toujours possible d'en connoître les sujets. Les explications en vers, qui sont au bas, n'étant pas familières à tout le monde, tant pour le style que pour l'écriture, nous prendrons soin de les transcrire.

Chaque tableau de cette histoire est dans une arcade en ogive

---

(1) Les blasons des donateurs de la clôture des deux premières travées du chœur, du côté septentrional, avant d'être effacés ou détruits pendant la Révolution, avaient été soigneusement relevés par Pagès : d'après lui, la première partie de l'histoire de Saint Jean, était surmontée d'écussons aux armes des *Louvencourt* ; la seconde vers le sanctuaire, portait le blason des *Cocquerel* ; ce serait donc à des membres de ces deux grandes familles amiénoises que serait due la donation de ces sculptures. — *Les Clôtures du Chœur de la Cathédrale d'Amiens*, par MM. Jourdain et Duval, *Mémoires de la Société des Antiquaires de Picardie*, t. IX, pp. 161 et suivantes.

très ornée. Les figures sont d'environ quatre pieds de proportion, peintes et dorées avec beaucoup de luxe ; la première travée contient quatre tableaux élevés à environ neuf pieds de hauteur.

Le premier tableau, en sortant de la croisée, représente la première prédication de Saint Jean dans le désert. Saint Jean est appuyé sur une traverse de bois, posée sur les branches de deux arbres. Les costumes des hommes et des femmes écoutant le Saint Précurseur, sont curieux. Au bas sont ces deux vers :

> Saint Jehan preschoit au desert par constance,
> Afin que on fist de ses peschés penitence.
> 1531

Le second cadre représente le baptême de Jésus-Christ ; il est nu, les pieds plongés dans le fleuve de Jourdain. Saint Jean lui verse sur la tête l'eau qui étoit dans une coquille. Un ange tient étendue sur ses genoux la robe du Sauveur. Au haut du tableau, le Père Eternel, avec une longue barbe, et ses autres attributs. Deux anges l'accompagnent, portant une banderolle où sont ces mots :

> Hic est filius dilectus meus.

L'inscription porte :

> Ihesus entra au fleuve du Jordain,
> Ou baptême eust de S⁺ Jehan pour certain.

Le sujet de la troisième division est une autre prédication de Saint Jean devant des personnages envoyés pour s'enquérir de sa doctrine.

On lit au bas :

> Interrogé sainct Jehan qui il estoit
> Dit que estre voix qui par désert preschoit.

Le quatrième compartiment représente encore une prédication de Saint Jean, pendant laquelle Jésus-Christ vient l'entendre.

C'est ce qu'expriment ces vers :

> Saint Jehan voiant Ihesus vers lui marcher,
> Véci le agneau (dit-il) de moi tres cher.

Le bas des quatre compartiments contient de petits médaillons peints et sculptés, représentant divers sujets de la vie de Saint Jean tels que sa naissance, sa circoncision, et comme son père, privé de la parole, pour n'avoir pas cru que le ciel permettroit qu'Elisabeth accouchât dans un âge avancé, est obligé de mettre par écrit le nom qu'il vouloit qu'on donnât à son fils. On voit qu'il a tracé sur un livre les mots 𝔍𝔬𝔥𝔞𝔫𝔫𝔢𝔰 𝔢𝔰𝔱 𝔫𝔬𝔪𝔢𝔫 𝔢𝔧𝔲𝔰 (1).

Dans la travée suivante sont quatre autres tableaux qui continuent l'histoire de Saint Jean.

Le premier présente deux sujets : d'abord il est devant Hérode lui faisant des représentations sur le commerce incestueux que ce roi des Juifs entretenoit avec la femme de son propre frère. A côté on voit Saint Jean tenu par deux satellites qui le conduisent dans une tour qui fait le fond du tableau.

Inscription :

Pour arguer Hérode de adultere
St Jehan fut mis en prison fort austere.

Dans le second cadre on voit Hérode à table avec Hérodias, sa belle-sœur, et devant eux Salomée, fille de cette dernière, exécutant la danse pour prix de laquelle il accorda la mort de Saint Jean-Baptiste. On voit dans ce cadre la place occupée naguère par la figure d'un serviteur qui portoit un poulet rôti. Cette figure est tombée avec un homme qui s'étoit avisé de grimper là et de s'y cramponner pendant que le roi étoit dans le chœur de la Cathédrale, le 28 avril 1814 (2).

Ces vers expliquent le sujet :

De Hérodias la fille demanda
Le chef sainct Jehan, Hérode le accorda.

---

(1) Au centre de la muraille de cette première travée se trouve un enfoncement, sorte de niche, surmonté d'une accolade : là auroit été jadis, dit-on, le siège où l'Ecolâtre se plaçait pour instruire les jeunes clercs ou enfants de chœur. Rien n'est certain dans cette tradition qui paraît peu vraisemblable. Nous croyons plutôt que cette niche aurait servi à abriter un livre de prières, bréviaire ou autre mis à la disposition des fidèles, qui pouvaient lire les prières sans emporter le volume retenu par une chaîne ; cet usage existait dans nombre d'églises au moyen-âge.

(2) La statue du valet portant un poulet a été refaite par Caudron et mise en place lors de la restauration des clôtures du chœur.

Le troisième cadre représente Saint Jean décapité à la porte de la tour où il étoit détenu. Celui qui vient de faire l'exécution tenant la tête par les cheveux, la pose sur le plat porté par la cruelle danseuse du tableau précédent.

Ce terrible sujet est exprimé par ces vers :

En prison fut sainct Jehan decapite
Pour avoir dit et presche verite.

Au quatrième et dernier cadre, le chef de Saint Jean est posé sur la table devant Hérode et sa concubine. Cette dernière porte son couteau sur le front pour en diviser le crâne. La fille frappée d'une main invisible, tombe comme morte dans les bras d'un valet qui la soutient.

L'inscription s'exprime ainsi :

Le chef sainct Jehan fut a table pose
Puis d'un couteau dessus l'œil incise.

Les reliefs sur le mur qui soutient ces quatre tableaux représentent 1° le corps de Saint Jean inhumé par les profanes ; 2° son inhumation par les fidèles ; 3° les feux de joie qu'on allumoit et qu'on allume encore la veille de la fête de Saint Jean, dont l'Evêque François Faure avoit fait dans le diocèse d'Amiens une institution ecclésiastique par son mandement du 23 juin 1656 (1). Ce qui n'est plus observé depuis la Révolution ; 4° l'arrivée du Chef de Saint Jean, apporté de Constantinople à Amiens par Wallon de Sarton ; 5° enfin l'abondance des biens de la terre due à la présence du Chef de Saint Jean dans ces contrées.

Dans la troisième travée, où se trouve la porte collatérale du chœur, étoit représentée en sculpture, du même genre que celles que nous venons d'examiner, le départ de Rome, l'arrivée à Amiens, et le

---

(1) L'Evêque François Faure n'a pas *institué* par son mandement de 1656, l'usage des feux de Saint Jean dans le diocèse d'Amiens ; il n'a fait que donner une forme régulière à une coutume extrêmement ancienne et qui n'était point particulière à Amiens ni même à la France. — V. Corblet : *Hagiographie*, t. IV ; Razy : *Saint Jean-Baptiste, sa vie et son culte* ; Auguste Breuil : *Du culte de Saint Jean-Baptiste et des usages profanes qui s'y rattachent. — Mémoires de la Société des Antiquaires de Picardie*, t. VIII, etc., etc. — Ajoutons que si l'usage d'allumer des feux de joie sur les places publiques la veille de la Saint-Jean, a été suspendu à Amiens pendant la Révolution, il a été repris depuis, et il est encore pratiqué avec beaucoup d'entrain par les jeunes enfants de la vieille cité picarde, mais il n'y a plus de cérémonie religieuse.

martyre de douze Romains, qui dans le IV° siècle vinrent annoncer le saint Evangile dans les Gaules. Du nombre de ces missionnaires étoient Saint Fuscien, Saint Victorice et Saint Quentin, lesquels vinrent à Amiens et y souffrirent pour la foi. A côté de ces sculptures étoit la statue, à genoux et les mains jointes, de Jacques Le Doux, mort l'an 1522, Evêque d'Hébron, suffragant de l'Evêque d'Amiens, François de Hallewin. Ces ouvrages avoient été faits des libéralités de Claude de Longvic (sic), aussi Evêque d'Amiens, lequel n'y est jamais venu, ayant pris possession par procureur, en 1540, et étant décédé évêque de Langres, sous le nom de Cardinal de Givry, en 1561.

En 1761 ces monuments furent supprimés et remplacés par un mur, pareil à celui de l'entrée principal du chœur, et par une grille, où se trouve la porte collatérale à un seul battant. Dans le couronnement est un médaillon en fer battu, représentant la tête de Notre-Seigneur (1).

Dans la quatrième travée, étoit représentée en sculpture de pierre peinte et dorée, la vision du Paradis, telle qu'elle est décrite au quatrième Chapitre de l'Apocalypse. Ce monument avoit été donné par M. Nicolas Gauchant (sic), chanoine pénitencier, mort en 1616 (2). Il fut supprimé en 1761, et remplacé par la grande grille au couronnement de laquelle étoient les armes du Chapitre.

Dans la cinquième travée, dans un grillage de fer, et sous une petite voûte de pierre, soutenue de quatre colonnes, étoit le mausolée de l'Evêque Jean de Boissy, dont le corps gît dans le sanctuaire, près de la grande grille, dont nous venons de parler. Au pied de ce mausolée, étoit en marbre blanc, l'effigie de Jean de la Grange, Cardinal et Evêque d'Amiens, oncle du précédent. Cette représentation ayant été enlevée, ainsi que le mausolée, en 1751, les ossements de Jean de la Grange furent retrouvés au-dessous, et mis en terre au pied de la grille que le Chapitre fit mettre en cet endroit.

Dans la sixième travée étoit représentée, en sculpture de pierre, l'arrivée des Saints Fuscien et Victorice à Amiens ; comme ils furent reçus au village de Sains, chez Gentien, qu'ils convertirent à la Foi, et la manière miraculeuse dont leurs corps furent retrouvés par Saint Honoré ; cet ouvrage avoit été fait des libéralités de M. Charles de la

---

(1) Cette muraille a été abattue en 1851 pour faire place au buffet de l'orgue d'accompagnement ; quant à la grille de la porte collatérale, elle fut enlevée à la même époque, et n'a été replacée qu'après beaucoup de difficultés, par les soins de MM. Lisch et Billoré, au mois d'avril 1868.

(2) Le nom de ce chanoine était *Glachant*.

Tour, chanoine et pénitencier, mort en 1561. Il fut supprimé en 1751, et remplacé par une grille de fer.

Dans la septième travée, au rond-point, étoit le mausolée de Mᵉ Jean-Baptiste Le Sieur, chanoine et pénitencier, mort en 1702. Il y étoit représenté à genoux, devant une image du Sauveur ; cette épitaphe, qui étoit en pierre blanche, fut ôtée en 1768, et l'on mit en place une grille donnée par M. Cornet de Coupel ; cette grille et la correspondante sont du même dessin que les autres grilles du sanctuaire peintes en jaune : on ignore pourquoi celles-ci ont été mises en noir (1). Au couronnement de la grille dont il s'agit est la représentation du serpent d'airain, élevé dans le désert par les Israélites.

A la travée du centre du rond-point, derrière le maître-autel, et dans une petite voûte faisant face à la *petite paroisse*, étoit l'effigie en marbre noir de l'Evêque Arnoult, dont le mausolée étoit orné de petits clochers et galeries en sculpture, en mémoire de ce qu'il avoit fait faire le clocher du centre et les galeries de la Cathédrale. Cette effigie qui étoit, dit-on, accompagnée de celles des deux archidiacres de cet Evêque, fut supprimée en 1761, et l'on mit à la place celle en marbre blanc du Cardinal Jean de la Grange qui y est aujourd'hui. On a laissé au bas de ce tombeau un parement en pierres de Senlis, où se voient encore sculptées les tours et galeries qui appartenoient au tombeau d'Arnoult. Des fleurs de lis et autres parties de blason ont été enlevées par le marteau révolutionnaire (2).

Au-dessus de cette niche ou voûte, est le mausolée en marbre blanc et noir de M. Guillain Lucas, prêtre, chanoine de cette église, fondateur d'une maison d'orphelins qui a existé jusqu'à la Révolution dans cette ville, rue Neuve (3). Il est représenté à genoux devant une statue de la Sainte Vierge. Entre deux se trouve la figure en marbre d'un Génie pleureur, appuyé sur une tête de mort et sur une horloge de sable, lequel est le chef-d'œuvre du célèbre Blasset, qui a rempli cette église de pièces presque toutes inestimables. C'est bien de cette figure qu'on peut dire que le marbre respire, et plus on la considère, plus on se persuade qu'elle est animée :

(1) Cette grille et celle qui lui correspond dans la travée parallèle, étant dissimulées à l'intérieur du Sanctuaire par la Gloire, n'ont pas été décorées avec autant de luxe que les autres qui sont apparentes sur leurs deux faces.

(2) Ce sont des Castilles, encore très reconnaissables malgré les mutilations, qui décorent le soubassement du monument funèbre dont il est ici question.

(3) Aujourd'hui rue de l'Amiral Courbet ; la maison des Orphelins occupait l'emplacement de l'hôtel de M. de Tourtier.

Et ce marbre vivant, où le oiseau mobile,
Artistement conduit par une main habile,
A nos yeux de l'enfance exprimant les douleurs,
De la pierre amollie a su tirer des pleurs.

Des Belges qui étoient à Amiens pour se former en régiment, en l'année 1793, ont cherché à mutiler ce précieux morceau : l'une des narines est écornée et l'un des pieds manque ; malgré ce désastre, il est toujours très intéressant (1).

Dans la travée à côté, revenant sur la droite du sanctuaire, près de l'entre-colonnement du centre, étoit le mausolée de M. Adrien Pécoul, prêtre, médecin, chanoine et archidiacre de Ponthieu, mort le 7 septembre 1613. Le sujet de ce mausolée étoit le pieux Samaritain de l'Evangile : il fut ôté en 1768, et remplacé par une grille, donnée par M. de Coupel, laquelle est peinte en noir.

Ensuite, c'est-à-dire à la sixième travée, étoit représentée en sculpture dorée, dans le même genre que les histoires de Saint Jean et autres, la Nativité de la Sainte Vierge. Cet ouvrage, qui ne portoit aucun renseignement, fut supprimé en 1752, et on mit à la place une des grilles de fer peintes en jaune.

Dans la cinquième travée étoit le fastueux mausolée que l'Evêque François de Halluin avoit, malgré le Chapitre, fait construire en pierres peintes et dorées, lequel s'élevoit en pyramide jusqu'aux chapiteaux des piliers. Le cénotaphe étoit au milieu, entre quatre colonnes soutenant un dôme. Le corps du Prélat n'y fut pas déposé, car, étant mort à l'abbaye du Gard, à quatre lieues seulement d'Amiens, on l'y enterra en 1538. En 1751 ce mausolée céda la place à une grille de fer.

La quatrième travée, qui est plus grande que celles dont il vient d'être parlé, qui font partie du rond-point, présentoit deux

---

(1) La statue de l'enfant pleureur a été restaurée (par Duthoit, croyons-nous) en 1847, aux frais de M. l'abbé Lucas, homonyme du bienfaiteur des orphelins ; l'épitaphe du charitable chanoine qui avait été également mutilée pendant la Révolution, a aussi été rétablie par les soins de M. Lucas. — Notons sur l'épitaphe du vénérable chanoine une ligne qui peut avoir son importance à une époque comme la nôtre, trop fréquente en innovations liturgiques : *il a donné cinquante livres de rente pour l'entretenement des aubes plissées des enfans de chœur de ceste église.* D'autres monuments attestent encore dans la Cathédrale et ailleurs l'antiquité de la tenue de nos enfants de chœur, que la *fantaisie* des innovations tendrait peut-être à modifier d'une façon plus ou moins heureuse.

monuments distincts. D'abord dans un grillage de fer, étoit représenté le dévôt Evêque Pierre Versé, mort l'an 1500, et dont le corps est enterré dans le sanctuaire, comme nous l'avons déjà dit. Près de lui étoit l'image de la Sainte Vierge, donnant à téter à son fils. A côté étoit représenté Notre-Seigneur au jardin des Olives. Cet ouvrage servoit d'épitaphe à M. Pierre Caignet, chanoine, fondateur du vin qui se distribuoit pour les messes dans cette église. Ces monuments furent enlevés en 1751, et à leur place se trouve la grande grille au-dessus de laquelle étoient les armes et non le portrait de Mgr de la Motte (1). Au bas de cette grille, en dehors, un carreau de marbre noir, gravé en or, rappelle la mémoire de l'Evêque Pierre Versé, fondateur de l'office de la Sainte Vierge.

La troisième travée contient la porte collatérale. La décoration extérieure, dont on ignore actuellement le sujet (2), avoit été faite des libéralités de M. Adrien de Hénencourt, doyen, mort en 1530. Ces ornements, tant intérieurs qu'extérieurs et la chambre de veille du guidon, furent ôtés en 1761. On mit à leur place un mur au dossier des stalles, et une porte en grille de fer, au couronnement de laquelle est un médaillon en tole, représentant la Sainte Vierge.

Au pilier suivant, on voit, en marbre blanc, sur un piédestal élevé en gaîne, du même marbre, l'effigie de Jésus enfant qui, avec sa croix, brise la tête du dragon infernal. Ce morceau, de la main de Blasset, fut donné en 1705, par François de Vitry, fils d'un autre François de Vitry, seigneur des Auteulx, ancien premier échevin et receveur des finances. Le cœur du père repose au pied de cette statue. Etant premier échevin en 1668, il a contribué de 3000 livres, de ses propres deniers, pour la construction de la chapelle de Saint Jean du Vœu, que nous verrons ci-après exécutée en marbre.

Dans les deux travées suivantes étoient représentées en sculptures peintes et dorées, la vie, la mort, et l'invention du corps de Saint Firmin le Martyr en huit tableaux, à partir du perron de la croisée, ouvrage fait en 1489 par les soins de M. Adrien de Hénencourt, alors prévôt, puis doyen de la Cathédrale. Ce monument étant vis-à-vis d'une porte de l'église, des malveillants dans le temps de la Terreur, profitèrent de la facilité d'y parvenir et de s'enfuir pour mutiler les

(1) Arrachées en 1793, ces armoiries ont été fort habilement refaites par M. Dhière, artiste de Paris, lors de la restauration complète des grilles, il y a quelques années.

(2) Les anciennes descriptions donnent pourtant d'une manière assez complète l'idée de la décoration de cette porte latérale. — V. Pagès, Machart, etc.

sculptures de la manière la plus déplorable, de sorte que la majeure partie des figures de relief ont été renversées et qu'il n'y en a pas une de celles qui restent dont la tête et les membres n'aient été cassés (1). En indiquant les sujets des tableaux, nous transcrirons les légendes en vers gaulois, dont le caractère n'est pas aisé à lire.

Le premier tableau représente l'*Entrée de Saint Firmin en la ville d'Amiens*. On voit, au fond du cadre, une perspective dont le site ressemble assez à celui du faubourg de Noyon (2).

L'inscription porte :

> Le difieme de octobre Amiens
> Sainct Fremin fit premiere entree
> Dont Fauftinien et les fiens
> Ont grande joye demonftree.

Le second représentoit la prédication de Saint Firmin ; au bas est écrit :

> Au peuple d'Ampens anücha
> La saincte foy euangelique
> Tant que plufieurs d'eux adrefcha
> A tenir la foy catholique.

---

(1) *Juin 1792.* « Il est passé ici un bataillon de soldats volontaires nationaux Belges (*Lillois ?*). Il est resté deux jours en garnison dans la ville, où ils (*sic*) ont vu des armoiries ou signes féodaux. Les volontaires ont coupé à coups de sabre, cassé et brisé ces signes. Dans l'église Cathédrale, ces soldats se sont portés à des excès scandaleux envers les statues des saints et les reliques (?) : ils ont mutilé plusieurs statues. Si ces massacreurs de saints fussent restés plus longtemps, ils auraient détruit la Cathédrale et plusieurs édifices ». — *Communication de M. A. Dubois.* — On rapporte que si la destruction des sculptures représentant l'histoire de Saint Firmin n'a pas été complète c'est grâce au zèle et au dévouement de M. l'abbé Lejeune. Fiers de leur exploit, ces iconoclastes crurent devoir en léguer l'attestation à la postérité ; l'un d'eux traça avec la pointe d'un sabre l'inscription suivante sur l'un des panneaux de la porte qui, de la chapelle Saint-Éloy donnait accès au cloître des Machabées : *Les républiquain* (sic) *lillois ont trouvé de toute indignité de laisser dans un temple de la raison tant de hochet* (sic) *du fanatisme.* Signé *Dubois*, 2ᵉ année républicaine.

(2) D'après l'opinion, qui paraît fondée, de plusieurs archéologues, la perspective peinte au fond de la niche dont il est ici question, représente, non pas le faubourg de Noyon, mais la partie du rempart comprise entre la porte de Beauvais et la porte de la Hotoie ; l'église que l'on aperçoit dans la partie supérieure du tableau serait celle de l'abbaye de Saint-Jean ; cette opinion est d'autant plus plausible que l'église représentée est inachevée, état dans lequel se trouvait Saint-Jean à l'époque de l'exécution de cette

Le troisième cadre représentoit la conversion et le baptême de Faustinien et de sa famille. On lit, en bas :

> Fauftinien, la noble Attille
> Femme Agrippin famille enfans
> Baptifa avec trois fois mille
> Pour ung jour la foi confeffant

Le quatrième cadre de cette travée représentoit Longulus, commandant pour les Romains à Amiens, et Valère Sébastien, préfet de la seconde Belgique, sous Dioclétien, délibérant contre Saint Firmin, accusé par les païens. Au devant du tableau, le saint Evêque étoit arrêté par leurs satellites. Hors du tableau, sur le pilier, est la tour à la porte de laquelle il étoit à genoux attendant le coup qui alloit lui trancher la tête. La figure du soldat, qui tenoit à deux mains son glaive levé, est disparue ; on n'en voit plus que les deux pieds, entre lesquels est un petit chien sans tête (1).

Le sujet est expliqué par ces huit vers :

> Longulus et Sebaftien
> Des ydolatres a l'inftance
> Le sainct martyr par faux moyen
> Emprifonnerent et puis sans ce
> Que le peuple en eut cognoiffance
> Secretement contre raifon
> Firent de nuit sous leur puiffance
> Tranchier son chef en la prifon

Dans la travée suivante étoit sculpté le reste de l'histoire en quatre parties.

Dans la première, Saint Salve, Evêque d'Amiens, exhortoit son peuple à prier Dieu pour obtenir la découverte du corps de Saint

---

peinture. — L'opinion ci-dessus énoncée, serait confirmée par la tradition qui fait entrer Saint Firmin à Amiens, *venant de Beauvais*, non par la *porte de Noyon*, mais par la porte de *Longue-Maisière*, sise à l'endroit où se trouve actuellement la place Périgord (ou *Gambetta*).

(1) Le groupe de la décollation de Saint Firmin a été entièrement refait : l'original, mutilé, après avoir été placé pendant quelques années dans le tympan de la porte de la grande sacristie (Chapelle des Machabées) est actuellement *remisé* près du perron du Secrétariat de l'Evêché.

Firmin. On peut remarquer les costumes des femmes et les pliants sur lesquels elles sont assises.

L'inscription porte :

> Sainct Sauve son peuple incitoit
> De faire à Dieu prière pure
> Desirant savoir ou estoit
> De Sainct Fremin la sepulture.

Dans le second cadre, un rayon lumineux indiquoit à Saint Salve, étant à l'autel, l'endroit où étoit inhumé le corps de Saint Firmin.

On lit au bas :

> Sainct Sauve, en eslevant son œil
> Appercheut du throne divin
> Comme un rais du soleil
> Dessus le corps du martyr Sainct Fremin.

Le troisième cadre, le plus dégradé de tous, représentoit Saint Salve, assisté de quatre autres Evêques, faisant l'exhumation du corps de Saint Firmin, avec cette inscription :

> Quatre euesques Beauvais Noyon
> Cambray Therouenne aydant Dieu
> Vindrent voir cette invention
> Evocqués par l'odeur du lieu.

L'inscription du quatrième cadre rappelle le transport solennel, dans Amiens, de la châsse de Saint Firmin.

> A Saint Acheul en châsse mys
> Fut puis en Amiens apporté
> Plusieurs malades là trasinis
> Le depriant eurent sancté.

Sur le mur, au bas de ces quatre cadres, sont des médaillons en sculpture, aussi mutilés, où l'on avoit représenté les principales actions de la vie de Saint Salve (1) comme solitaire, comme prêtre, comme docteur, et comme évêque.

Au-dessous des tableaux de la première travée est une arcade pratiquée dans l'épaisseur du mur, dans laquelle on voit la figure couchée de Ferry de Beauvoir, soixante-quatrième Évêque d'Amiens, mort à Montreuil, dont le corps fut rapporté à Amiens et enterré dans la Cathédrale, par les soins d'Adrien de Hénencourt, son neveu, à cause de sa mère, sœur du dit Ferry de Beauvoir. Les sculptures au-dessus ont pour objet d'accompagner son monument funèbre. Dans l'arcade, on voit en peinture les douze apôtres tenant chacun un lambel sur lequel est un verset du *Credo*, dit *Symbole des Apôtres*.

Cette épitaphe étoit gravée sur une plaque de cuivre, au bas de la niche :

> Hic pastor rexi Ferricus bis datus urnæ
> Monstreoli primum rursus et Ambianis
> Quo me præpositus idemque nepos Adrianus
> Vexit et ornavit Martyris historia
> Exorate meus quondam grex Ambianensis
> Profit ut hoc celebri me jacuisse loco.
> Obiit anno D. 1472 ultima februarii
> Hic translatus 1489 octava martii.

A l'extrémité des sculptures de cette première travée se voit le reste d'une figure de chanoine à genoux. C'étoit celle d'Adrien de Hénencourt, qui a fait construire ce monument, n'étant encore que Prévôt, seconde dignité de cette église. Il fut par la suite Doyen, et mourut le 4 octobre 1530, après avoir résigné sa place de Doyen et son canonicat à Adrien de la Meth, dit de Hénencourt, son petit-neveu. Il avoit fait donation de toutes ses terres à Jacqueline de Hénencourt, sa sœur, et à Antoine de la Meth, son époux, à condition que leur fils aîné et les aînés de leur postérité ajouteroient à leurs noms et armes ceux de la famille de Hénencourt, ce qui s'est exécuté jusqu'à présent que nous voyons encore M. le marquis de la Meth, chef de cette famille, *frère aîné de M. le comte Alexandre de la Meth*, *notre Préfet* (2), en possession des terres de Hénencourt et autres seigneuries voisines,

---

(1) Ces médaillons représentent non la vie de saint Salve, mais celle de saint Firmin.
(2) Ces mots soulignés, encore très lisibles, sont bâtonnés dans le manuscrit.

provenant de M. le Doyen de Hénencourt dont nous parlons. La famille de la Meth, issue de celle de Neufville, originaire des Pays-Bas, où est la seigneurie de la Meth, étoit très illustre avant que son chef vint se fixer dans cette province. Depuis, elle a continué de produire des hommes célèbres dans l'Eglise, dans les lettres, et dans les armes. Mais ce qui la rend surtout chère dans ce département, ce sont les bienfaits que tous les individus qui la composoient n'ont cessé de répandre non seulement sur les habitants de leurs domaines, mais sur tous ceux de la province qui ont imploré leur assistance. *C'est donc une grande consolation pour les bons picards de voir un membre recommandable de cette famille venir dans ce département, chargé des ordres paternels du Roi, pour réparer les maux de la Révolution* (1).

M. de Hénencourt ayant embelli la première travée pour décorer la sépulture de son oncle, se fit élever un monument à lui-même pour décorer la seconde travée. En effet, on voit dans une arcade pratiquée au bas de la seconde partie de l'histoire de Saint Firmin, la statue de ce doyen, couché, nus-pieds, sur une natte dont l'extrémité, roulée sous sa tête, lui sert d'oreiller. Il est revêtu d'une chasuble antique comme étant pasteur de la Cathédrale. Les vers suivants ont conservé sa mémoire :

Flete senes plorate viri fugete puellæ
Hester Henencurius nunc Adrianus abest
Ille decanus erat populi pater urbis amator
Huic templo cultum religione dedit.
Dixerat ut tandem moriturus, mortuus hic est
Ut vivat virtus sic modo morte viret (2).

Par une prévoyance rare, ce M. de Hénencourt qui avoit orné

---

(1) Ces mots soulignés sont bâtonnés dans le manuscrit.
Quand Baron écrivait ces lignes, M. Alexandre de la Meth occupait la Préfecture de la Somme, qu'il garda du 15 juillet 1814 au 10 juin 1815. Il est tout naturel que le Bibliothécaire de la Ville ait cru devoir brûler en son honneur un léger grain d'encens ; plus tard, *les temps étant changés*, il supprima cette petite flatterie qui n'avait plus raison de subsister.

(2) Les blasons des familles de Mailly-Conty et de Hénencourt, effacés par le temps, ou brisés pendant la Révolution, ont été reproduits en différents endroits de ces clôtures, notamment dans les frontons des arcades et sur les piliers pyramidaux qui séparent celles-ci, lors de la restauration effectuée en 1847.

l'église de beaucoup d'autres monuments outre les stalles et ceux qui nous occupent, institua un employé de l'église dont une partie des fonctions consistoit à veiller sur ces monuments et à les nettoyer aux temps qu'il avoit réglés. Cette fondation s'est exécutée jusqu'à la Révolution, et il ne falloit rien moins que ces temps de désordre pour que les précautions prises par ce respectable ecclésiastique devinssent inutiles.

Contre ces murs ainsi ornés étoient des grillages pour empêcher qu'on ne les gâtât en passant (1).

Au pied de la seconde travée étoient deux grandes tombes de cuivre gravées. L'une représentoit un Evêque, l'autre un prêtre. Sous ces tombes, aujourd'hui remplacées par des pavés blancs, mal en ordre, est la sépulture où reposent les corps de l'Evêque Ferry de Beauvoir, du Doyen de Hénencourt, de Christophe de la Meth, son neveu, que nous avons vu contribuer à la construction du clocher doré, et d'Adrien de la Meth de Hénencourt, son petit neveu, qui maintint et augmenta les établissements de ses prédécesseurs (2).

En 1792, on avoit commencé par effacer les armoiries qui étoient appliquées à ces monuments; cependant on voit encore celles des Hénencourt aux clefs des petites voûtes des arcades, principalement à la vie de Saint Firmin (3). En 1793, on enleva les grilles, plaques et tombes de métal. Cette prise faite en vertu des lois fut le signal de la dévastation portée sur ces monuments. Les soldats et les habitants enchérirent sur les administrateurs. Des ecclésiastiques en donnèrent avis au maire d'alors; il vint trop tard, surtout pour les sculptures

---

(1) Des balustrades en fer, destinées à protéger les sculptures, ont été rétablies devant les clôtures du chœur lors de leur restauration.

(2) Lors de la réfection du dallage, il y a quelques années, on a mis à découvert la sépulture d'Adrien de Hénencourt. Les ossements ont été inhumés de nouveau sur l'emplacement primitif.

(3) Quand on répara, il y a plus de cinquante ans, les sculptures mutilées de l'histoire de Saint Firmin, les seize éoussors qui ornent la partie supérieure de ce côté de la clôture du chœur furent arbitrairement chargés des armoiries alternées de Hénencourt et de Beauvoir. Voici quels étaient primitivement ces blasons, soigneusement relevés dans un précieux manuscrit, acquis par la Société des Antiquaires de Picardie en 1891, et communément désigné sous le nom d'*Epitaphier de Villers-Rousseville* : Première travée, premier rang, *Hénencourt, Villers, Beauvoir, Mailly-Conty* ; deuxième rang, *Evêché d'Amiens, écartelé Beauvoir et Mailly-Conty, France, Mailly-Conty*. Deuxième travée, premier rang, *Beauvoir, Frestel, Mailly-Conty, Cresecque* ; deuxième rang, *Evêché d'Amiens, écartelé Beauvoir et Mailly-Conty, Evêché d'Amiens, écartelé au 1 et 4 Hénencourt, au 2 et 3 Beauvoir, sur le tout Mailly-Conty.*

dont il s'agit. Le coup d'œil en est vraiment désespérant, et il vaudrait mieux qu'on les eût supprimé tout-à-fait (1).

Après avoir examiné le pourtour du chœur, il faut descendre dans la nef, pour se rendre à l'entrée de l'église, où commencera le tour des chapelles et des monuments qui les accompagnent.

D'abord, près la dernière marche du perron du chœur, est, sur un marbre blanc, l'épitaphe de M. Cornet de Coupel qu'il est bon de conserver par savoir jusqu'à quel point il a contribué aux décorations modernes de cette église :

> HIC JACET
> FRANCISCUS
> EDUARDUS CORNET
> DE COUPEL, CAN. PRESB.
> VIR
> SIMPLICITATE MORUM
> AC PIETATE INSIGNIS
> SIBI UNI PARCUS
> DEDIT
> EGENIS OPEM CHORO SUBSIDIUM
> CIVIBUS MISSAS CERTO ORDINATAS
> CATHEDRÆ SPLENDOREM NITOREM PARIETIBUS
> ET DECOREM AMPLISSIMUM HUIC BASILICÆ
> QUÆ ILLIUS POTISSIMUM SUMPTIBUS
> AURO FULGET ET MARMORE
> OBIIT DIE 2ᴿ JANUARII
> ANNO CHRISTI 1786 ÆTATIS SUÆ 88 (2).

Ses armes, d'azur au chevron d'or, en pointe un cornet, et en chef deux étoiles de même, ont été grattées au bas de l'épitaphe. Pour prouver la sincérité de cette inscription, nous avons soin d'indiquer les

---

(1) Toutes les mutilations ont été réparées avec beaucoup de goût et de soin. Nous attirerons l'attention du lecteur sur la description du Chœur et des clôtures : cette description est remarquable par sa clarté et son exactitude, en tenant compte surtout de l'époque à laquelle écrivait Baron.

(2) L'épitaphe du chanoine Cornet de Coupel, usée par le frottement des pieds, était devenu presque illisible. Un petit neveu du généreux chanoine, M. Poujol de Fréchencourt, la fit rétablir à ses frais il y a peu d'années. Il existe une traduction en vers français de cette épitaphe, reproduite dans les manuscrits d'Achille Machart, t. VIII, f° 400.

ouvrages que M. de Coupel a fait faire à ses frais. Mais nous devons dire qu'en outre il avoit fondé en grande partie trois messes quotidiennes dites tardives parcequ'elles se célébroient à neuf, dix et onze heures du matin, qu'il avoit coopéré par le sacrifice de sa prébende à ce que l'on portât au nombre de quatre également bien payés, les chanoines dits vicariaux, chargés de faire les semaines des chanoines malades ou absents, lesquels chanoines vicariaux n'étoient que deux dont un richement doté, et l'autre n'ayant presque rien, sans parler d'autres choses utiles, que la Révolution a fait disparoître.

En se tournant vers le couchant, on voit au côté nord-est du maître-pilier de la croisée, côté de l'évangile, le mausolée en marbre blanc de Charles Hémard, Cardinal, Evêque de Mâcon, puis d'Amiens, qui décéda l'an 1540. Il est représenté à genoux devant le Chef de Saint Jean.

Au maître-pilier de l'autre côté, on voyoit, en cuivre blanc, la représentation d'une porte de la ville, sur laquelle étoit en relief le martyre de Saint Sébastien. A côté de cette porte étoit une tour percée à jour, dans laquelle étoit une bougie filée qui devoit brûler perpétuellement devant le Crucifix posé au-dessus de la porte du chœur. Cet édifice avoit été construit, et la bougie fondée en 1462, sous l'Evêque Ferry de Beauvoir, d'après le vœu fait par les trois états au sujet de la peste qui alors désoloit la ville d'Amiens. Ce monument fut supprimé en 1755.

En quittant ce pilier et revenant dans la croisée sur la direction du levant, on trouve par terre, à environ neuf pieds de ce pilier, un carreau blanc sur lequel sont ces caractères :

1597
H ✠ T
W

Ce qui indique la sépulture de Hernandès Teillo Porto Carrero. Ce général espagnol étoit gouverneur de la ville d'Amiens, surprise par lui-même le 11 mars 1597. Défendant la ville, assiégée par Henri IV, il fut tué le 4 septembre, et enterré dans le sanctuaire, où on lui dressa un monument fastueux avec une épitaphe magnifique. Mais la ville s'étant rendue le 25, et Henri IV étant venu rendre grâces à Dieu dans la Cathédrale, parut mécontent des honneurs rendus à cet ennemi, et dans la nuit suivante, les monuments furent détruits, le corps levé et déterré et mis dans la place désignée par le carreau dont il s'agit. Le W signifie que Hernandès Teillo étoit capitaine des gardes wallones.

L'ancienne chaire en bois, peu digne d'un tel emplacement, avoit été donnée en 1607 par Antoine Pestel, prieur des Jacobins, maître en cette année-là de la Confrérie de Notre-Dame du Puits. En 1770, feu Mgr de La Motte fit faire celle que nous voyons aujourd'hui sur les dessins de M. Soufflot, et par les mains de M. Dupuy, célèbre sculpteur. Elle prouve beaucoup plus de goût que la Gloire faite par les mêmes artistes, et passe pour une des plus belles qu'il y ait en France. Les connaisseurs font le plus grand cas des figures des trois vertus théologales qui supportent cette chaire. L'ange qui est au-dessus tenant ouvert le livre de l'Evangile sur lequel on lit ces mots :

Hoc fac et vives

est aussi un beau morceau de sculpture.

Le premier sermon y fut prêché par Mgr de La Motte en juin 1773, à l'ouverture d'une mission ; cette chaire n'étoit pas encore dorée. Elle le fut en 1774, aux dépens de M. de Coupel, par les sieurs Coquelet et Bourgoin, de Paris. Le premier vient de mourir à Amiens, où il s'étoit fixé depuis cette époque (1).

Dans l'ancien temps, les bancs où se plaçoient, pendant le sermon, l'Evêque et son clergé, ainsi que le Gouverneur, le Corps de Ville, les juridictions royales et autres corporations, étoient fixes et entourés de balustrades ; on acheva de les enlever en 1765, et on ne mit plus que des sièges mobiles, qui s'ôtoient quand on n'en avoit plus besoin, et qu'on couvroit de tapis aux jours de prédication. On voit, près du pilier faisant face à la chaire, un petit marchepied sur lequel on place le fauteuil de Mgr l'Evêque ; auprès sont des bancs pour le clergé. Quand la cour de justice, les tribunaux, et les autres corps constitués viennent au sermon, on apporte du Palais des fauteuils et des banquettes, pour asseoir ces Messieurs, au milieu de la nef ; il n'y a pas longtemps qu'un écriteau sur un carton, accroché au revers du gros pilier voisin de la chaire, annonçoit que c'étoit la *Place des Autorités Constituées*.

Aux environs de la chaire on voit sur le pavé les épitaphes de

---

(1) Coquelet (Vincent), fils de Marc, roulier, et de Barbe Danguillancourt, s'était marié à Saint-Leu, le 25 juin 1777, âgé de 32 ans : il était né par conséquent en 1745. Il a exécuté différents travaux de peinture décorative dans la Cathédrale.

différents chanoines théologaux ; leur prébende les obligeoit anciennement à professer la théologie. Depuis qu'ont eut annexé au Collège une prébende dite *Préceptoriale* et au moyen de l'établissement du Séminaire, les théologaux avoient pour fonction de prêcher tous les dimanches. On remarque donc les épitaphes de M. Lendormy, mort en 1769, et de M. Lalau, mort en 1783, mais surtout celle de François Masclef, natif d'Amiens. Mgr Feydeau de Brou, Evêque, l'avoit mis à la tête de son Séminaire. Son successeur, Mgr Sabathier, l'en avoit déjetté (sic) à cause de la diversité des opinions. Masclef employa le reste de sa vie à publier des livres sur l'hébreu et autres langues orientales dans la connoissance desquelles il étoit très versé. On lit ces mots sur un carreau de marbre blanc :

Propitius esto Domine Francisco Masclef Pr. Can. Amb. Obiit 1728 Ætat. 63

Sa mort arriva le 14 novembre de l'an ci-dessus marqué (1).

Dans la nef et vers le chœur étoit suspendue une barre horizontale à laquelle étoient attachées sept petites lampes de cuivre. A cinquante

(1) Pendant les années 1827, 1828 et 1829, on procéda à la réfection du pavage de la partie supérieure de la grande nef ; les inscriptions tombales disparurent alors, et le dallage aux compartiments variés fut remplacé par un carrelage uniforme en pierres blanches, d'un aspect très disgracieux. En 1894 et 1895, le pavage de la Cathédrale a été totalement refait avec le plus grand soin, et en suivant les dessins primitifs. Grâce à un fort beau plan conservé au Musée d'Amiens, il a été facile de retracer toutes les combinaisons ingénieuses et variées qui marquaient les différentes travées, les compartiments qui partageaient la grande nef et le transept. Il nous a paru curieux d'insérer ici la reproduction d'une note sur la réfection du pavage, écrite en 1828, et insérée dans les Mss. de Machart, conservés à la Bibliothèque Communale d'Amiens. — « En l'année 1828, aux carreaux bleus et blancs, qui par leur mille combinaisons, diversifiaient agréablement l'étendue de cette nef, on commença à substituer des pierres blanches qui se confondent avec les piliers, et dont la pâle monotonie fera ressembler le sol du temple à l'aire d'une grange. Ainsi l'on prodigue un argent prodigieux pour gâter cette basilique et l'on ne pense pas à restaurer ses combles dont la dégradation progressive finira si l'on n'y remédie point par amener quelque catastrophe. Ce pavage mal entendu doit encore exciter d'autres plaintes, car pour lui faire place on enlève sans façon et sans scrupule les inscriptions qui couvraient des tombeaux ; ainsi ont déjà disparu l'épitaphe de M. Lendormy, dont les restes furent placés près de la chaire où brilla son éloquence ; celle qui couvrait les cendres du chanoine Masclef, cette pierre que la main de l'amitié ou de la reconnaissance lava pendant une longue suite d'années, sans qu'on pût découvrir qui s'acquittait de ce pieux devoir. Violant ainsi dans l'église la sépulture des dignitaires du Chapitre, à coup sûr on n'y respectera pas celles du peuple. On craint donc de voir bientôt disparaître la pierre tumulaire du général Hernand Tello ; sans doute, il fut l'ennemi de notre patrie,

pas de là étoit un pareil nombre de lampes posées de même. Le chanoine Pierre Milet avoit fondé ces lampes en 1426, et Marie Héron ou Féron, veuve de Jean Faucher, avoit fondé en 1496, l'huile qui brûloit dans ces lampes pendant les saluts qui se faisoient dans la nef. Elles éclairoient aussi l'église pendant les offices de la nuit. Elles furent ôtées en 1755 et remplacées par des lanternes à réverbère qui commencèrent à être en usage vers cette époque. Depuis quelques années on se sert de lampes dites *à quinquet*, pour éclairer l'église dans les soirées d'hiver. Il faut recommander aux curieux de visiter ce monument aux heures des saluts de cette saison. L'église a un tout autre aspect lorsqu'elle est éclairée ainsi de place en place. Ce coup d'œil est encore plus singulier pendant une procession où des portions de voûtes sont alternativement obscures où éclairées suivant que ceux qui portent des flambeaux sont plus ou moins éloignés. A la fin du service les effets des lumières qu'on éteint successivement sont encore fort singuliers ; pour en jouir, il faut se placer près de la principale porte (1).

Pendant le Carême, et en d'autres occasions, on met dans cette nef, à portée de la chaire et au-dessous de la croisée, un autel portatif de bois sculpté, peint en couleur blanche; un autel du même genre s'y

mais la tombe même d'un ennemi doit être respectée. Ainsi des mains sacrilèges, stipendiées par des précepteurs d'ignorance, s'efforcent d'effacer du pavé de ce beau temple tout ce qui rappelle notre gloire passée. Etrangers, voyageurs, qui venez visiter les vieux monuments de notre Cathédrale, n'y cherchez plus la trace des grands évènements qui s'y sont accomplis : déjà le carreau sur lequel s'agenouilla le superbe Edouard, en faisant hommage de sa couronne à Philippe de Valois, a disparu : ces débris qu'on aurait dû conserver avec un religieux respect sont désormais perdus ou ignorés ; des Vandales les ont balayés devant eux comme de la poussière. Bientôt sans doute, on verra supprimer le modeste carreau qu'on plaça provisoirement sur les cendres de Gresset, transférées du cimetière Saint-Denis dans cette Cathédrale. Il y a dix-huit ans, un mausolée fut promis à sa mémoire si connue : tout l'annonce, des mains inhabiles se disposent à faire disparaître le seul signe qui indique sa sépulture. On ne doute pas que l'Académie d'Amiens se rappellera sans doute qu'à elle surtout appartient l'honneur de la défendre et qu'elle saura faire respecter l'endroit où sont déposés les restes de l'homme illustre qui fut son fondateur ».

(1) L'éclairage de la Cathédrale au moyen de *quinquets* à l'huile, suspendus dans des lustres de verroterie ou adaptés contre les murailles et les piliers était très défectueux et incomplet ; depuis quelques années on y substitue peu à peu le gaz dans les nefs latérales et au pourtour du chœur ; on obtient ainsi plus de clarté, mais il faut convenir qu'au point de vue de l'esthétique, la remarque de Baron sur les effets d'ombre et de lumière produits dans la basilique par un éclairage moins éclatant conserve toute sa valeur. Plaise à Dieu que notre vieille Cathédrale ne soit pas un jour déshonorée par un système d'éclairage trop moderne, qui lui retirerait toute la poésie qu'elle emprunte à la demi-obscurité d'une illumination restreinte.

établissoit aussi avant la Révolution principalement pour les saluts et autres services de la Confrérie de Notre-Dame du Puits.

Les Maîtres en charge de cette Confrérie avoient pour coutume de présenter à la fin de leur année d'exercice un tableau qui restoit exposé dans l'église. Comme chacun des Maîtres l'avoit fait depuis 1478, ces tableaux, en bois ou en marbre, ayant des encadrements ou des volets très massifs, auroient fini par entraîner la chute de l'église, étant scellés dans les quatre faces de tous les piliers (1). En 1722, non seulement le Chapitre défendit d'en mettre à l'avenir, mais il s'occupa de faire disparoître ceux qui y étoient, dont beaucoup tomboient en lambeaux. On plaça quelques-uns des meilleurs dans les chapelles, et d'autres furent envoyés dans les églises de la campagne, dépendantes du Chapitre. Par ce moyen, la nef reparut dans toute sa beauté, ainsi que le reste de l'église (2).

En continuant son chemin pour se rendre vers le grand portail, on voit le buffet de l'orgue, dont nous avons décrit la tribune, en parlant de l'architecture. Cet orgue fut donné par Alphonse Le Myre, valet de chambre du roi Charles VI et Receveur des Aydes à Amiens et par Massine de Hainault, son épouse (3); le 24 août, jour de Saint Barthélémy, on célébroit une messe à leur intention, où leurs héritiers étoient invités, et avoient le droit d'aller à l'offrande. Ces donateurs sont enterrés dans la nef, sous la tribune, un peu sur la droite de la tombe de l'Evêque Evrard. La pierre bleue, qui étoit couverte de lames de cuivre, y est encore. Ils étoient représentés, tenant le dessin du buffet d'orgue, avec cette épitaphe gravée à l'entour :

(1) Cette crainte de Baron est au moins exagérée.
(2) Voir sur les Œuvres d'art de la Confrérie de Notre-Dame du Puy et leur dispersion à jamais regrettable, le remarquable travail du Dr Rigollot, t. XV des *Mémoires de la Société des Antiquaires de Picardie*.
(3) La question de préciser quels sont les donateurs du grand orgue de la Cathédrale a soulevé de vives et intéressantes polémiques ; nous ne pouvons ici traiter cette question dont la solution paraît peu facile. Nous renvoyons le lecteur aux travaux très documentés publiés par MM. Darsy et Dubois, dans les *Mémoires* et les *Bulletins de la Société des Antiquaires de Picardie*. — Quant à la pierre qui couvrait la sépulture de Le Myre, dépouillée des lames de cuivre, elle est restée en place jusqu'en 1895, année où elle fut enlevée et disparut de la Cathédrale, ce qui est regrettable. — Peut-être en retrouverait-on dans les portefeuilles de Millin, un dessin de M. Levrier. M. Darsy, dans son étude sur les Orgues de la Cathédrale, étude insérée au *Bulletin de la Société des Antiquaires de Picardie*, année 1872, n° 4, a publié d'après un dessin copié dans un ancien *Nécrologe* du Chapitre, un croquis représentant l'orgue de Notre-Dame dans son état primitif : M. Darsy pense, non sans raison, que ce pourrait bien être une reproduction de la figure tracée sur la plaque de la pierre tombale d'Alphonse Le Myre.

> Chi gittent dessous cheste lame
> Alphonse Lemire Dieux ait l'ame
> O fut Demoiselle Massine
> De Hainau sa femme et affine
> Lequel Alphonse fut né jadis
> De Bethencourt en Beauvoisis
> Du roi Charles le Bien aimé
> De ce nom VIe nommé
> Fut varlet de chambre XX ans
> Et son recheveur par longtemps
> Fut des aydes à Amiens
> Lesquels ont donné de leurs biens
> Dont on a fait à leur emprise
> Les grands orges de cheste eglise
> En l'onneur du Souverain Père
> Et de la (sa ?) glorieuse Mère.

Cette tombe a été enlevée en 1793, avec d'autres semblables. M. Levrier, aujourd'hui Président de la Cour royale, avoit fait faire le dessin de cette tombe, et l'avoit remis à M. Millin, garde des antiques de la Bibliothèque du Roi, à Paris, pour qu'il l'insérat dans l'ouvrage qu'il publioit alors des Antiquités nationales. Mais les circonstances ayant forcé M. Millin d'abandonner son entreprise, ce dessin, et les autres qu'on lui avoit procurés de quelques monuments de la Cathédrale, n'ont jamais été publiés.

Cet orgue fut commencé en 1422, sous l'Evêque Jean de Harcourt(1),

---

(1) ...... Et si sous luy (Jean de Harcourt, Evêque d'Amiens) encore l'an 1422, les grandes Orgues de Nostre-Dame, que le Chapitre a *depuis peu* fait refondre et remis sus, comme à la longue toute chose panche à sa fin, furent premièrement commencées au mois de mars, et parachevées à Pasques neuf ans après, toutes d'estain sonnant, des bienfaits d'Alphonse Lemire, valet de chambre du roi Charles VI, Recevour des Aydes à Amiens ; pourquoy il est là enterré et sa femme ensemblement, à costé de l'Euesque avec cet Epitaphe qui commence,

> Chi giffent dessous cheste lame
> Alphonse Lemire, Dieux apt l'ame
> O luy Damoiselle Massine
> De Heisnau, sa femme et affine

Et tous les ans le jour de Saint Barthélémy à la messe qui se chante au grand autel à son occasion, ses descendants qui s'y trouvent hommes, femmes, et petits enfants, ont coustume d'aller à l'offrande, chose rare en nostre Eglise, et sans guères d'exemples. — La Morlière, *Antiquités de la ville d'Amiens*, Livre II, p. 225.

et mis en état de jouer en 1429. Il y fut fait depuis différentes réparations changements et augmentations : notamment le positif, dont l'usage étoit inconnu dans les premiers temps. Il y a actuellement trois claviers et cinq soufflets. Le Chapitre avoit décidé d'employer 500000 écus à refaire l'orgue et sa tribune, mais la Révolution rendit vaines ces bonnes résolutions, en cela comme en bien d'autres choses (1).

(1) Il est très heureux que ces *bonnes résolutions* n'aient point été mises à exécution ; en place de la tribune du xve siècle, gracieuse, légère, et hardiment suspendue à l'extrémité de la nef dont elle termine si bien la perspective quand on la regarde du perron du chœur, nous aurions probablement maintenant une lourde construction, de style gréco-romain, appuyée sur des colonnes, torses ou cannelées, avec chapiteaux corinthiens ; la première travée de la nef aurait été, comme dans beaucoup d'églises, obstruée par cette bâtisse, agrémentée par des statues, des bas-reliefs, des vases de fleurs, des panneaux représentant des instruments de musique, car il est probable que les bons chanoines se mettant en frais d'établir un nouvel orgue n'auraient point manqué de lui adjoindre une tribune pour loger un *orchestre* capable de rivaliser avec ceux des théâtres et des bals publics. On a trop d'exemples de ces malencontreux édifices pour *regretter* qu'une pareille honte n'ait point été infligée à notre Cathédrale. La tribune de l'orgue a malheureusement perdu le bel aspect que lui donnait le ton grave et sévère des panneaux de chêne de sa devanture, brunis par le temps. En 1836, on crut bien faire en peignant toute cette boiserie en bleu d'azur, constellé d'arabesques et d'étoiles d'or ; les nervures des ogives, les statuettes, les pendentifs furent également dorés ; ce travail a été exécuté par l'atelier de Martin-Delabarthe, entrepreneur de peinture à Amiens. De plus, on ajouta à la décoration du buffet, des tourelles et des plates-faces, des ornements en planches découpées, qui ne sont pas de très bon style. Pendant l'hiver de 1837 une bonne restauration de l'instrument, jeux et claviers, fut faite par M. John Abbey, facteur de Paris. La réception de l'orgue, ainsi remis à neuf, eut lieu le 4 avril 1838. L'orgue était ainsi composé :

Récit	Bourdon			Trompette	
	Prestant		Hautbois		
	Flute		Cornet		
Grand jeu	Cymbale		Cornet	2e Trompette	
Clairon	Nazard		Fourniture	Bombarde	
1re Trompette	Bourdon de 8		Doublette	Tierce	
Voix humaine	Flute de 8		Prestant		
	Montre de 8		Bourdon de 16		
	— de 16		Chromorne		
Positif	Clairon		Trompette		
	Plein jeu		Cornet		
	Doublette		Tierce		
	Prestant		Nazard		
	Flute		Bourdon de 8		
	Montre				
			Clairon		
			Bombarde		
Pédales	Trompette		Bourdon de 8		
	Flute de 4		Flute de 16		
	Flute de 8				

Dans le temps de la Terreur, M. Cornette l'aîné (1), qui étoit, comme il l'est encore, l'organiste de cette église, réussit à prévenir la destruction de cet instrument en persuadant aux autorités d'alors qu'il devoit être conservé et entretenu pour accompagner les chants des fêtes républicaines, et il n'y fut fait aucun dommage.

Depuis le rétablissement du culte, on a fait tout ce qu'on a pu pour tenir cet orgue en état de servir, mais sa vétusté est telle qu'on n'en tirera jamais un bon parti, tant qu'on ne l'aura pas remis à neuf (2).

A l'entrée de la nef, on voit au milieu du pavé, et à peu de distance l'une de l'autre, deux dalles de marbre blanc, qui sont aux endroits où étoient les deux tombes de cuivre des Evêques Evrard et Geoffroy, sous le pontificat desquels la Cathédrale a été commencée de bâtir.

Celle d'Evrard est la plus près de la porte, et son tombeau de cuivre a été transporté en 1762 au côté droit de cette même porte : il est représenté couché. Les pieds sont aujourd'hui vers l'orient, pour la commodité de ceux qui veulent le regarder. Mais autrefois, il étoit dans la position contraire, l'usage de l'église étant d'enterrer les prêtres et les évêques la tête à l'orient, comme devant assister Notre-Seigneur, au Jugement dernier. Les laïques, au contraire, sont inhumés les pieds à l'orient, devant se lever pour répondre au Divin Juge, qui, dit-on, prendra séance de ce côté de notre horizon. Cette statue porte la chasuble et la mitre : sa main est dans l'attitude de donner la bénédiction. A ses pieds sont deux dragons, ou serpents à quatre

(1) Louis-Hippolyte Cornette, professeur de musique, était né à Amiens, en 1760 ; il mourut dans la même ville en 1830 ; il tint longtemps avec talent le grand orgue de la Cathédrale ; il passait pour un artiste de mérite ; d'autres organistes ont également charmé les Amiénois par les beaux accords qu'ils savaient tirer de leur instrument. Bornons-nous à citer Jean-Baptiste Boulogne, né à Noyon le 31 juillet 1794, mort à Amiens le 7 janvier 1852. Il fut nommé organiste en avril 1834, et remplit ses fonctions tant que ses forces le lui permirent. Un spirituel et original amateur, le Docteur Courtillier, qui avait d'abord suppléé Boulogne, lui succéda en titre et durant longtemps il s'acquitta avec zèle de la charge qu'il avait prise par goût. Les noms de MM. Lippacher et Dulphy père, ne doivent pas être oubliés parmi ceux des organistes de ces derniers temps. Depuis quelques années déjà un véritable artiste, M. Jules Boucher, tient avec un talent hors de pair le grand orgue de la Cathédrale et sait faire valoir comme il convient toutes les ressources de ce magnifique instrument.

(2) L'orgue de la Cathédrale a été entièrement remis à neuf et considérablement augmenté par M. Cavaillé-Coll, l'un des plus habiles facteurs de l'Europe ; ce magnifique travail, dont les frais ont été supportés par plusieurs bienfaiteurs de l'église, a été exécuté entre les années 1887 et 1889 ; l'inauguration solennelle de l'instrument renouvelé eut lieu le 23 décembre 1889, en présence de Mgr Jacquenet, Evêque d'Amiens et d'une très nombreuse assistance. M. Guilmant, célèbre organiste de Paris, vint toucher l'orgue et en fit valoir, avec son talent habituel, les magnifiques ressources.

pattes; à ses côtés sont deux clercs, tenant chacun un cierge allumé ; près de sa tête sont deux anges qui l'encensent. La tombe est supportée par six lions, entre lesquels est une maçonnerie pour marquer que cet Evêque a jeté les fondements de l'église. Au bord de la tombe sont des vers latins dits *léonins*, qui riment à la fin et au milieu, lesquels s'expriment ainsi :

> Qui populum pavit, qui fundamenta locavit
> Huius structuræ cuius fuit urbs data curæ
> Hic redolens nardus fama requiescit Euardus
> Vir pius afflictis viduis tutela relictis
> Custos quos poterat recreabat munere verbis
> Mitibus agnus erat tumidis leo lima superbis

La tombe de Geoffroy d'Eu, qui étoit en avant de celle d'Evrard, est placée à gauche de la porte; il a des dragons à ses pieds, et le lit est porté sur quatre lions, comme celui de son prédécesseur ; mais le dessous de ce lit n'est pas maçonné pour marquer qu'il a continué d'élever l'édifice, qu'il avoit trouvé commencé. Son monument n'est pas aussi orné que l'autre, mais il s'y trouve aussi une inscription en vers léonins, dont voici la copie :

> Ecce premunt humile Gaufridi membra cubile
> Seu minus aut simile nobis omnibus parat ille
> Quem laurus gemina decoraverat in medicina
> Legeque divina decuerunt cornua bina
> Clare vir Augensis quo sedes Ambianensis
> Crevit in immensis in cœlis anctus, Amen, etc.

On peut remarquer que les deux premiers doigts à la main droite de la figure de Geoffroy sont coupés, et que son anneau pastoral est placé sur la troisième phalange de l'index qui est un des deux doigts mutilés. Les uns disent qu'un hérétique avoit coupé ces doigts à cet Evêque, au moment où il célébroit la messe, d'autres disent qu'il les avoit perdus à la chasse ; une troisième version dit qu'on l'a représenté avec la main ainsi mutilée parcequ'il avoit été condamné par le Pape pour avoir excédé ses pouvoirs en publiant des indulgences en faveur de ceux qui contribueroient à la construction de la Cathédrale. On ne doit voir là qu'un de ces accidents qui arrivent fréquemment aux parties saillantes des statues. Ces deux doigts étoient levés : il n'est pas étonnant que quelque choc en ait occasionné la fracture : il paroît même qu'on a voulu rattacher les fragments qui étoient tombés, car il reste un crampon de la même matière, dont les deux pointes sont fichées dans le tronçon de ces deux doigts qui sont réunis ; cela n'a donc aucun rapport au personnel de l'Evêque ici représenté (1).

Quant au trou sur l'épaule, en l'examinant bien, on reconnoit qu'il a servi à assujettir la crosse que la figure tenoit de la main gauche, et dont la place est en creux tant dans cette main que sur les plis de la draperie ; cette crosse étant rapportée et ne faisant pas corps avec le reste de la statue, il est sensible que dès les premiers temps elle a été arrachée et enlevée. La statue d'Evrard avoit également sa crosse dont la volute reposoit sur son épaule gauche, et les trous qui y restent ainsi que la figure d'ange à gauche, indiquent que cette crosse étoit ornée d'une banderolle. L'existence de ces trous fait voir que ces pièces ne sont pas massives. La mauvaise qualité du cuivre a été cause qu'on ne les a pas enlevées pendant la Révolution (2).

Plus tard, un spéculateur avoit voulu persuader à un Comité de la Convention de faire prendre tous les cuivres, fers et plombs qui existoient dans les fabriques de bâtiment, ornements et sépultures de cette église. Une Commission établie près le District d'Amiens pour recueillir et conserver les monuments des arts et des sciences, réclama fortement contre ce projet de dévastation, et il fut arrêté qu'elle n'auroit pas lieu.

---

(1) L'absence de deux doigts à la statue d'Evrard de Fouilloy peut s'expliquer naturellement par la pression de l'air surchauffé, refoulé dans le creux du moule ; au XIIIe siècle les fondeurs n'employaient pas les procédés connus aujourd'hui ; on réparait alors au moyen de crampons ces défauts de fonte.

(2) Le cuivre est de très bonne qualité. — C'est Lescouvé, maire d'Amiens et *marguillier* de la Cathédrale qui a sauvé les tombes pendant la Révolution. Il allégua la mauvaise qualité de la matière pour faire échapper au creuset ces deux monuments si précieux. On doit lui savoir gré de ce mensonge. — Le 25 mai 1794, une Commission fut instituée par l'Administration du district pour sauvegarder les richesses artistiques de la ville et du département, menacées de destruction, et pour la conservation des monuments appartenant à la Nation. Cette Commission assura la préservation de quelques objets précieux, celle notamment des grilles du chœur et des *tombes en cuivre* des Evêques fondateurs de la Cathédrale. Voici en quels termes s'exprime le rapporteur de la Commission : « Les grilles qui ornent le temple sont des chefs-d'œuvre de serrurerie, tous plus intéressants les uns que les autres, dont les façons excèdent la matière. En les enlevant, on feroit des dégradations notables à l'édifice, et les sculptures, peintures, marbres et autres monuments, se trouveroient exposés aux injures des malveillants, par la suppression de ces grilles qui les protègent, en même temps qu'elles décorent l'édifice. » — 8 Germinal an III (Cité par M. A. de Calonne, *Histoire d'Amiens*, t. II, p. 447).

Quant aux animaux qui accompagnent les figures d'Evêques, et d'autres personnes, sur les tombeaux des XII°, XIII° et XIV° siècles, ils ont donné lieu à des conjectures ingénieuses, à des recherches savantes, et à des raisonnements très lumineux. Je crois que toute la discussion peut se terminer par cette observation faite d'après l'histoire et l'esprit du temps : l'ignorance des artistes et l'intolérance des ecclésiastiques sous les yeux desquels ces monuments étoient érigés, s'opposoient à ce qu'on fît et voulut faire autre chose que ce qui étoit convenu entre tout le monde, c'est-à-dire, rappeler le dogme de l'immortalité de l'âme, la résurrection, les peines dues aux vices, la gloire et les récompenses acquises par les vertus, aux termes de l'Ecriture Sainte. Quant aux raisins et aux épis de blé, ce sont les emblèmes de l'Eucharistie, qui s'offre sous les espèces du pain et du vin, et quand on les a sculptés dans les églises chrétiennes, on n'a pu penser au culte de Bacchus et de Cérès, dont ils étoient les emblèmes dans les temples des païens (1).

Pour examiner les chapelles et autres monuments du pourtour de cette église, nous commencerons par la partie gauche, comme nous avons fait pour les vitres et pour les décorations du chœur, tant en dedans qu'en dehors.

Ainsi, la première chapelle, en entrant par le portail dit de Saint-Firmin, fut bâtie et érigée en 1373 par Jean de la Grange, sous le titre de Saint-Jean-Baptiste ; le cœur de ce Prélat y fut inhumé, et, à la Révolution on voyoit encore sur les murs de cette chapelle et de la suivante, ses armes et celles du Roi. La clôture était précédemment en bois sculpté, peint et doré, avec un tableau au-dessus, représentant le Trépas de la Sainte Vierge ; elle avoit été donnée en 1615 par Pierre Cornet, bourgeois d'Amiens, ancien échevin et Maître du Puits. La grille de cette chapelle consiste en une porte à deux battants entre deux murs dans le genre de ceux qui sont à l'entrée du chœur, pour correspondre à la porte de sortie qui est vis-à-vis. Derrière ces murs sont des confessionnaux qui sont dans les angles de la chapelle et forment des tours creuses correspondantes aux deux sacristies qui

---

(1) Une importante notice historique et archéologique sur les tombes de bronze des deux Evêques d'Amiens a été publiée par M. le chanoine J. Corblet, dans le XIV° volume de la *Revue de l'Art Chrétien*. — Ces deux tombeaux placés sur des bases en marbre noir et entourés de grilles, sont depuis 1867 érigés en regard l'un de l'autre entre les piliers qui délimitent la troisième travée au bas de la nef. — Le choix de cet emplacement, qui pourtant, il faut bien en convenir, a pour avantage de garantir les tombes des dégradations, n'a pas été universellement approuvé.

accompagnent l'autel. On voit au retable de cet autel une statue de Notre-Seigneur portant sa croix qui pourroit bien être celle qui étoit au mausolée du Pénitencier Le Sieur, dont il a été fait mention ci-devant. Cette chapelle a été renouvelée en 1776 et années suivantes par M. Cornet de Coupel. C'étoit là qu'étoit resserrée l'Extrême-Onction que le Chapitre faisoit administrer dans toutes les anciennes paroisses de la ville, privilège auquel il avoit renoncé en 1770 comme trop onéreux et sujet à de graves inconvénients pour les malades. On la nomme Chapelle de Sainte-Ulphe, à cause d'une Congrégation de Demoiselles qui y faisoit ses exercices de dévotion, depuis la destruction d'une chapelle de Sainte-Ulphe qui étoit près de la Trésorerie dont nous parlerons ci-après.

Jean de la Grange avoit aussi érigé la seconde chapelle, sous le nom de Saint-Jean-l'Evangéliste. La clôture, qui étoit de bois, et chargée de figures dorées, avoit été donnée en 1613 par Louis Du Fresne, en cette année Maître de la Confrérie du Puits. Le tableau du couronnement représentoit la Descente du Saint-Esprit. M. Dugard (1). chanoine, mort depuis très peu d'années, a renouvelé cette chapelle en 1768. Il en a décoré l'autel d'une statue de la Vierge, en marbre blanc, faite par Blasset, laquelle était auparavant à l'un des piliers de la nef. Cette statue, avec son encadrement en divers marbres, avait été donnée en 1634 par M. Jean Quignon, bourgeois d'Amiens et Demoiselle Madeleine Boulet, son épouse. Cette statue est fort belle, mais on trouve à redire, comme à toutes celles faites par le même artiste, à la disproportion de la tête, moindre que ne l'exige le corps qui la supporte (2). Aujourd'hui cette chapelle porte le nom de *Notre-Dame de Bon Secours*, et les hortillons, dont la demeure est sur l'ancien territoire de Saint Firmin le Confesseur, y ont transporté la dévotion qu'ils avoient à une chapelle de cette paroisse sous la même invocation. La grille, comme celles de toutes les chapelles de la nef, est de toute l'étendue de l'entrecolonnement. Elle consiste en une porte à deux battants, accompagnée de deux grands panneaux et surmontée d'un couronnement en fronton. Il faut remarquer que ces dix grilles, toutes de même dimension, sont chacune d'un dessin différent, sans se rien céder quant à la beauté. Comme nous marquons les époques où ces grilles ont été faites, les amateurs peuvent recon-

---

(1) Le nom de famille de ce chanoine est du Gard.
(2) Baron donne ici une très juste appréciation du style et de l'esthétique de Blasset.

noître les changements qu'a subi le goût de cette partie de l'architecture, et, sans doute, il trouveront que plus on s'est approché de la fin du xviii° siècle, plus ce goût s'est épuré (1).

La troisième chapelle étoit dédiée aux saints frères Crespin et Crespinien. Un reliquaire de ces martyrs y étoit conservé, et la communauté des cordonniers d'Amiens, y faisoit son office. Ces reliques ayant échappé à la Révolution, les cordonniers se réunissent encore tous les ans à cette chapelle pour y célébrer leur fête. Cette chapelle avoit une clôture de bois peint, donnée en 1587, par Charles Guédon, prêtre, chanoine célérier (2) à cette église. La table d'autel avoit été donnée en 1613 par M. Antoine Le Clerc, chanoine et préchantre. Dans cette chapelle étoit l'ancien mausolée, disoit-on, d'Angilvin, comte d'Amiens, et de Rimulde, sa femme, qui ont fait, en 850, donation à l'ancienne église, des biens qu'ils possédoient au lieu de Fontaine, sur la rivière de Selle ; si cela étoit, ce monument auroit échappé à plusieurs désastres, arrivés à l'ancienne Cathédrale, et auroit été rapporté ici par respect pour ces bienfaiteurs. Quoiqu'il en soit, il n'existe plus ; l'état des lieux fut changé de 1776 à 1777, par le renouvellement de cette chapelle, opéré aux dépens de M. Lucet, chanoine. Au retable de l'autel étoit un bon tableau, représentant le Christ, mort en croix, et, comme au fronton, on avoit sculpté la figure de Saint Michel, la chapelle portoit le nom de cet Archange ou celui de Saint Crespin indifféremment (3).

C'est dans cette chapelle qu'on voit à présent un Crucifix antique que le peuple appelle *Saint Sauve*. Il a conservé ce nom parceque Saint Salve l'a, dit-on, donné à l'église de Saint Pierre et de Saint Paul, depuis paroisse de Saint-Firmin-le-Confesseur. Le Christ est dans la proportion de six pieds. Il est couvert d'une robe longue à manches serrées jusque sur le poignet avec une ceinture en forme de courroie autour des reins. La tradition veut que ce crucifix ait été trouvé dans

---

(1) Il est très douteux que les grilles des chapelles de la nef soient toutes du même artiste. Elles ont été exécutées à des époques assez différentes les unes des autres : il y en a de style Louis XV, d'autres de style Louis XVI. Evidemment le dessin n'est pas de la même main.

(2) Le titre de *célérier* devenu depuis longtemps purement honorifique, appartenait primitivement au chanoine chargé des provisions de bouche, lorsque le Chapitre vivait en communauté.

(3) Les cordonniers ont cessé de célébrer leur fête à la Cathédrale ; pendant un certain nombre d'années ils firent chanter une messe à l'église Saint-Leu, le jour de la Saint-Crépin. Cet usage a également cessé.

la mer, non loin de la petite ville de Rue, dans l'église de laquelle en étoit un semblable trouvé dans le même lieu et dans le même temps. On apppelloit celui de Rue *le Saint Esprit*. Le vêtement de ce Christ indique qu'il a été fait dans les bas siècles de l'ère chrétienne. En 1776 il fut repeint et doré et porté en procession aux stations du jubilé par les paroissiens de l'église où il se trouvoit. La paroisse de Saint-Firmin-le-Confesseur ayant été supprimée et jointe à la Cathédrale en 1791, on a placé cet objet de dévotion dans la chapelle où nous le voyons aujourd'hui. Il fut ôté et caché pendant la Terreur, et remis ensuite à la même place. On l'appelle *Crucifix miraculeux* parce qu'on prétend qu'il a baissé la tête, qui est encore inclinée à présent, pour saluer la châsse de Saint Honoré qui étoit apportée dans l'église de Saint-Pierre et Saint-Paul, où ce Crucifix étoit exposé, sur le passage de la procession. Quoiqu'il en en soit, ce Crucifix est toujours en grande vénération ; on brûle continuellement des chandelles en son honneur. Ces offrandes viennent principalement de la part des gens de mer et de rivière du département de la Somme et de ceux circonvoisins (1).

La quatrième chapelle étoit et reste dédiée à Saint Honoré, huitième Evêque d'Amiens. Les différentes actions de sa vie étoient représentées en bois sculpté et doré sur le retable de l'ancien autel. La clôture avoit été donnée en 1596 par Augustin de Louvencourt, qui étoit maïeur d'Amiens en 1595, et Barbe Gamin, son épouse. Les grilles et décorations de cette chapelle ont été renouvelées en 1781, aux frais de M. de Coupel et des maîtres-pâtissiers et boulangers de la ville. Leur communauté y tenoit sa confrérie de temps immémorial, et les *Esgards* ou syndics portoient la châsse de ce saint, leur patron, toutes les fois qu'elle sortoit en procession. Les boulangers se réunissent encore tous les ans pour faire célébrer l'office de leur fête dans cette chapelle (2). La statue du saint, placée au retable moderne, est de M. Vimeux, sculpteur amiénois encore vivant (3).

(1) Voir à l'Appendice, n° 1, un extrait des *Notes* de Machart, qui donne sur le Crucifix de Saint-Sauve des renseignements assez étendus. — Pendant l'épiscopat de Mgr Bataille, un grand nombre de reliquaires de petite dimension, ont été disposés sous les bras du Crucifix et dans quelques panneaux de cette chapelle, par les soins de M. le chanoine Dahlez.

(2) De même que les cordonniers, les boulangers ont cessé de célébrer leur fête patronale à la Cathédrale.

(3) Vimeux, Jacques-Firmin, naquit à Amiens le 12 janvier 1740 ; il mourut dans la même ville le 30 janvier 1828. — La statue de Saint Honoré représente le prélat vêtu comme un évêque du XVIII° siècle : il a le rochet recouvert de la *cappa magna*.

La cinquième chapelle étoit dédiée à Saint Louis, IX⁰ du nom, roi de France. Elle avoit une clôture de bois donnée en 1601 par Jean de Sachy, alors Maître de la Confrérie du Puits. Elle fut renouvelée en 1774, ainsi que la décoration de cette chapelle, aux frais de M. Joron, chanoine et chantre de cette église. On mit dans le retable une des plus belles images de la Sainte Vierge, qui étoit à l'un des piliers de la nef, statue donnée en 1654, par M. Mouret, bourgeois d'Amiens, pourquoi on voit cette légende au bas de la statue :

*Son service est si doux qu'il n'est qu'a*Mour et *joie*

On appelleroit aujourd'hui ce jeu de mots *calembourg*. Dans le temps on appelloit cela *rebus*, et chacun des donateurs se piquoit de briller dans ces *rebus*, qui rappelloient leurs noms de famille, ou faisoient allusion à quelque chose qui leur étoit personnel. Il en reste encore d'autres dans la Cathédrale, mais nous ne comptons rapporter que celui-ci, pour exemple seulement. L'Enfant-Jésus, porté par sa Mère, tient une pomme d'une main et une palme de l'autre. La Vierge a un bouquet dans la main qui n'est pas chargée de l'enfant. Ces figures, de beau marbre statuaire étoient couronnées et leurs supports et encadrements étoient ornés de guirlandes et festons en bronze doré (1). On avoit pris ces métaux pendant la Révolution. Un sculpteur vient d'être chargé de les remplacer par des ornements en plastique ou en bois, qui seront vraisemblablement dorés. Il faudra aussi rétablir les fleurs de lis et la couronne d'un Saint-Louis qui est en bas-relief au-dessus de la porte d'une petite sacristie qui accompagne l'autel, en regard d'un Saint-François-Xavier mourant (2). Cela fera disparoître ici la trace des ravages de la Révolution et rendra tout l'éclat aux ornements multipliés de cette chapelle, qui porte actuellement le nom de Notre-Dame-de-Paix.

Sur le pilier qui sépare cette cinquième chapelle de celle qui suit est appliqué un petit mausolée de marbre de diverses couleurs, monté sur un piédestal et une colonne aussi de marbre C'est une espèce de portique, au devant duquel est une petite statue de la Vierge, en marbre blanc. Elle porte l'Enfant-Jésus du bras gauche et tient un petit puits

---

(1) On désigne cette Vierge sous le titre de *Notre-Dame de Paix*. Elle est l'objet de la vénération des fidèles qui font brûler de petits cierges devant cette image.

(2) On a placé dans cette chapelle un tableau de Forty, représentant le retour de l'enfant prodigue. Ce tableau était jadis à la *Petite-Paroisse*.

sur la main droite. A ses pieds sont deux autres statues à genoux, un homme à droite et une femme à gauche. Entre les trois figures sont, du côté de l'homme le petit Saint-Jean, et du côté de la femme un agneau. L'entablement de ce mausolée est drapé d'un linceul dans lequel paroît couchée la mort sous la forme d'un squelette, tenant une faux auprès de soi, et montrant une horloge de sable. La partie anatomique du squelette est savamment traitée. On regrette que le pied gauche et l'avant-bras de la main droite, qui soutient la tête, aient été cassés. La Vierge, son enfant et le petit Saint-Jean sont fort beaux. La draperie de l'homme, qui porte le costume de maïeur d'Amiens est mieux que celle de la femme, qui a un habit du temps très peu favorable. Les deux défunts ici représentés sont Jean de Sachy, qui fut quatre fois premier échevin de la ville d'Amiens (on l'étoit un an chaque fois), et Maître de la Confrérie du Puits, et Marie de Revelois, son épouse ; le premier décéda le 9 février 1644, et l'autre, le 25, aussi de février, 1662. Ils sont tous deux enterrés au pied de ce mausolée, ayant fondé un obit dans cette église (1).

La sixième et dernière chapelle de ce bas-côté de la nef, étoit dédiée à Sainte Brigitte. Elle avoit été décorée d'une clôture de pierre peinte et dorée, donnée en 1615, par François de Prouville, commandeur de Saint-Maulvis. Comme depuis la destruction du jubé et de ses accessoires il n'existoit plus dans la Cathédrale d'autel sous l'invocation de Saint Firmin le Martyr, patron de la ville et du diocèse, Mgr de Machault, Evêque, contribuant avec M. de Coupel à la nouvelle décoration de cette chapelle en 1781, la fit dédier à Saint Firmin. La statue, en bois, de cet apôtre de la Picardie, est dans une niche au retable de l'autel. On a imité celle de Saint Denys qui étoit en marbre à l'une des chapelles au-devant du chœur de la métropole de Paris. Le saint, vêtu d'une draperie antique, en forme de chasuble, tient de la main gauche le bâton pastoral, avec cette légende :

IN CHRISTO JESU PER EVANGELIUM EGO VOS GENUI.

Aux portes des petites sacristies sont deux bas-reliefs en médaillons. Celui de droite représente Sainte Claire tenant un ciboire, et celui de

---

(1) Le monument de De Sachy et de sa femme a été habilement restauré dans ces derniers temps. On rendit alors au jour l'écusson portant les armoiries des deux familles ; cet écusson inscrit dans le tympan du petit portique contre lequel s'appuie la Vierge, avait été emplâtré lors de la Révolution, et grâce à cette précaution, il était resté intact.

gauche Sainte Brigitte tenant un lis à la main et ayant un mouton auprès d'elle. Toutes ces sculptures sont de M. Vimeux. La peinture a été exécutée par Coquelet ; il faudrait avoir vu une grande quantité de marbres rares pour reconnoître ceux que cet artiste a voulu imiter dans cette chapelle en tables aussi grandes.

En ouvrant la porte de la petite sacristie à droite, on voit, à la muraille en face, un petit mausolée. C'est un médaillon de beau marbre blanc sur lequel est sculpté en demi-relief le portrait de François Barboteau, aumônier du Roi, chanoine de cette église, mort en 1660. La royale, ou petite touffe de barbe au menton marque le temps où il a vécu : les mains jointes sont bien faites. L'épitaphe se lit sur une pierre noire placée au bas, dans le pavé de la sacristie.

On a désigné cette chapelle pendant quelque temps sous le nom du *Vinotier* parceque le pain et le vin pour les messes s'y sont distribués après l'enlèvement du jubé.

En tournant à gauche, dans le bas-côté de la croisée, on voit sur le mur qui sépare ce bas-côté de la chapelle de Saint-Firmin dont nous venons de parler, une suite de tableaux en sculpture de pierres peintes et dorées, dans le genre de ceux qui sont contre les dossiers des formes du chœur. Ceux-ci représentent Notre-Seigneur au temple de Jérusalem et les diverses parties de ce temple.

Au bas du premier cadre est, en lettres gothiques le mot 𝔄𝔱𝔯𝔦𝔲𝔪 : c'est le parvis du temple, on en voit les degrés sur lesquels est Jésus armé d'un fouet et chassant les marchands et usuriers qui faisoient de la maison de Dieu une caverne de voleurs. Tous sont empressés de fuir. L'un se sauve emportant un cochon, quoique la loi des Juifs eût défendu l'usage de cet animal immonde. Un autre emporte une cage à poulets. Une femme gagne la porte avec une corbeille sur la tête et un panier au bras. Un banquier, ou usurier, ramasse avec avidité des pièces d'or et d'argent, tombées de sa table renversée. Sur la tunique du Fils de Dieu sont écrits ces mots : *Auferte ista hinc et nolite facere domum patris mei domum negotiationis.*

Le second cadre représente Jésus-Christ reprochant aux Juifs la profanation qu'ils faisoient du temple. Cependant, des sacrificateurs s'apprêtent à immoler un bélier. Au bas est écrit : *Tabernaculum.*

Le troisième représente l'autel des holocaustes et les pains de proposition ; des lévites l'entourent. Le nom de ce lieu : *Sanctum*, est écrit en bas.

Le quatrième et dernier cadre est : *Sanctum sanctorum.* L'arche.

d'alliance y repose. Des anges soutiennent les tables de la loi. Le Grand-Prêtre, qui seul avoit le droit d'y entrer une fois l'an, y fait les encensements ordinaires. Au pied de l'arche est un vase d'eau lustrale.

De cinq petites statues qui étoient aux pilastres séparant ces quatre sujets, il en reste deux qui représentent Saint Jean-Baptiste et Saint Jean l'Evangéliste. Le buste d'un prêtre, qui est sur la console du milieu, provient d'un autre monument (1). La représentation du donateur de celui-ci est disparue ; c'étoit :

Maistre Jehan Duytz chanoine de ceans chanoine et chantre de N.⸳D. de Cassel lequel trespassa le jour de novembre 1523.

C'est ce que porte son épitaphe à la plinthe qui soutient cette suite de tableaux.

Au bas se voient les petites arcades et le banc de pierre qui marquent que c'étoit là le mur de clôture de l'église (2).

En suivant ce mur, on trouve dans la travée d'après une porte en menuiserie à fronton circulaire qui donne entrée dans une sacristie. En examinant l'extérieur du côté de la rue des Soufflets, nous avons observé que cette sacristie étoit bâtie sur l'emplacement des masures supprimées en 1770. Ce petit bâtiment servoit à la Communauté des Chapelains pour y tenir ses assemblées capitulaires et y reserrer ses archives. Aujourd'hui on y conserve le dais pour les processions générales, et les enfants de chœur de la paroisse y vont prendre leurs habits d'église. Ces enfants sont au nombre de dix ; on les distingue de ceux du Chapitre en ce qu'ils ont une ceinture noire sur la soutane rouge et une calotte également noire. Lorsqu'ils vont aux convois mortuaires, ils ont des soutanes noires, et portent des rochets, au lieu d'aubes traînantes (3).

(1) Ce buste ne se trouve plus depuis longtemps en cet endroit.
(2) On reconnaît encore très bien dans cette muraille l'emplacement d'une porte qui a été supprimée probablement à l'époque de la construction de la chapelle Saint-Firmin. Dans l'une des arcades le Chapitre a fait placer une épitaphe qui était naguère appliquée contre la muraille extérieure de la chapelle Saint-Honoré, au faubourg de Beauvais. Cette épitaphe a été transportée à la Cathédrale lors de la démolition de la chapelle sus dite : elle rappelle la mémoire de M. François-Pierre-Honoré Fertel, ancien curé de Saint-Sulpice et prévôt des Chapelains de la Cathédrale, exilé durant dix ans pour la défense de la foi catholique, et depuis curé de Notre-Dame, doyen de son Chapitre et vicaire général, décédé en 1813.
(3) La sacristie dont il est ici question a été supprimée ; la porte qui y donnait accès a conservé à l'intérieur son encadrement et ses panneaux de chêne sculpté, à l'extérieur

Au mur qui fait l'extrémité de ce bas-côté de la croisée est une clôture en menuiserie provenant de la paroisse de Saint-Firmin-en-Castillon. C'est une porte feinte, à deux battans, accompagnée de deux confessionnaux, qui orne très bien le mur, au-devant duquel sont les fonts baptismaux (1).

La cuve de pierre de Senlis, qui contient environ cent vingt-cinq pintes d'eau, a sept pieds six pouces de longueur, seize pouces de hauteur, et deux pieds de largeur. Aux quatre angles sont les figures en demi-relief de quatre prophètes ; il reste écrit les noms de deux, savoir Zacharie et Joël. La tradition qui veut que cette cuve visiblement destinée à administrer le baptême par immersion, soit plus ancienne que l'église actuelle est assez probable. Les supports, qui sont des pierres ornées de sculptures en feuillages, comme celles du grand portail, paroissent aussi avoir servi dans un autre endroit. Le tout est sur une maçonnerie composée de carreaux de diverses espèces, également rapportés d'ailleurs.

En quittant les fonts, il faut lire sur le pavé, au bas du pilier, en avant, à gauche, dans le même bas-côté, l'épitaphe de notre célèbre compatriote Gresset. Ses restes qui étoient enterrés dans un cloître du cimetière général de Saint-Denys, de la ville d'Amiens, actuellement abandonné, ont été transportés dans la Cathédrale par les soins de Messieurs de l'Académie d'agriculture, sciences, arts et belles lettres d'Amiens dont il étoit le fondateur. Cette translation solennelle a eu lieu le 16 août 1811. On avoit placé à cet endroit le modèle en bois et toile d'une pyramide qui devoit être élevée en marbre en son honneur. Mais ce modèle est devenu si défectueux qu'il a fallu l'ôter. Il coûteroit bien peu d'exécuter l'idée de l'un des membres de l'Académie : ce seroit d'attacher au pilier une table de marbre noir sur laquelle seroit en

---

apparaît le petit portail du XIII° siècle, faisant le pendant de celui qui s'ouvre au côté correspondant du transept méridional ; un escalier de pierre donne accès dans la cour de l'Agence des travaux. — A remarquer la note de Baron sur les enfants de chœur de la paroisse : c'est un renseignement aussi exact que curieux.

(1) Au-dessus de la porte, dans un cartouche, est tracée en lettres d'or sur un fond noir, l'inscription suivante :

AUDITE
QUI INGREDIMINI PER
PORTAS HAS UT ADORETIS
DOMINUM, EMUNDATE MANUS
PURIFICATE CORDA
JEREM.   7.

grosses lettres le nom de *Gresset*, et au-dessous cette épigraphe : *Sit nomen pro monumento*, avec la mention de la date de la translation, et par qui elle a été effectuée (1).

La chapelle qui se trouve dans la croisée au pied des marches pour monter au bas-côté contre le chœur, s'appelloit la chapelle du *Pilier vert*, parce que le pilier auquel elle est adossée a été peint de couleur verte.

En 1462, les trois états de la ville firent vœu d'ériger en cet endroit un autel en l'honneur de Saint Sébastien, à cause de la peste qui désoloit alors notre cité. Ce vœu fut exécuté, et l'autel fut bénit par Ferry de Beauvoir. Cet Evêque avoit, de concert avec les trois Ordres, établi une Confrérie administrée par un chanoine, un officier de robe longue et un bourgeois, qui restoient trois ans en exercice. On renouvelloit un des trois administrateurs ou maîtres chaque année au mois de janvier ; personne ne pouvoit refuser la maîtrise. Le dimanche avant la fête de Saint Sébastien on faisoit une procession générale, à laquelle assistoit le Corps de Ville, et le jour de la fête on chantoit une grande messe. Cette Confrérie est tombée dans la suppression en 1790.

Les décorations de la chapelle furent renouvelées dans le XVIIe siècle, encore en temps de peste. La table d'autel, et la balustrade de marbre noir, ornée de vases et de balustres en cuivre jaune, furent donnés en 1634, par Jean Hémard et Marie de Hollande, son épouse. Quant au reste de la décoration, François Mouret, et Marie Devillers, sa femme, y ont contribué en 1635. Les sculptures sont du célèbre Blasset. Le tableau d'autel, peint sur toile par Warin, natif d'Amiens, représentoit une Descente de Croix, près de laquelle étoient représentés Louis XIII, Anne d'Autriche et le Dauphin, leur fils, qui fut depuis Louis XIV, roi de France. Il est probable que ce tableau avoit été donné par la reine dans un séjour que la cour fit à Amiens du temps qu'on décoroit cette chapelle. Ce tableau étant détruit par l'humidité, on en a mis un autre à la place, représentant un Crucifix accompagné de la Vierge et de Saint Jean, provenant de la Maison de Moreau-

(1) Le vœu exprimé par Baron a été plus que réalisé : le pilier voisin de la tombe de Gresset supporte une pierre sur laquelle est gravée une assez longue épitaphe latine ; cette pierre a été placée par les soins de l'Académie d'Amiens, qui se proposait de faire exécuter un mausolée plus digne d'honorer la mémoire du chantre de Ver-Vert. Un projet de ce mausolée peint sur toile, avait été appliqué, comme le rapporte Baron, contre le pilier au moment de la translation en 1811 ; cette toile fut, dit-on, lacérée en 1815, par des Prussiens qui crurent y voir, nous ne savons trop pourquoi, une allusion honorifique pour le gouvernement impérial.

court (1). Au haut du retable est la statue de Saint Sébastien, qui paroit debout, nu, percé de flèches, et attaché à une colonne. Des anges lui apportent la palme et la couronne. Sa cuirasse et son casque sont près de lui. Le nu est fort bien traité. En amortissement des colonnes qui flanquent ce retable sont des figures assises, représentant la Patience et la Charité ; dans le bas étoient les statues de deux saints qu'on a coutume d'invoquer en temps de peste : Saint Roch et Saint Louis. La première a été respectée par les révolutionnaires qui se piquoient d'imiter Saint Roch, en se faisant appeler sans-culottes (2), mais la qualité de roi, que rappelloit la seconde statue, excita toute la furie des républicains. Le jour d'une réunion patriotique, de zélés jacobins renversèrent la statue de Saint Louis ; un orateur en prit la tête et l'ayant portée dans la chaire, il la laissa tomber dans l'enceinte au-dessous qui est fermée d'une grille, et chacun d'applaudir à l'adresse et au courage de ce frère et ami. Par bonheur pour les assistants, cet homme étoit, suivant l'étiquette du jour, dans un état d'ivresse, qui ne lui permit point de lancer le bloc de pierre sur l'assistance (3). Pour remplir le vide laissé par cette statue, on y a mis une Notre-Dame des Sept Douleurs, tirée d'un mausolée qui est vis-à-vis la porte de Saint Christophe (4).

Près de la chapelle de Saint Sébastien, et sous une lame de cuivre ouvragé où il était représenté, gît le corps de l'Evêque Jean de Cherchemont. De son temps ont été élevées les tours du portail. Il décéda l'an 1372. Dans l'ancien temps cette tombe étoit élevée de six pouces. Il paroit qu'on l'avoit mise au niveau du pavé à l'époque où la chapelle fut rétablie. A la Révolution on a enlevé ce cuivre et mis à la place des carreaux qui s'accordent tant bien que mal avec ceux d'alentour (5).

En passant devant la grande porte, au nord, donnant dans la cour

(1) Le tableau de Quentin Varin n'aurait-il pas été détruit plutôt lors de l'échauffourée pendant laquelle fut brisée la statue de Saint Louis ? La représentation de personnages royaux rend plausible cette conjecture.

(2) Observation d'un goût douteux.

(3) D'après M. A. de Calonne (*Histoire d'Amiens*, t. II, p. 500), l'orateur en question serait le conventionnel André Dumont. Il aurait donc abjuré les sentiments dont il se montrait animé en sauvegardant les décorations du sanctuaire (*Vide suprà*).

(4) La statue de Saint Louis a été remplacée en 1832 par une autre représentant également le saint roi et qui a été sculptée par Duthoit. Quant à la statue de la Vierge des Douleurs, elle provenait en effet du tombeau du chanoine Niquet et elle y a été réintégrée, mais elle n'a point été faite pour ce mausolée.

(5) Il ne reste plus aucun indice de l'emplacement de la sépulture de cet Evêque.

dépendante du Palais Episcopal, appelée cour de l'Officialité, on voit ordinairement l'autel portatif qui se met au milieu de la nef, en cas de besoin. Il sert à poser le Chef de Saint Jean, que les fidèles viennent baiser pendant les octaves de ses deux fêtes, qui sont, le lundi ou mardi de *Quasimodo* sa Décollation, et le 24 juin sa Nativité. On suspend un dais au-dessus de cet autel, qu'on pare de chandeliers et de pots de fleurs.

Au pied du perron de la chapelle de Saint Jean repose le corps de l'Evêque Pierre Sabathier, décédé le 20 janvier 1733. Son mausolée, en pierre, est contre le mur de face de la croisée. Ce prélat est représenté à demi couché sur un tombeau qui est supporté par une grande console sur laquelle est gravée son épitaphe. Une pyramide s'élève auprès de lui, terminée par une urne sépulcrale. Un ange vole au-dessus en sonnant de la trompette; un ange pleureur, qui étoit fort beau, supportant les armoiries de l'Evêque a été cassé pendant la Révolution. On trouve fort extraordinaire qu'un carreau qui paroit rempli de plumes ne soit aucunement enfoncé par le coude du personnage qui appuie dessus. Ce monument est de la façon de M. Dupuy. Il fut élevé en 1748 par les soins de M. Darguies, chanoine pénitencier, grand vicaire et ami particulier de cet Evêque (1).

La chapelle que nous allons visiter portoit autrefois le titre de Saint Pierre et Saint Paul, en mémoire de l'ancienne église qui subsista dans cet emplacement jusqu'en 1236. Geoffroy de la Marthonie, soixante-quinzième Evêque d'Amiens, mort le 17 décembre 1617, y a sa sépulture qui n'a jamais été indiquée par aucun monument. Nous avons vu que la chapelle de Saint Sébastien devoit son origine et ses décorations aux vœux faits par les trois états de la ville pour être délivrés de la peste. Ce fléau étoit très fréquent dans les anciens temps. De 1666 à 1668, la ville fut accablée d'une maladie contagieuse, que les médecins prétendent ne pas avoir été une véritable peste, mais qui ne laissa pas d'attaquer et d'emporter beaucoup de monde. Le premier novembre de cette année 1668, l'Evêque François Faure et son clergé, le Corps de Ville et les principaux habitants d'Amiens firent vœu d'élever un autel de marbre en l'honneur de Saint Jean-Baptiste, pour obtenir, par son intercession, la cessation de la maladie contagieuse. Le 22 juin 1669, il fut fait une procession générale pour remercier

(1) Le mausolée de Pierre Sabatier vient d'être fort habilement restauré ; l'ange pleureur a été rétabli ; ce tombeau est un intéressant spécimen du style employé pour les monuments funèbres au XVIII° siècle.

Dieu de l'extinction de ce fléau ; on renouvela dans ce jour le vœu de construire cette chapelle sur l'emplacement de celle de Saint-Pierre et de Saint-Paul.

Ce ne fut qu'en 1708 qu'on mit la main à l'œuvre. Suivant le vœu, l'Evêque, le Chapitre et la ville y contribuèrent chacun de 1000 écus. Divers particuliers de l'Eglise, de la noblesse et de la robe complétèrent individuellement la somme de 40.000 livres environ qu'il fallut employer pour mettre l'ouvrage à sa perfection. Nous avons cité M. de Vitry, échevin en charge dans l'année 1668, qui y avoit donné 1000 écus à lui seul. L'autel fut bénit par Mgr Sabathier le 21 décembre 1711.

L'autel et son retable ont été construits sur les dessins d'Oppenord, architecte de Paris (1). Les sculptures sont l'ouvrage de Poultier, sculpteur, de l'Académie royale. Le soubassement s'élève à la hauteur de l'autel ; une suite de piédestaux règne au-dessus, et accompagne un dossier dans lequel est pratiqué un tabernacle destiné à recevoir le Chef de Saint Jean. La porte, en bronze doré, forme un médaillon, sur lequel est représentée la tête de Saint Jean dans un plat entouré de rayons. Ce médaillon est soutenu par des anges assis sur des nuages. Au milieu est un grand tableau accompagné de chaque côté d'une colonne et d'un pilastre, d'une seule pièce chacun, en marbre cipolin, très précieux par les accidents qu'il présente à sa surface. Les chapiteaux, d'ordre composite, sont en étain et plomb amalgamé, et richement dorés, ainsi que les rosaces, rinceaux, et autres ornements de cette architecture. En avant des colonnes sont les statues, à droite de Saint Firmin le Martyr, revêtu de ses habits pontificaux, et à gauche de Saint François de Sales, en rochet et camail. Ces deux statues, en pierre de Tonnerre, sont dans la proportion de six pieds, compris la plinthe. La corniche, bien profilée, est décorée suivant les règles de l'architecture. Elle est surmontée d'un fronton circulaire, avec un candélabre à chaque extrémité, supporté par des anges. Dans le tympan de ce fronton est, en bas-relief, un archange, tenant le glaive, instrument du martyre de Saint Jean ; il est accompagné de deux anges portant la palme et la couronne qui en sont la récompense. Le tout est surmonté

---

(1) Gilles-Marie Oppenord, était né à Paris en 1672 ; il y est mort en 1742. Il avait été élève de Hardouin Mansard, et pensionnaire de l'Ecole française à Rome, pendant huit années. Il occupa un des premiers rangs parmi les architectes de la première moitié du XVIIIe siècle. Il travailla beaucoup à Paris pour les grands seigneurs et dans les églises : l'un de ses principaux ouvrages est la chapelle de la Vierge à Saint-Sulpice.

d'une croix qui élève le monument à cinquante pieds de hauteur environ. Toutes ces figures sont du dessin le plus correct et le plus élégant : on ne se lasse point de les admirer. Les marbres sont des plus riches et des mieux choisis, et la grandeur des morceaux, surtout des colonnes, ajoute encore à leur rareté.

Le tableau de cet autel, peint sur toile par Hallé, représentant le baptême de Notre-Seigneur, étoit d'un grand mérite, mais l'humidité de l'église l'avoit terni au point qu'il ne faisoit plus aucun effet ; de sorte qu'en 1780 on fut obligé de le supprimer. On le remplaça par un grand relief en bois qui rappelle le vœu en vertu duquel cet autel a été érigé. En effet, Notre-Seigneur paroit assis au centre, tenant sa croix qu'un ange soutient et sur laquelle est la couronne d'épines ; la Sainte Vierge, debout à sa droite, et Saint Jean-Baptiste prosterné à sa gauche, paroissent présenter au Rédempteur les vœux qui leur sont adressés de la part des fidèles habitants d'Amiens. Le reste de la composition est occupé par des anges qui volent parmi les nuages qui occupent le fond. C'est l'ouvrage de feu M. Carpentier père, sculpteur en cette ville. Au bas est écrit ce vers :

TANTIS AUSPICIBUS DABITUR VICTORIA PLEBI

Il a été fourni par M. Gorin, ancien professeur de rhétorique, puis principal au Collège d'Amiens, depuis, proviseur de notre Lycée, et actuellement doyen de la Faculté des Belles-Lettres à l'Académie universitaire, chanoine titulaire de la Cathédrale, et membre de l'Académie de cette ville (1).

Le coffre de l'autel, quoiqu'en marbre, n'étoit pas en rapport avec le reste de la chapelle. Comme on avoit voulu l'avoir tout d'une pièce, on y avoit employé un marbre moins précieux, et par conséquent plus obscur. En renouvelant le tableau, on a fourni un autel de forme carrée, avec sa crédence en marquetterie de marbres très précieux et de couleurs plus vives, lequel fait un fort bon effet. Le marchepied est composé d'une façon analogue.

On a lambrissé les murs et piliers qui n'étoient pas couverts par le

---

(1) Louis-Charles Gorin naquit à Amiens, le 23 avril 1744 ; il mourut dans la même ville le 20 septembre 1833. M. Gorin était un ecclésiastique les plus distingués, non seulement du diocèse d'Amiens, mais même de toute la France. Son esprit, sa piété et ses vertus le rendaient également recommandable. Il possédait dans le Chapitre de la Cathédrale la dignité de Pénitencier.

mausolée de Mgr Faure. Les lambris en menuiserie, dont les sculptures sont aussi de M. Carpentier, ont été peints en marbre par M. Coquelet. Le donateur de ces ornements modernes est Mgr de Machault, Evêque d'Amiens, aujourd'hui démissionnaire, qui jouit dans sa retraite de toute la vénération de ces anciens diocésains.

La grille d'entrée fut donnée par MM. Baron de Noirsin, prévôt royal, et Baron de la Maronde, maître particulier des eaux et forêts d'Amiens, frères. Celle en retour fut donnée par M. François Wilmant, et MM. Maximilien, Joseph et Nicolas Filleux, frères, tous quatre chanoines d'Amiens.

On voit dans cette chapelle, contre le mur, à droite de l'autel, le mausolée en pierre sculptée de François Faure, Evêque d'Amiens, qui a présidé au vœu fait pour l'érection de cette chapelle. Etant mort à Paris en l'année 1687, son corps fut rapporté à Amiens pour être inhumé. M. Eschasseriaux, chanoine, fit élever ce monument en l'honneur de cet Evêque. On l'a représenté à demi couché sur son tombeau. Un ange se présente devant lui, et lui montre le ciel, qu'il envisage avec sérénité. Il existe des dessins de ce tombeau où l'ange tient à la main une tête de mort.

En avant de ce mausolée est un petit autel portatif, orné d'un pavillon d'étoffe cramoisie surmonté d'une couronne, qui sert à poser le Chef de Saint Jean lorsqu'on admet les fidèles à le baiser (1).

Cette relique ne fut jamais resserrée dans le tabernacle au-dessus de l'autel, qui étoit destiné à la recevoir. On craignit que l'humidité n'y fît du tort. Elle étoit, depuis l'érection de la Cathédrale, dans une chapelle, dite de la *Trésorerie haute*, dont nous parlerons bientôt. Cette chapelle, ayant été démolie en 1751, on apporta le Chef de Saint Jean dans une petite sacristie qui existe auprès de la chapelle

---

(1) Sur ce petit autel portatif reposait constamment, depuis la Révolution, une petite relique, parcelle détachée du précieux Chef, et ainsi exposée pour que les fidèles pussent constamment la vénérer. Cette parcelle était enchâssée dans un reliquaire garni de velours rouge, et recouvert d'un verre bombé, sur lequel les personnes pieuses appliquaient souvent leurs lèvres. Sous l'épiscopat de Mgr de Chabons, l'autel portatif décrit par Baron fut enlevé de la chapelle et placé dans le transept, en avant du portail septentrional. Il y demeura plusieurs années, jusqu'à ce qu'il fût remplacé par l'élégant monument en bois sculpté, de style flamboyant, œuvre de MM. Duthoit, sur lequel la petite relique est encore exposée et reçoit constamment les témoignages de la piété des fidèles. Ce monument peint et doré il y a quelques années est orné d'un médaillon représentant la Décollation de Saint Jean-Baptiste. Il y a en outre plusieurs figurines et statuettes d'anges. On remarque les écussons de Richard de Gerberoy, de l'Evêché et du Chapitre d'Amiens et de Mgr Mioland, sous l'épiscopat duquel cet édicule fut exécuté.

qui nous occupe en ce moment. C'est là qu'il est ordinairement resserré dans un tabernacle disposé à cet effet. Cette sacristie sert aussi de revestiaire, pour le présent, aux enfants de chœur du Chapitre. La baie de la porte de cette sacristie donne entrée à un escalier de pierre en vis qui conduit tant aux galeries de l'intérieur qu'à celles qui règnent autour du grand comble de l'église.

Le célèbre Du Fresne Du Cange, notre compatriote, dans son *Traité historique du Chef de Saint Jean-Baptiste*, imprimé à Paris, chez Cramoisy, en 1665, in-4°, a démontré l'authenticité et la vérité de cette vénérable relique. Nous allons en extraire ce qui est nécessaire pour faire connoitre comment elle est parvenue jusqu'à Amiens.

Saint Jean fut décapité, comme le dit Flavius Joseph, dans la prison de Machéronte, ou Sébaste, en Palestine. Sa tête, transportée à Jérusalem, fut conservée longtemps dans cette ville. L'empereur Valens essaya vainement, dit-on, de la transporter à Rome. Des moines hérétiques, de la secte de Macédonius, l'ayant trouvée à Jérusalem, l'emportèrent avec eux à Cosilaon, en Cilicie. L'empereur Théodose l'en ayant retirée, fit bâtir à Constantinople une église pour la recevoir.

Les Croisés ayant fait la guerre à l'empereur grec, prirent Constantinople le 12 avril 1204, et pillant la ville, ils recherchèrent les reliques avec une pieuse avidité. Wallon de Sarton, chanoine de Picquigny, qui faisoit partie de la Croisade, ayant séjourné pendant deux ans à Constantinople, trouva dans les ruines d'un vieux palais appelé *l'Arsenal*, deux grands plats d'argent dans l'un desquels étoit le Chef de Saint Jean-Baptiste, et dans l'autre celui de Saint Georges (1). Il forma dès lors le projet de les rapporter en France. Mais les plats étant trop embarrassants, par leur grandeur et leur poids, il les rompit et les vendit pour fournir aux frais de son voyage, ne gardant que les deux fonds, où les chefs étoient enchâssés. Ayant repassé en France, et s'étant rendu à Picquigny avec la relique de Saint Jean, il prévint du dessein qu'il avoit de déposer cette relique à la Cathédrale, Pierre de Sarton, son oncle, chanoine d'Amiens. Celui-ci en avertit

---

(1) Viseur, dans son *Histoire de Saint Jean-Baptiste*, a dit, et beaucoup d'écrivains l'ont répété, que Wallon de Sarton venant de Constantinople à Amiens par Venise, avait donné le Chef de Saint Georges à l'abbaye de Marmoutiers. Du Cange fait remarquer que le chemin d'Italie à Amiens ne passe point par la Touraine, que l'abbaye de Marmoutiers n'a jamais possédé le Chef de Saint Georges, mais une partie de celui de Saint Gorgon. Il s'agit assurément de *Maresmoutier*, prieuré de l'Ordre de Cluny, près de Montdidier, qui était déjà ruiné au XVII° siècle. La relique du Chef de Saint Georges a disparu. — *Du Cange*, p. 123. — Corblet, *Hagiographie*, t. IV, p. 298.

l'Evêque, qui étoit alors Richard de Gerberoy. Le pontife partit aussitôt avec son clergé et le peuple pour aller recevoir, à quelque distance de la ville, le Chef de Saint Jean, avec tous les honneurs qu'il méritoit. Cette réception eut lieu le 17 décembre 1206. Les époques et les faits sont consignés dans une charte de cet évêque sous la date du mois de mars 1210. Wallon de Sarton fut fait, en reconnoissance, chanoine de la Cathédrale.

M. Du Cange répond à l'objection tirée de ce que plusieurs églises prétendent posséder également le Chef de Saint Jean, en observant que ce sont des parties de cette tête différentes de celle conservée à Amiens, ou des têtes provenant de saints qui avoient aussi le nom de Jean, et n'étoient point le Saint Précurseur.

Notre relique consiste dans la partie antérieure de la tête, depuis et compris la livre supérieure jusqu'au haut du front tout entier. Les cavités des yeux et du nez semblent être remplies de cire. Au-dessus de l'œil gauche est un petit trou rond qu'on croit avoir été fait par le couteau d'Hérodias. Le haut de la tête lorsqu'on l'apporta étoit couvert d'une espèce de calotte d'argent doré, arrondie et émaillée. Au bas, vers le front, étoit un cercle d'or, enrichi de pierreries, et de trois grosses perles, agencées au milieu, en forme de fleurons. Saint Jean étoit représenté en émail dans un rond, sur la calotte de vermeil, tenant une croix d'une main, et de l'autre l'image du Sauver avec des caractères grecs qui formoient les mots O AGIOS PRODROMOS (*Le Saint Précurseur*). Le tout étoit couvert d'un masque de cristal, taillé en figure d'homme, lequel permettoit de voir la relique, en la préservant du contact de l'air, vu que le rebord de métal qui la contenoit au fond du plat, étoit serti tout autour de ce masque de cristal (1).

Le Chef de Saint Jean étoit dans un plat d'or massif, d'un pied de diamètre, donné par Isabelle de Bavière, femme du roi Charles VI. Le bord de ce plat étoit orné de pierreries. Plusieurs réunies formoient l'écusson de France, au point de ce rebord qui étoit dessous le menton. Les sertissures étoient dentelées de manière à représenter des fleurs de lis tout autour de la relique. Ce reliquaire étoit couvert d'un disque d'or massif, représentant en demi-relief, de grandeur naturelle la tête de Saint Jean sur un plat, et vue de face. Ce couvercle précieux avoit été donné le 9 avril 1392 par Jean, duc de Lencastre, fils de Richard,

---

(1) Le cristal qui recouvre la relique de Saint Jean-Baptiste, est toujours celui qui la protégeait déjà à Constantinople. C'est un des plus beaux morceaux de cristal de roche qui soient connus.

roi d'Angleterre. Le roi Louis XI, le 12 janvier 1474, y envoya par Etienne de Chanblant son rubis balay, enchâssé en or. Le reliquaire fut enrichi de beaucoup d'autres bijoux, et des dons immenses, tant en orfèvrerie qu'en ornements d'église, furent faits en l'honneur de cette sainte relique. Sa présence, accompagnée de miracles, attiroit les fidèles de toute la Chrétienté. Des rois et des princes y venoient en pèlerinage, et l'affluence des peuples qui se rendoient aux différentes solennités où l'on exposoit le Chef de Saint Jean étoit telle qu'il falloit des gardes, composées des vassaux de l'Evêque et du Chapitre pour y maintenir le bon ordre et la sûreté des reliques. C'est à ces concours de dévotion que doit son origine la Foire dite de *La Saint Jean*, qui se tient tous les ans à Amiens le 24 juin et jours suivants. Elle avoit lieu sur le parvis et au pourtour de la Cathédrale. Ce n'est que depuis environ quarante ans qu'on l'a transportée à la Halle Marchande et auprès de la Maison de Ville (1). A partir du 23 juin 1656, l'Evêque François Faure ordonna que dans tout le diocèse chaque curé iroit processionnellement allumer le feu qui avoit coutume de se faire la veille de la Nativité de Saint Jean-Baptiste, avec des chants et prières marqués pour cette cérémonie. Dès l'origine, on avoit érigé dans la Cathédrale la dignité de Trésorier du Chef de Saint Jean. Elle étoit annexée à la dignité épiscopale, et l'Evêque commettoit pour en faire les fonctions, un sous-trésorier qui étoit dans les ordres sacrés. Cet officier et ceux qui l'aidoient à montrer le Chef de Saint Jean, fournissoient à ceux qui le visitoient, des médailles en argent qui le représentoient. Les Maires et Echevins d'Amiens, aux entrées de rois, princes et autres personnes de marque, avoient coutume de leur offrir de ces médailles en or, qui avoient touché à la relique. En allant remercier le prédicateur du Carême, ils lui remettoient une de ces médailles en or émaillé. Cette marque d'honneur attiroit dans la chaire d'Amiens les orateurs les plus célèbres. Le fameux abbé Beauregard est un des derniers que nous y ayons vu (2).

(1) Au xviiie siècle, la Foire s'étendit dans les rues de Notre-Dame, du Beau-Puits, et de Saint-Denis. En 1775, les forains se transportèrent à la Halle Marchande, nouvellement construite, et sur la place de l'Hôtel-de-Ville, où ils restèrent jusqu'en 1884. A cette époque la foire émigra vers la place Saint-Denis, les rues de Noyon, du Collège et des Jacobins. En 1843 elle s'installa sur les boulevards du Mail et de Saint-Charles. Enfin, depuis 1847, elle est établie place Longueville et sur les boulevards adjacents.

(2) Beauregard (Jean-Nicolas). Fameux prédicateur jésuite, né à Pont-à-Mousson en 1731, mort en 1804. Il prêcha le Carême à la cour de Louis XVI, au début de la Révolution : il y fit la plus grande sensation par les paroles qu'il prononça dans un moment d'inspi-

Ces magnificences, ces solennités, ces usages, n'appartiennent plus qu'à l'histoire. Au mois de novembre 1793, en vertu du décret de la Convention du mois de septembre précédent dont nous avons déjà parlé, le Chef de Saint Jean fut extrait du plat d'or où il reposoit et séparé des bijoux qui l'accompagnoient. La relique et le cristal, restés à l'abandon dans la sacristie, furent enlevés secrètement par les soins du sieur Lescouvé, alors maire de la ville ; il les cacha chez lui, au risque de sa vie, dans ce temps de la Terreur, et aussitôt que les circonstances le permirent, il porta le Chef de Saint Jean aux ecclésiastiques qui avoient repris l'exercice du culte dans la Cathédrale (1). Quoique déposée aujourd'hui dans un humble plat d'étain, cette sainte relique n'en est pas moins vénérable ; elle est toujours autant honorée qu'avant la Révolution (2).

Sorti de cette chapelle, en montant les degrés qui conduisent dans le second collatéral du chœur, à gauche, on voit dans le mur de clôture une arcade qui est évidemment de la même construction que cette

---

ration prophétique, annonçant tous les malheurs qui planaient alors sur la France, et qui ne tardèrent pas à éclater. Il se retira à Londres pendant la Révolution ; plus tard, il prit sa retraite en Souabe, chez la princesse de Hohenlohe, où il termina ses jours. Une analyse des sermons du P. Beauregard a été publiée à Paris et à Lyon en 1825. — L'honneur d'avoir rendu à la fête de Saint Jean-Baptiste, dans la Cathédrale d'Amiens, une partie de son antique splendeur, appartient à Mgr Boudinet, de pieuse mémoire. Le 24 juin 1859, le prélat montait dans la chaire de Notre-Dame et prononçait, avec l'onction qui lui était propre, le panégyrique du Saint Précurseur. Depuis lors, chaque année de grands orateurs parmi lesquels il suffira de citer le P. Félix, le P. Monsabré, le P. Souaillard, Mgr Freppel, Mgr de Ségur, sont venus prêcher à la Cathédrale le jour de la fête de Saint Jean-Baptiste, dont la solennité attire toujours un grand concours de fidèles. — Nous ne terminerons pas cette note concernant les prédicateurs qui ont prononcé dans la chaire de la Cathédrale le panégyrique du Saint Précurseur, sans rappeler que vers la fin du xviie siècle ou au commencement du xviiie (entre 1693 et 1703), le P. Bourdaloue prêcha le sermon de la Saint-Jean à Amiens, devant l'Evêque Feydeau de Brou. L'illustre orateur fit du Prélat un éloge bien mérité. — Ch. Salmon, *Histoire de Saint Jean-Baptiste*, p. 125.

(1) Louis-Alexandre Lescouvé, à qui l'on doit la conservation du Chef de Saint Jean-Baptiste, et aussi celle des plus précieuses reliques de la Cathédrale, était né à Poix le 14 mai 1734 ; il était établi à Amiens, maître perruquier ; il demeurait place Notre-Dame, à l'angle de la rue Saint-Firmin-le-Confesseur. Il était complètement illettré ; lorsqu'il fut investi des fonctions de maire (30 décembre 1792), il s'appliqua à rendre service à ses concitoyens et à la ville en s'efforçant d'atténuer les excès de la période révolutionnaire. Rien de plus curieux à lire que la déclaration écrite par Lescouvé, lorsqu'il parvint à sauver les reliques de la Cathédrale ; cette déclaration a été textuellement reproduite par Ch. Salmon. *Histoire du Chef de Saint Jean-Baptiste*, p. 173. Lescouvé mourut le 6 mars 1806 ; il avait épousé Marianne Lejeune. Il eut un fils, Augustin Lescouvé, qui devint lieutenant-colonel du 100e régiment de ligne.

(2) Le Chef du Saint Précurseur, recouvert de son antique cristal, et déposé par Lescouvé dans un humble plat d'étain, fut remis par son heureux sauveur, ainsi que les

partie de l'église. Dans cette arcade, qui étoit fermée d'une grille, enlevée à la Révolution, paroit couchée la statue en pierre d'un ancien Evêque. C'est celle de Gérard de Conchy, décédé en 1257, pendant que la Cathédrale étoit en construction. Les ossements de ce pontife furent vus entiers en 1780, lorsqu'on donna la sépulture à un chanoine dans cet endroit (1).

A côté de cette arcade est une petite porte qui communique au Palais Episcopal. Elle n'a de remarquable que son peu d'apparence et de commodité. Il paroit que les piliers butants soutenant les ailes du chœur et de la croisée, qui se rencontrent sur ce point, ont empêché de donner plus de largeur à ce passage (2).

An pilier vis-à-vis de cette porte est le mausolée d'Antoine de Baillon, chanoine de cette église, décédé le 24 août 1644. Il est représenté à genoux devant un *Ecce Homo*. Cette dernière statue est justement admirée et l'on fait cas de la chlamyde jetée sur ses épaules. On croit que c'est un ouvrage de Blasset.

En suivant toujours le mur à gauche on voit dans le pavé une pierre à laquelle étoit attaché un anneau. Elle couvre l'ouverture d'un puits qui fut bouché en 1761, à cause de l'humidité. La tradition porte qu'avant la construction de la Cathédrale il existoit en cet endroit une fontaine où Sainte Ulphe, qui demeuroit à Amiens, venoit puiser l'eau dont elle avoit besoin.

Après ce puits, on trouve la porte de la grande sacristie. Cette porte

autres reliques, entre les mains de M. l'abbé Lejeune. Cet ecclésiastique, devenu après le Concordat, chanoine titulaire de la Cathédrale, les remit à son tour au nouvel Evêque d'Amiens, Mgr de Villaret. En 1819, Mgr de Bombelles, Evêque d'Amiens, donna pour remplacer le plat d'étain, un plat d'argent de forme ovale, dans lequel le Chef du Saint Précurseur fut déposé le 6 janvier 1820, par les soins de M. l'abbé Pierre-Firmin Duminy. En 1876, la générosité des fidèles, provoquée par l'exemple et les exhortations de Mgr Bataille, permit de placer l'insigne relique dans un reliquaire moins indigne de renfermer ce précieux dépôt. Exécuté par M. Poussielgue, habile orfèvre de Paris, ce reliquaire est en vermeil, rehaussé d'émaux. Il est la copie exacte de celui, en or massif, donné, dit-on, par Isabeau de Bavière, et qui jusqu'à la Révolution, contint le Chef de Saint Jean-Baptiste.

(1) Il n'est pas certain que ce tombeau d'Evêque soit celui de Gérard de Conchy.
(2) Cette porte a cessé d'être accessible, par suite de la démolition du couloir qui la mettait en communication avec l'Evêché, au commencement de l'épiscopat de Mgr Boudinet : durant l'année 1857, si nos souvenirs sont exacts. Depuis cette époque nos Evêques sont passés de leur Palais à la Cathédrale en y pénétrant par le guichet du portail du transept septentrional ; une très laide passerelle en planches leur a donné pendant longtemps accès à couvert : depuis quelques années, cette passerelle, qui d'ailleurs menaçait ruine, a été abattue.

donnoit entrée à un escalier par lequel on montoit à *la Trésorerie* ou Chapelle haute de Saint Jean-Baptiste, et où son Chef étoit conservé, avec d'autres reliques et maints objets précieux, comme nous l'avons déjà dit. En construisant la Cathédrale on avoit élevé cet édifice parallèlement et à la même hauteur de voûte et de comble que le bas-côté où nous nous trouvons. Au-dessus de cette porte étoit représentée en pierres sculptées, peintes et dorées, l'histoire de la réception du Chef de Saint-Jean en la ville d'Amiens. Le sol de cette chapelle, élevé sur voûte, se trouvoit environ à la naissance des croisées actuelles. Sur la vitre qui faisoit le retable de l'autel étoient peintes les principales actions de la vie, et la mort du Saint Précurseur. L'autel étoit chargé d'ornements d'or et d'argent, et les murs de tableaux et autres monuments de la piété et de la reconnoissance des fidèles qui avoient éprouvé les effets de l'intercession de Saint Jean-Baptiste, notamment pour avoir été délivrés du mal caduc et autres maladies de la tête.

Dans la travée qui contenoit l'escalier de la chapelle de Saint Jean, on avoit trouvé place pour ériger un peu plus bas une chapelle à Sainte Ulphe où étoit son Chef, dans un buste d'argent doré. Le tableau d'autel représentoit Chrétien, Evêque d'Amiens, donnant le voile de religieuse à cette sainte. Nous avons vu plus haut que le Chapitre avoit assigné la première chapelle à gauche de la nef, à la Confrérie des Demoiselles qui avoient établi leurs exercices de dévotion dans cette chapelle de Sainte Ulphe.

Sous la voûte de la chapelle de Saint Jean, étoit une salle qu'on appelloit *la Basse Trésorerie*, parcequ'on y conservoit quantité de reliques, argenterie et ornements qui ne pouvoient rester dans la sacristie du sanctuaire. On voit encore, remplie de pierres, la baie de la porte de cette salle, dans le mur de clôture de la travée suivante.

Ces édifices, masquant l'église de ce côté, et la rendant sombre et humide, le Chapitre les fit démolir en 1759, et l'on se servit de l'aire des deux chapelles pour y construire la grande sacristie. Elle seroit fort belle si ce n'est qu'elle se trouve coupée par le pilier butant qu'on n'a pas osé saper en cet endroit. Cette pièce est lambrissée dans son pourtour et contient les tables, armoires et autres dégagements qu'on peut désirer pour l'usage auquel elle est destinée (1).

(1) Cette sacristie a été supprimée et détruite en 1853. Depuis cette époque la Chapelle des *Machabées*, sur le flanc méridional de la Cathédrale, a été affectée à l'usage du service de l'église ; elle a été bien aménagée et augmentée de dépendances qui la rendent commode.

Parmi les objets précieux conservés ci-devant dans le Trésor de cette sacristie, on doit citer la relique de la Vraie Croix ; le reliquaire qui en contenoit un fragment, taillé en forme de Croix de Lorraine, étoit d'or émaillé ; il étoit fait comme un livre dont un des couvercles s'ouvroit à deux battants, portant en dessus et en dessous des figures d'apôtres en émail, incrusté dans l'or qui en dessinoit les traits et les contours. C'étoit, dit-on, un présent fait à Jessé, vingt-et-unième Evêque d'Amiens, par l'empereur Charlemagne (1).

Les reliquaires, argenteries, et ornements réunis en grand nombre dans cette enceinte, étoient bien dignes de la vénération des fidèles et de l'attention des curieux. Tout, exactement tout, a disparu à la fin de 1793. Depuis le rétablissement du culte on s'est procuré les objets indispensables pour l'exercer avec décence. Mais il ne s'y trouve rien à considérer sous le rapport de l'histoire et des arts.

Au bout de cette aile de l'église il n'y avoit pas de chapelle, comme à présent. On y voyoit le confessionnal du grand pénitencier, et au-dessus, un petit buffet d'orgue donné à cette église, vers l'an 1533, par M° Pierre Wallet, prêtre chapelain et distributeur des rétributions mensuelles du Chapitre. Cet orgue fut ôté en 1758 et placé dans la chapelle de Saint-Quentin, là auprès (2).

On voit en cet endroit le bel autel de marbre dédié à Notre-Dame de Pitié, donné par Mgr de la Motte pour accompagner la grille du chœur, lequel fut ici transporté en 1761. Cet autel est élevé sur quatre marches, défendu par une balustrade de fer à hauteur d'appui, avec deux piédestaux de marbre portant deux vases en tole d'assez mauvais goût (3). Les piédestaux du retable ont la même hauteur que l'autel, dont le coffre est en console. Ils supportent, en avant des pilastres deux colonnes torses ornées de pampres, qui s'élèvent en spirale de la base au chapiteau, d'ordre corinthien.

La corniche est analogue, et surmontée au milieu d'un couronnement

---

(1) Cette relique de la Vraie Croix a disparu depuis la Révolution, bien que Lescouvé déclare l'avoir rendue en même temps que le Chef de Saint Jean-Baptiste et d'autres précieuses reliques. — V. *Histoire du Chef de Saint Jean-Baptiste*, par Ch. Salmon, p. 173.

(2) L'orgue a été définitivement supprimé et enlevé de la Cathédrale lorsque les boiseries de la Chapelle Saint-Quentin furent arrachées en 1853.

(3) Ces vases ont été remplacés par des candélabres imitant le bronze et destinés à porter les petits cierges que de nombreux fidèles font brûler en l'honneur de Notre-Dame de Pitié. Une statue de Saint Antoine de Padoue a récemment été placée près de la table de communion.

dont le centre est orné d'un Saint-Esprit dans la gloire. Au-dessous de la niche de ce retable est un bas-relief en plomb doré représentant le *Sacrifice de Melchisédech*. Dans la niche est une statue en pierre blanche, et de sept pieds de proportion, de la Sainte Vierge, le sein déchiré d'un glaive. Celles, aussi en pierre, des évangélistes Saint Jean et Saint Marc, assises sur la corniche, et les autres sculptures en bois et en plomb doré, qui décorent cet autel, sont de M. Dupuis. Cette chapelle sert à l'exercice de différentes fonctions curiales, et on y acquitte les messes et saluts du Sacré-Cœur, objet de la dévotion des paroissiens qui se sont réunis en congrégation ou confrérie générale.

C'est ici que commence la série des chapelles du chevet, au nombre de sept, y compris la paroisse. Elles sont toutes de la construction originaire de l'église. On observe aux piliers qui font le bout des murs de cloison, les boudins isolés et sonores dont il a été fait mention dans les détails de l'architecture.

La première de ces chapelles est sous le titre de *Saint-Quentin-les-Meurtris*. Ce qui indiquoit qu'en cette chapelle s'acquittoit le service d'une ou de plusieurs des trois chapellenies fondées par les Maire et Echevins d'Amiens dans cette Cathédrale, en expiation du *meurtre* des cinq clercs suppliciés par le Bailli ou Prévôt de cette ville en 1244. Bien loin que les chapelles de la nef dussent leur origine à cette fondation, la sentence arbitrale rendue entre l'Evêque et le Corps de Ville, porte que les chapelains à établir acquitteront les messes dans une ou plusieurs des chapelles de la Cathédrale qui seront désignées à cet effet.

La table d'autel avoit été donnée en 1649 par M. Jean Patte, prêtre, chapelain et maître de musique de cette église, autrefois enfant de chœur. La clôture, qui étoit de pierre, avoit été donnée en 1596 par Jean Watteblé (*sic*), marchand et bourgeois à Amiens. On voyoit anciennement dans cette chapelle la *Gourmandise* et l'*Ignorance*, représentées sous la figure d'un cochon portant chape, et d'un âne revêtu d'un habit de cordelier. Ces peintures qu'on avoit eu soin de cacher, ont été entièrement supprimées en 1783 lorsqu'on a renouvelé les décorations de cette chapelle.

Le petit orgue, qui étoit originairement dans le bas-côté, sur le revers du mur de cette chapelle, avoit été posé sur le côté gauche. Il a été supprimé et remplacé par un positif, acheté à la paroisse de Saint-Firmin-le-Confesseur. On l'a élevé dans un buffet neuf, sur une tribune, au fond de la chapelle; au-dessous de la tribune est une clôture avec une porte à deux battants, par laquelle on passe pour aller dans l'ancien cloître, dit *Macabré* (1), où sont l'escalier et la chambre des soufflets de l'orgue. On trouve aussi, derrière cette clôture, l'entrée d'un escalier qui conduit aux premières galeries extérieures. L'autel est à droite (*de l'entrée*). Dans le retable est un relief en bois qui représente le Martyre de Saint Quentin, apôtre du Vermandois (2). L'autel, aussi de bois, peint en porphyre, est d'une forme elliptique, orné de rinceaux d'un très bon genre. La boiserie est accompagnée de pilastres surmontés de corniches d'ordre ionique. A gauche, vis-à-vis l'autel, est un confessionnal destiné autrefois au Pénitencier, aujourd'hui occupé par M. le Curé de la Cathédrale (3). La coupe de ce confessionnal est elliptique, comme celle de l'autel. Au-dessus de la porte est sculpté un petit calvaire dans lequel on distingue les différents instruments de la Passion. Les dessins et sculptures de cette chapelle ont été faits par M. Carpentier fils, sculpteur de cette ville, actuellement décédé. La peinture de cette chapelle, qui imite des marbres et des bois précieux, est de M. Coquelet. La grille de cette chapelle est dans le goût des grilles des chapelles de la nef.

On a suspendu au mur, à gauche, au-dessus du confessionnal, un tableau haut et étroit représentant la *Transfiguration de Notre-Seigneur*. Cette pièce qui vient de la ci-devant église des Célestins, n'a rien d'attrayant, le coloris étant trop triste pour exprimer l'éclat qui entouroit le Fils de Dieu dans cette circonstance (4).

La seconde chapelle, dédiée à Saint Jean-Baptiste, étoit dite

---

(1) La porte donne maintenant accès à un petit cloître qui met en communication la Cathédrale avec la *Chapelle des Catéchismes*. Cet édifice a été élevé au cours des années 1851 et 1852, afin de remplacer pour les mêmes usages la Chapelle des *Machabées*, qui allait être transformée en sacristie. Construite en pierres de taille, appareillées avec le plus grand soin et couverte par une voûte en charpente, de forme ogivale, robée en chêne, avec entraits et poinçons apparents, la Chapelle des Catéchismes a été bâtie sur les plans et les dessins de Viollet-le-Duc. Elle est conçue d'après les règles les plus sévères de l'architecture du XIII° siècle ; malgré la pureté de ses lignes elle paraît pauvre et nue. La chapelle des Catéchismes est sous le vocable de Saint Antoine de Padoue, patron de Mgr de Salinis, sous l'épiscopat de qui elle fut construite, circonstance ignorée de la plupart des fidèles et des congréganistes qui la fréquentent.

(2) Lors de l'enlèvement des boiseries de la chapelle de Saint-Quentin (en 1853), le bas-relief du retable de l'autel, a été transporté dans l'église de Sailly-Lorette, qui a pour patron le saint apôtre du Vermandois ; le confessionnal est placé dans une des chapelles de la nef de la Cathédrale, celle de Notre-Dame de Paix.

(3) M. Dubas, nommé curé de la Cathédrale en 1825, choisit pour entendre les confessions la chapelle Saint-Firmin. Ses successeurs ont continué cet usage ; la chapelle est habituellement dénommée *Chapelle de M. le Curé*.

(4) Ce tableau, malgré l'enlèvement de l'orgue, des boiseries, de l'autel et de la grille est toujours dans la même chapelle ; il justifie l'appréciation de Baron.

de Chaulnes, parceque la veuve du premier duc de Chaulnes, décédé en 1649, y avoit fondé une messe qui se disoit tous les jours à onze heures, par un chapelain qui ne faisoit pas corps avec l'Université des Chapelains de la Cathédrale. On y voyoit le tombeau, élevé hors de terre, de l'Evêque Jean Rolland, mort en 1388. La clôture de bois ouvragé avoit été donnée en 1586 par Toussaint Rolland, marchand tanneur, et Maître du Puits en la dite année.

La décoration de cette chapelle, ainsi que celle de la suivante fut renouvelée en 1775 et l'année d'après par les soins de M. de Coupel. L'autel occupe le fond de l'octogone dont cinq pans forment le corps de cet édifice particulier. Au retable est la statue en bois, trois quarts de relief, de Saint Jean-Baptiste portant une croix à laquelle est attachée une banderolle où sont écrites ces paroles du Saint Précurseur de Jésus-Christ : *Ecce Agnus Dei qui tollit peccata mundi*. Dans l'épaisseur des deux cloisons qui séparent cette chapelle des deux voisines sont pratiqués des confessionaux dont les ouvertures font partie de la menuiserie. Les ornements de sculpture qui relèvent les lambris de cette chapelle sont très élégants. Le tout est peint en blanc, rehaussé d'or (1).

On avoit placé contre le mur de droite de cette chapelle, au-dessus du lambris, et de sorte qu'on pût le voir du bas-côté qui y aboutit un grand tableau provenant du maître-autel des Augustins de cette ville. C'étoit une médiocre copie de la *Descente de Croix* de Rubens. Depuis peu de temps, ce tableau a été enlevé ; il est probable que c'est pour décorer quelqu'un des oratoires dépendant de la Cathédrale (2).

(1) Abstraction faite du peu d'harmonie qui résulte du style de l'autel et des lambris qui couvrent les murailles avec l'architecture de la Cathédrale, on ne peut nier que l'ensemble de cette décoration ne soit un très joli spécimen de l'art de la menuiserie sous Louis XVI ; malheureusement, les confessionnaux ont été étrangement défigurés depuis que, pour les agrandir, on leur a fait perdre en élégance ce qu'ils ont peut-être gagné en commodité. Dans l'une des deux lancettes de la fenêtre centrale du fond de cette chapelle, 32 médaillons peints sur verre, retraçaient la légende de la vie de Saint Georges. Cette verrière a été transportée en 1869 de la chapelle Saint Jean-Baptiste dans celle du Sacré-Cœur, avec les vitraux de la lancette parallèle, consacrés à l'histoire de Saint-Jean. MM. Jourdain et Duval, en décrivant ces verrières, expliquent pourquoi les légendes de Saint Jean-Baptiste et de Saint Georges se trouvaient réunies dans la fenêtre centrale de la chapelle dédiée au Précurseur : la simultanéité de l'invention des chefs de Saint Jean et de Saint Georges, rapportés tous deux en Picardie par Wallon de Sarton, leur paraît, avec raison, la cause de cette association iconographique.

(2) En 1846, ce tableau a été remplacé par une autre toile de grande dimension, copie de l'*Assomption* d'Andrea del Sarte, qui se trouve à Florence, au Palais Pitti. Cette copie, non dépourvue de mérite a été offerte à la Cathédrale par M. Amable Cornet.

Les grilles des quatre chapelles du chevet sont échancrées par le haut et les portes à deux battants n'ont point d'impostes. Cette disposition fait un assez bon effet, vue de loin.

La troisième chapelle, anciennement sous le vocable de Saint Paul, est aujourd'hui dédiée à Saint Augustin. La clôture de bois avait été donnée en 1593 par Firmin Du Fresne. Ayant été renouvelée vers 1775, avant la précédente, elle lui ressemble beaucoup pour la décoration. La statue du retable, représentant Saint Augustin, est sortie du ciseau de M. Vimeux. On vient de réparer la mitre de l'Evêque d'Hippone que les amis de l'égalité avoient jugé convenable de mutiler (1).

La quatrième chapelle, qui fait le milieu du chevet, a quarante-sept pieds de profondeur. Elle s'appelloit indifféremment Notre-Dame *de la Drapière*, ou *de la Draperie*, la chapelle *de Prime*, ou enfin *la Petite Paroisse*, parce que c'étoit là que s'exerçoient les fonctions du Curé de la paroisse de la Cathédrale, par un vicaire préposé du Doyen du Chapitre, qui avoit le droit de pasteur réuni à sa dignité. Cette paroissialité s'étendoit à toutes les maisons des cloîtres, et à quelques autres éparses dans la ville, notamment rues de Beauvais et des Capucins, sur des terrains accensés par le Chapitre. Les paroissiens étant peu nombreux la chapelle où on les réunissoit s'appelloit *la petite paroisse*. Le Chapitre avoit permis d'y poser un baptistère en 1617, et de faire une sacristie dans le préau derrière cette chapelle en l'année 1752. Le retable d'autel, en bois sculpté et blanchi représentoit les *Pèlerins d'Emmaüs*. Au-dessus étoit une statue de la

---

(1) La chapelle de Saint Augustin a changé de vocable : depuis 1854 elle est dédiée à Sainte Theudosie, martyre amiénoise, dont les reliques découvertes dans les catacombes de Rome, ont été transférées à Amiens, sous l'épiscopat de Mgr de Salinis, et reçues en grande pompe à la Cathédrale le 12 octobre 1853. La chapelle où ont été déposés ces précieux ossements a reçu une très riche décoration polychrome, style moyen-âge, conçue par Viollet-le-Duc, et exécutée sous sa direction. L'empereur Napoléon III et l'impératrice Eugénie, dont la munificence avait contribué à la nouvelle ornementation, assistèrent à l'inauguration de cette chapelle, qui eut lieu en présence de plusieurs Evêques et du Nonce du Pape, le 12 octobre 1854, anniversaire de l'entrée des reliques de Sainte Theudosie à Amiens. Nous ferons remarquer que ce n'est pas à Saint Augustin, Evêque d'Hippone, mais bien à Saint Augustin, Archevêque de Cantorbéry, qu'était dédiée la chapelle placée maintenant sous le vocable de Sainte Theudosie ; Baron n'est pas le seul qui ait confondu les deux saints ; d'autres auteurs de descriptions ont commis la même erreur. Saint Augustin de Cantorbéry honora très probablement la ville d'Amiens de sa présence en se rendant en Angleterre ; il n'est donc pas étonnant que l'on ait voulu rappeler son passage en mettant sous son patronage une chapelle de la Cathédrale. Une verrière du xiii° siècle, encore en place dans la chapelle de Sainte Theudosie représente des scènes de la vie du saint apôtre de la Grande Bretagne.

Vierge en marbre blanc, par Blasset. La clôture, qui étoit de bois sculpté à jour, à peu près dans le même goût que les stalles du chœur, avoit été donnée l'an 1600, par François Fauquel, chapelain. La grille de fer, qui remplace cette clôture, a été donnée par le Chapitre environ en l'an 1780 (1). Elle est échancrée par le côté comme celles des chapelles voisines, mais la porte, à deux battans, a une imposte surmontée d'une croix. La chapelle *anglette* ayant été détruite, l'Université des chapelains avoit été autorisée à acquitter ses obits et autres services dans celle-ci depuis l'année 1761.

A la Révolution, le territoire de plusieurs paroisses ayant été réuni à celui de la Cathédrale, on disposa cette chapelle pour y faire les offices qui exigeroient moins d'appareil, le chœur étant réservé pour les plus grandes solennités. On enleva les fonts baptismaux et les bancs destinés aux femmes, qui étoient dans cette chapelle, on la pava de neuf, avec des carreaux provenant du chœur de Saint-Firmin-le-Confesseur; on mit au pourtour des stalles pour les ecclésiastiques. Le cul-de-lampe fut orné d'un retable en bois sculpté et peint en marbre blanc veiné, provenant de la paroisse de Saint-Michel; dans le cadre du tableau de ce retable, on mit une statue en marbre blanc, qui étoit dans l'une des chapelles à droite de la nef, représentant la Sainte Vierge montant au ciel accompagnée de six anges qui s'envolent avec elle. Dans les nuages rayonnants qui couronnent ce retable, est le Père Eternel, qui s'apprête à couronner la Mère du Sauveur dès qu'elle sera parvenue auprès de Lui. La Vierge et les anges font camée sur un fonds bleu de ciel. La figure principale, sortie d'un seul bloc, pèse 4.000 livres. Elle est, ainsi que les autres figures, du plus beau marbre d'Italie. Le seul défaut qu'on y remarque est la petitesse de la tête. La pose, du reste, en est admirable, et les draperies sont des plus savamment traitées. Tout cet ouvrage est de Blasset. Aux pieds de la Vierge est cette légende :

TRAHE NOS POST TE CURREMUS

et sur le socle :

HUMILITÉ SUR LES CIEUX EXALTÉE (2).

L'autel, en tombeau, est accompagné de deux statues de pierre,

---

(1) Cette grille, croyons-nous, sert actuellement de clôture à la cour de l'Ecole Saint-Stanislas, à Abbeville.

(2) En 1853 commença la restauration de la *Petite Paroisse*, sous la direction de Viollet-le-Duc, et dans le style du XIIIe siècle; les boiseries et les stalles furent alors

dont l'une représente Saint Firmin le Confesseur, et l'autre Saint Pierre. Ces deux statues ont été sculptées par un nommé Morgan, d'Amiens. Elles avoient été faites pour la paroisse de Saint-Firmin-le-Confesseur, d'où on les a rapportées ici (1).

Depuis le rétablissement du culte, on a garni cette chapelle d'un lambris qui va depuis l'accoudoir des stalles jusqu'à la naissance des vitraux (2).

Derrière ce lambris, du côté de l'Evangile, est une arcade dans laquelle est représenté couché un ecclésiastique vêtu d'une robe bleue, tirant sur le vert. C'est le tombeau de Thomas de Savoie, chanoine de cette église, fils de Thomas, III° du nom, comte de Maurienne, et de Guie de Bourgogne. En qualité de Conseiller au Conseil du Roi, il assista au Parlement qui fut tenu à la Toussaint 1315, et fut l'un des juges dans le procès qui s'étoit élevé entre la comtesse de Bigorre, et Charles, comte de La Marche, frère de Louis le Hutin. Il fut nommé, en 1425, l'un des exécuteurs testamentaires de la reine Jeanne de Bourgogne, femme de Philippe le long. Sa mort arriva au mois de décembre 1335 (3).

Sur les murs latéraux, à l'entrée de cette chapelle, on a placé deux tableaux faits par Forti (*sic*), peintre de Paris, pour le sanctuaire de l'église de Saint-Firmin-le-Martyr, dite *en Castillon*, de cette ville d'Amiens. L'un représente *La mort de Saint François Xavier*, l'autre *Le retour de l'enfant prodigue* (4).

Cette chapelle s'appelle encore aujourd'hui *la petite paroisse* parce que M. le Curé et ses vicaires y chantent les Vêpres du Saint Sacrement les jours ouvrables, et les services et messes des paroissiens défunts,

enlevées ainsi que le groupe de Blasset, qui fut en quelque sorte *dépecé*, et dont les divers tronçons s'en allèrent en plusieurs endroits différents. Après bien des péripéties que nous avons racontées ailleurs, le groupe a été enfin reconstitué à la fin de 1892; il orne l'une des chapelles du bas-côté méridional de la nef.

(1) Transportées dans le chœur de l'église Saint-Leu, sur la demande de M. le curé Gaudissart, ces statues en ont été enlevées il y a un certain nombre d'années ; nous ignorons ce qu'elles sont devenues.

(2) Ces lambris, style empire, étaient fort laids ; ils avaient été offerts par la famille Guérard d'Estombelles, en 1804, croyons-nous.

(3) Baron a omis de mentionner le tombeau de l'évêque Simon de Gonsans, placé près de l'autel, dans la travée qui suit celle occupée par le mausolée de Thomas de Savoie.

(4) Ces tableaux sont maintenant dans deux chapelles de la nef, l'un dans le bas-côté septentrional, l'autre dans le bas-côté du midi. Leur auteur, Jean-Jacques *Forty*, né à Marseille en 1744, mourut dans la même ville en 1800. En 1791, il avait été nommé membre de l'Académie royale de peinture de Paris. Il a laissé des œuvres qui ne sont point sans mérite ; le musée du Louvre en possède plusieurs (*renseignements communiqués par M. Robert Guerlin*).

dont les corps ne se présentent pas au chœur, à moins que ce ne soient des fonctionnaires publics, aux convois desquels assistent les tribunaux ou autres corporations très nombreuses (1). C'est aussi là que les confrères de la Vierge chantent leurs offices particuliers.

La cinquième chapelle, qui retourne sur le côté droit du chevet, est dédiée à Saint Jacques le majeur, apôtre, patron de l'ancienne communauté des épiciers de cette ville, qui y avoient leur confrérie. Cette chapelle avoit une riche clôture en cuivre jaune, donnée en 1587 par la dite communauté. M. de Coupel a beaucoup contribué aux frais de la décoration, renouvelée en 1775. La statue de Saint Jacques, avec les attributs de pèlerin, de relief trois quarts au retable de cet autel, est de M. Vimeux ainsi que les sculptures de la menuiserie, peinte en blanc, les ornements et moulures en or de même qu'à la chapelle suivante. Il y a des confessionnaux sur les côtés ; les grilles sont échancrées par le haut comme aux chapelles correspondantes de l'autre côté du chevet (2).

La sixième chapelle, sous le vocable de Saint François d'Assise, avoit été décorée d'une table d'autel donnée en 1614 par Germain Séjourné, marchand à Amiens. La clôture, mise en 1584, provenoit des dons de Charles de Sachy ; en 1752, on avoit transporté dans cette chapelle le mausolée de l'Evêque Pierre Versé, qui étoit au côté droit du sanctuaire. La décoration fut renouvelée en 1774, par les soins de M. de Coupel. En place du tableau d'autel est la représentation en demi-relief de Saint François, prosterné devant la croix, et méditant sur une tête de mort qu'il a entre les mains.

Au-dessus du confessionnal, à gauche, de manière à ce qu'il soit vu du collatéral à droite, on a placé un grand tableau, cintré par le haut, lequel est la copie du Christ aux anges de Le Brun ; au milieu des anges se voit Sainte Geneviève à genoux un cierge à la main. Ce tableau provient de la chapelle des filles de Sainte Geneviève, dites sœurs de la Providence, à Amiens (3).

(1) Depuis un certain nombre d'années le Chapitre permet de chanter au chœur les services funèbres solennels, moyennant l'acquit d'une redevance.

(2) La chapelle de Saint-Jacques a changé de vocable depuis qu'elle a été consacrée au Sacré-Cœur de Jésus, en exécution du Vœu prononcé en 1866 par Mgr Boudinet, Evêque d'Amiens, au cours de la terrible épidémie cholérique qui sévissait à Amiens, à cette époque. La chapelle reçut une décoration de style moyen-âge. Mgr Boudinet voulut y être inhumé. Son corps repose devant l'autel sous une belle dalle tumulaire portant, gravée, l'effigie de l'Evêque.

(3) Le *Christ aux anges*, peint par Gontier, est maintenant dans une des chapelles du bas-côté septentrional de la nef ; il a été remplacé ici en 1852 par une copie de la *Madone*

C'est au-devant de cette chapelle que sont les carreaux à pans coupés, pour rappeler les massacres exercés par les Calvinistes le 8 décembre 1561. Ils peuvent rappeler aussi que Nicolas de Pellevé, alors Evêque, étoit très fanatique, et qu'il fut un des chefs de la Ligue, ou Sainte-Union, qui étoit autant contre le roi que contre les hérétiques.

La septième et dernière chapelle du chevet, portoit différents noms à cause de plusieurs bénéfices dont les titulaires acquittoient les fondations dans cette chapelle. C'étoient les chapelains de Saint-Eloy, de Saint-Fiacre, de Saint-Maur, et enfin de Saint-Domice, dont le nom prévaloit. L'ancien autel, qui étoit comme celui d'aujourd'hui, sur la gauche en entrant, avoit un tableau représentant la Nativité. C'étoit une copie du Guide (1). La clôture avoit été donnée en 1590, par le chanoine Carquillaut. Au fond de cette chapelle est un porte pour aller dans l'ancien cloître dit *Macabré*, par où les chanoines passoient pour aller tenir leurs chapitres dans la salle à ce destinée, qui avoit son entrée dans ce cloître. On y trouve aussi l'entrée d'un escalier qui conduit aux premières galeries extérieures. En 1788 on a remis cette chapelle en neuf et on y a fait une grille et une décoration toutes semblables à celles de la chapelle qui y correspond du côté gauche (2). Au retable de l'autel est un tableau en bas-relief de bois peint, représentant Saint Eloy, Evêque de Noyon, dans une gloire. On voit au bas l'église, ci-devant cathédrale de Noyon, et un ange près d'un enclume, tenant un marteau de forgeron, pour rappeler que Saint Eloy étoit orfèvre et qu'il est le patron des ouvriers en métaux (3).

du peuple du Barroche. L'original de ce dernier tableau est à Florence, au Palais des Offices. L'original porte la date de 1579. Cette copie a été offerte à la Cathédrale par M. Amable Cornet. Quant à François Gontier, qui peignit le *Christ aux anges*, il naquit à Amiens, au commencement de l'année 1666. Il épousa Marie-Marguerite Dumoulin le 2 juin 1696. Il avait été reçu *Maître* le 25 août 1682. Il a fait beaucoup de copies d'après Le Brun. Il est à remarquer que la plupart des figures du *Christ aux Anges* sont les portraits des principaux personnages de la cour de Louis XIV, y compris le grand roi. Le *Christ aux Anges* a été admirablement gravé par Gérard Edelinck.

(1) Ce tableau a disparu de la Cathédrale lors de l'enlèvement des boiseries de la chapelle.

(2) Appliquée entre les murailles, la boiserie de 1788, cachait l'arcature du soubassement et par conséquent les peintures si précieuses encadrées par chacune des ogives. Ces peintures, exécutées par ordre du chanoine Adrien de Hénencourt, représentent huit sybilles, et diverses scènes d'un grand intérêt archéologique. Elles ont été heureusement rendues au jour, en 1853, par l'enlèvement des panneaux qui les recouvraient.

(3) Ce bas-relief, sculpté par Vimeux, est actuellement dans l'église de Domart-en-Ponthieu. — Sur un des ventaux de la porte du xviiie siècle qui recouvrait la porte du moyen-âge encore en place, les iconoclastes qui mutilèrent une partie des clôtures du chœur avaient tracé avec la pointe d'un couteau une inscription commémorative de leur triste exploit.

Pour correspondre au buffet d'orgue, on a construit au-dessus de la porte une tribune vitrée, qui renfermoit un lit pour le *Guidon* ou veilleur, tenu par son office de coucher dans la cathédrale. On parvient à cette tribune par un escalier qui est dans la cour de l'Œuvre ; on n'y couche plus actuellement.

Au-dessus du confessionnal on a replacé deux épitaphes qui étoient ci-devant dans le bas de cette chapelle. Une de ces deux épitaphes est remarquable ; c'est celle d'Adrien de la Morlière, chanoine de cette église, décédé le 19 octobre 1639. Il est l'auteur du livre des *Antiquitez d'Amiens* dont la meilleure édition a été imprimée à Paris, chez Cramoisy, en 1652, in-folio.

En sortant de cette chapelle se trouve le dernier pilier contourné de petites colonnes sonores.

En tournant dans le second bas-côté du chœur, et faisant face au couchant, est un autel en marbre, semblable à celui qui se trouve au même point du côté gauche. Nous avons dit que celui-ci avoit été donné par M. Charles-Edouard Cornet de Coupel, pour accompagner la grille du chœur, mais qu'on l'avoit transporté dans cet endroit en 1761. Dans la niche du retable est la statue de Saint Charles Borromée, patron du donateur, sculptée par M. Dupuy. Elle vient d'être restaurée par M. Duthoit, sculpteur de cette ville (1). Il a rétabli l'avant-bras droit du saint, avec le Crucifix, qu'il tenoit originairement. On trouve que la figure du Christ est un peu trop petite, de sorte que les regards de Saint Charles ne se portent plus aussi directement sur cet objet de sa contemplation (2). Au-dessus de la corniche sont les statues assises des évangélistes Saint Mathieu et Saint Luc. Le bas-relief sur cet autel représente Moïse et les Israélites recueillant la manne dans le désert.

(1) Duthoit, Louis-Joseph, sculpteur, naquit à Lille le 7 décembre 1766. Son père, Charles-François, exerçait le même art que lui, et le talent devait être héréditaire dans cette famille. Louis-Joseph Duthoit vint s'établir à Amiens, et s'y maria le 9 ventôse an X, avec Marie-Françoise Potelle, fille d'un tonnelier. Louis-Joseph Duthoit mourut à Amiens, le 12 novembre 1824. Ses deux fils, Louis et Aimé Duthoit, sculpteurs et dessinateurs de grand mérite, ont laissé des œuvres aussi nombreuses que remarquables. Edmond Duthoit petit-fils de Louis-Joseph, a donné les plans et commencé la construction de la basilique de Notre-Dame d'Albert.

(2) Cette statue, conçue sous le style de l'école du Bernin, est très maniérée. On a comparé l'attitude du saint à celle d'un joueur de mandoline, et ce n'est pas sans raison. Depuis 1837, la statue de Saint Charles Borromée, transportée sur le perron du chœur, fait pendant à la statue de Saint Vincent-de-Paul, exécutée pour cette destination par Duthoit. La statue de Saint Joseph, œuvre également de Duthoit, occupe la place de Saint Charles dans la niche de la chapelle devant laquelle nous nous trouvons.

A la place de cet autel étoit une chapelle qu'on appelloit de Notre-Dame Anglette parce qu'elle étoit située dans un angle, ou anglesque parceque les Anglais auroient contribué à sa construction (1). Elle servoit de chœur particulier à l'Université des chapelains qui y acquittoient leurs services. C'est pourquoi elle avoit une enceinte qui comprenoit deux travées de ce second bas-côté. L'autel qui, dit-on, étoit très beau, avoit été fait en 1624, des libéralités de Me Mathieu Reneufve. Ce donateur dont le portrait se voyoit en un tableau attaché à cet autel était natif de Noyon, Prévôt de la Communauté ou Université des Chapelains et, de plus, pèlerin de Jérusalem (2).

On voyoit dans cette chapelle un superbe mausolée en marbre élevé en l'honneur de Mre Christophe de Lannoy, seigneur de la Boissière, baillif et gouverneur d'Amiens. Cette famille étant éteinte, il ne se trouva personne pour s'opposer à ce que ce mausolée fut supprimé en 1759. D'autant qu'on prétendoit que ce seigneur n'avoit pas été inhumé en cet endroit. Mais en 1762, lorsqu'on voulut faire une fosse pour Me Jean Ponchart, chanoine, on trouva un grand cercueil de fer, posé sur des tréteaux : on conjectura qu'il contenait les os du seigneur de la Boissière, et sans se permettre de l'ouvrir on recombla la fosse et on en marqua l'emplacement par un carreau où sont gravés ces chiffres : 1600.

Cette chapelle, ou plutôt ce chœur, étoit circonscrit par trois clôtures, dont deux au côté gauche, et la troisième en face, toutes trois de bois peint et doré. La première avoit été donnée, en 1594, par Jean Bonnart ; le couronnement représentoit la sphère de Ptolémée, astronome du IIe siècle. On dit que les cercles portoient des distiques latins, en l'honneur de la Sainte Vierge, et que la Mère de Dieu étoit représentée au centre de la sphère, le sein découvert, adressant à son Fils ces paroles : *Fili mi, respice ubera quæ suxisti.* Deux chanoines à ses pieds ouvroient leur bouche pour recevoir le lait qui couloit des deux mamelles. Il est à croire que ceux qui ont tenu ces notes ont confondu les objets. Il y a là au moins la matière de deux monuments : car jamais la Vierge et ses mammelles, son Fils et les

(1) Désignée quelquefois sous le nom de *Notre-Dame Anglette*, cette chapelle était plus souvent appelée de « *le Mère-Dieu Englesque* ». Il faut très probablement traduire cette appellation par Notre-Dame *Anglaise*.

(2) L'ancienne chapelle des chapelains a repris un peu son aspect de chœur particulier, depuis que l'on y a établi dans les deux travées qui précèdent l'autel, les stalles jadis placées à la *petite paroisse*. Un lutrin est au milieu. On célèbre dans cette enceinte les saluts paroissiaux de semaine, et les services funèbres non solennels.

deux chanoines n'ont pu tenir dans le centre d'une sphère ; à moins que cette Vierge et ses accessoires n'aient été sur un tableau au revers de celui représentant la sphère ; ils devoient faire le sujet du couronnement de la clôture suivante. Celle-ci avoit été donnée en 1604 par Antoine de Montaubert et Catherine Desneux, son épouse. La clôture du devant, dont on ne nous dit pas le sujet, avoit été donnée en 1607 par Louis Artus, marchand teinturier. Une princesse de Harcourt, morte le 3 octobre 1654, a été enterrée dans cette enceinte.

Tous ces édifices obstruoient ce côté de l'église, et empêchoient le monde de se placer près du sanctuaire dont on venoit de lui procurer la vue par l'établissement des grandes grilles. C'est pourquoi de 1758 à 1761, le Chapitre assigna la chapelle de Prime ou *petite paroisse*, pour servir de chœur à l'Université des Chapelains et fit rendre nette et abordable, comme nous la voyons, la place de l'ancien chœur des Chapelains ou chapelle anglette.

Lorsque le corps d'un défunt est en putréfaction et répand une odeur qui peut incommoder, on ne porte pas le cercueil au pied du mausolée en face de la petite paroisse, comme c'est l'usage : on le laisse devant l'autel de Saint-Charles pendant le service et la messe ; on met des cierges sur cet autel et autour du corps et on ouvre les portes et fenêtres aux environs pour renouveler l'air.

Au bas des marches de cet autel on voit une grande pierre bleue, portant les vestiges d'une tombe en cuivre enlevée pendant la Révolution. C'étoit la tombe de Jean Advantage, soixante-troisième Evêque d'Amiens, mort le 25 novembre 1456 ; il étoit représenté sur cette tombe et autour étoit gravée cette épitaphe :

Dictus Avantagii jacet hac tellure Joannes
 Et cinis in cinerem salvitur ipse suum.
Quem Stapuli genitum septenis artibus actis
 Monspessulanus Parisiusque regunt.
Illic imbutum tanquam sua mater alumpnum
 In gremio fovit hunc medicina suo
Hac illustris sum merita pro laude Philippus
 Dux Burgundorum suscipit in medicum
Sed prius hic Martha subsumit dum volat ala
 Ambiante meruit pontificale decus.
Hoc ibi viginti rexit paulo minus annis

Moribus et meritis se perhibendo patrem.
R). semel et quater C quinquageno quoque sexto
Dicena sexta luce novembris obit.
Te rogo, qui transis cui fata sinissima restant
Dicito defuncti spiritus alma petat (1).

Sur le mur à côté est un monument qui constate une fondation de messes à acquitter par l'Université des Chapelains, faite par le même Jean Advantage. Ce monument consiste en un tableau de cuivre, encadré en pierres et supporté par une petite colonne gothique. Sur les deux montants du cadre sont de petites statues, l'une de Saint Firmin le Martyr, ayant la tête dans les mains ; l'autre de Saint Jean-Baptiste. Au haut est le Père Eternel, accompagné de deux anges. Le tableau est divisé en deux. Dans la partie supérieure est une espèce de vignette dont les traits et hachures sont remplis de mastics coloriés assez semblables à la cire d'Espagne, représentant Jean Advantage à genoux, en chape et sans mitre, devant la Sainte Vierge, qui porte l'Enfant Jésus. Cet Evêque est présenté par Saint Jean l'Evangéliste, qui a une barbe et tient dans sa main un calice d'où sort une figure de dragon. Le fonds est une espèce de mosaïque de différentes couleurs. Au bas est une longue inscription gothique, contenant l'extrait du titre de la fondation, qui devoit s'acquitter en cet endroit. Les artistes devroient examiner le travail de cette plaque de cuivre, et voir s'il n'y auroit pas moyen de faire, en l'imitant, quelqu'ouvrage agréable et solide (2).

Au milieu de la travée où est ce petit monument, est un confessionnal, en menuiserie élégante, élevé de trois marches, pour être au niveau du banc de pierre qui règne au pied de la muraille. Les places du prêtre et des pénitents sont enfoncées dans le mur. Il est probable que cette petite arcade contenoit ci-devant un autel, car un détail estimatif des réparations à faire aux toits et maçonneries de l'église en 1715, ne parle pas de la chapelle *anglette* ni du chœur des Chapelains,

---

(1) Lors de la réfection récente du dallage, on n'a pas cru devoir replacer une dalle tumulaire, ni même une simple inscription rappelant la mémoire de Jehan Avantage, devant les marches de l'autel ; toutefois des carreaux noirs et blancs, disposés d'une façon particulière et encadrés de bandeaux, indiquent l'emplacement de la sépulture de l'Evêque.

(2) Une notice très détaillée et fort intéressante sur ce petit monument, trop peu remarqué, a été publiée par M. Georges Durand dans le *Bulletin archéologique du Comité des travaux historiques et scientifiques*, année 1889.

mais désigne en ce même endroit les chapelles de Saint Paul et de Sainte-Barbe, dite de Saint-Vincent, ce qui prouve que dans une description de la Cathédrale, il faut bien faire distinction de ce qui constitue l'édifice en lui-même, avec ce qui s'y trouve actuellement pour la décoration (1).

Dans la travée qui suit est la porte sur la Cour dite *du Puits de l'Œuvre*; cette porte est environnée d'un petit porche, pour parer au froid. On voit au-dessus de cette porte deux têtes colossales, grossièrement travaillées; elles ne sont que plaquées et ne font pas corps avec le mur. Une tradition assez générale veut que ce soient les portraits de deux époux, jardiniers de leur état, qui donnèrent pour la construction de ce côté de l'église une partie du terrain qu'ils y possédoient, appelée, dit-on, le *Champ des Artichauts*. Les hortillons qui cultivent les aires de la haute Somme, près d'Amiens, se flattent d'appartenir à la famille de ces donateurs, ne fut-ce qu'à cause de la conformité de profession. Au fait, il y a parmi ces cultivateurs utiles des personnes qui peuvent rappeler des ancêtres de ces temps reculés (2).

En terminant de parcourir le pourtour du chœur, on trouve une chapelle conforme et correspondante à celle de Saint Jean du Vœu, dont la description est ci-devant. Celle-ci avoit le nom de Notre-Dame de l'Aurore. Le bénéfice qui y étoit attaché avoit été fondé en 1223, par Jean d'Abbeville, Doyen de cette église, depuis Evêque de Sabine, ensuite Archevêque de Besançon, et enfin Cardinal. La table d'autel avoit été donnée en 1616 par David Quignon. La clôture à gauche, où, sur un grand tableau étoit représentée la Sainte Vierge, au milieu du grand portail de cette Cathédrale, avoit été donnée par Jean Destrez, marchand tanneur, maître du Puy en 1605 (3), et la clôture du devant

---

(1) L'arcade existe toujours. Elle interrompt la série des arcatures trilobées qui font le tour de la Cathédrale, au-dessous des fenêtres des bas-côtés.

(2) Il va sans dire que cette tradition, dont on ignore l'origine, ne repose sur aucune donnée certaine. Les deux têtes proviennent de statues détruites et représentant des personnages inconnus. Peut-être sont-ce celles du monument disparu, qui était jadis dans une des chapelles de la nef et que l'on disait à tort être le mausolée d'Angilvin et de Rimulde.

(3) Le tableau donné par *Jacques Destrées*, marchand tanneur, Maître de la Confrérie du Puy en 1605, a échappé à la destruction. Jacques Destrées avait choisi pour refrain palinodial de son chant royal ce vers :

Temple illustré de lumière éternelle.

« La Vierge, tenant l'Enfant Jésus dans ses bras, est assise devant la façade de la Cathédrale d'Amiens. Ce monument est peint avec une exactitude telle, (c'est l'appréciation de Pagès, mais elle est fort contestable) que l'on en distingue

en 1617, par M. Jean Collenée, prêtre et curé de Saint-Firmin-le-Martyr, dit en *Castillon*. La chapelle de Saint-Jean-du-Vœu ayant été érigée, comme nous l'avons dit, en la place de celle de Saint-Pierre et Saint-Paul, où l'Université des Chapelains avoit un autel privilégié parce que les Papes y avoient attaché des indulgences, pour la délivrance des âmes des trépassés, au moyen des messes qui se disoient à cet autel. L'Evêque et le Chapitre transférèrent les titres et indulgences dont il s'agit en cette chapelle de l'Aurore, et les chapelains y acquittèrent leurs messes de fondation.

En 1749, M. de Coupel, qui n'étoit encore que chapelain, proposa à ses confrères et au Chapitre de renouveler les décorations de cette chapelle, et d'ajouter au dehors une sacristie dans laquelle seroient conservés les ornements et archives de l'Université des Chapelains. Sa proposition fut acceptée et en 1751, le 29 juin, Mgr de la Motte bénit cette chapelle; elle est, comme nous l'avons dit, tout-à-fait conforme à celle de Saint-Jean-du-Vœu, excepté que les marbres sont rendus par de la menuiserie. L'autel et les accessoires ont été faits par Dron, menuisier (1). Les figures et ornements par Dupuis, sculpteur, les marbres et dorures, par Bourgeois, peintre, et les grilles par Vivaretz, serrurier. On a placé au-dessus de l'autel un tableau de

les moindres parties. Une espèce de soleil tout brillant d'or, répand sur le tableau une vive et merveilleuse lumière. Au-dessous du portail, l'artiste a peint le roi Henri IV, vêtu d'un manteau noir, doublé d'hermine... (Destrées et plusieurs membres de sa famille étaient aussi, selon l'usage, représentés sur la peinture)... Ce tableau faisait partie de la collection du général de l'Epinois; il a été vendu... avec cette collection en 1850 et se trouve actuellement en Angleterre ». — *Les Œuvres d'Art de la Confrérie du Puy*. — *Mémoires de la Société des Antiquaires de Picardie*, t. XV, pp. 508-509. — Il doit être revenu en France : En 1874, il appartenait à M. Maurice Cottier. Il a figuré à l'Exposition de Tours, il y a deux ou trois ans.

(1) Dron, Philippe-François, menuisier à Amiens, mourut en cette ville le 5 décembre 1755 sur la paroisse Saint-Remy. Il est à remarquer qu'Amiens possédait au xviiie siècle, des maîtres menuisiers qui travaillaient le bois avec un grand talent. Outre les boiseries des églises et des chapelles, il existe encore dans un grand nombre de maisons de la ville, datant des règnes de Louis XV et de Louis XVI, des salons et des salles à manger, dont les panneaux sculptés ne le cèdent en rien aux boiseries de Versailles, de Trianon et des autres châteaux de l'époque, sous le rapport de la grâce du dessin, de la finesse de la sculpture et de l'élégance de la disposition. Celui qui écrit ces lignes se rappelle encore avoir vu dans la maison où il naquit, place Saint-Martin, un salon Louis XVI, qui pouvait soutenir la comparaison avec ce qui subsiste encore en ce genre dans les palais royaux et hôtels princiers de l'époque. La maison a été vendue à la ville en 1860 et démolie par voie d'alignement. Nous avons quelque raison de croire que les boiseries ont été transportées à Paris. Ces boiseries portaient en plusieurs endroits des écussons au chiffre de M. Gensse-Duminy, négociant amiénois, qui avait fait décorer l'intérieur de la maison peu de temps avant la Révolution.

Parossel (*sic*) (1), peintre du dernier siècle, représentant l'Adoration des Mages, ce qui peut rappeler le titre de chapelle de l'Aurore. Les deux statues, de pierre de Tonnerre, représententent Saint Pierre et Saint Paul, nouveau vocable de cette chapelle. La façade au midi est garnie d'un lambris de bois de chêne à corps dorés, dans lequel se trouvent la porte de la sacristie et celle d'un escalier qui conduit au haut de l'église.

On voit dans cette chapelle les fonts qui servent habituellement pour administrer le baptême aux enfants de la paroisse. C'est une assez grande cuve, ou bassin, de marbre d'Italie, de forme ovale, et très élégante, posée sur un balustre de la même matière, mais un peu trop petit pour la masse qu'il supporte. On lit, autour de la cuve, qui est soigneusement fermée, ces mots : *Ces fonts baptismaux et clôture ont été donnés par André Le Seillier et M. François d'Incourt, tous deux marguilliers en l'année 1672.* Ils ont été rapportés de l'église de Saint-Firmin-le-Confesseur, dans la Cathédrale en l'année 1791. Dans cette chapelle repose le Saint-Sacrement qui se porte en viatique aux malades, avec l'Extrême-onction. Il s'y trouve un petit dais pour les accompagner.

Au bas des degrés de cette chapelle, et sur le mur du portail dit de Saint-Honoré, on voyoit le mausolée de M. Pierre Dumas, chanoine et prévôt de cette église, mort l'an 1517.

De l'autre côté de la grande porte étoit celui de M. Jean de Cocquerel, prêtre et chanoine de cette église, décédé en 1521. Il étoit représenté à genoux devant une image de Notre-Dame de Liesse, dont il avoit fondé l'office dans l'église Saint-Jacques, au cimetière Saint-Denys.

Ces deux mausolées gothiques ont été abattus avec quelques autres en 1792.

C'est par cette porte du midi que passent les convois mortuaires des paroissiens de la Cathédrale. Lorsqu'on ne doit pas dire la messe ou le service, on pose le cercueil devant l'autel de Notre-Dame du

---

(1) Gilbert, en décrivant la chapelle de Saint-Pierre et de Saint-Paul, dit que le tableau actuel du retable, représentant l'*Adoration des Mages*, a été peint par Parrocel. Ce tableau porte en effet la signature de Parrocel. Il a été restauré en 1846 par Amédée Dupuy. On sait qu'Etienne Parrocel, né à Paris en 1720, exposa au Salon de 1765, un tableau représentant l'*Adoration des Mages*. Peut-être est-ce ce tableau qui se trouve actuellement à la Cathédrale. — Quelle que soit l'origine de cette peinture, elle laisse beaucoup à désirer sous le rapport de l'exécution. Le fond offre une architecture assez riche, l'Enfant Jésus est gracieux, mais le sentiment religieux manque à la composition ». — *Mémoires de la Société des Antiquaires de Picardie*, t. XV, p. 516.

Puits, qui est dans ce côté de la croisée, et l'on y chante le *Salve* et autres prières d'usage (1).

Après cette porte, on trouve contre le mur, au pied du vitrail faisant face au cloître Saint-Nicolas une clôture de menuiserie correspondante à celle qui est derrière les grands fonts baptismaux ; celle-ci fut faite en 1757, aux frais de M. de Coupel. La porte qui est au milieu donne entrée dans une sacristie pratiquée extérieurement entre deux piliers butants qui soutiennent l'extrémité du bas-côté de la croisée. Dans cette sacristie se plaçoit le confesseur du Chapitre pour entendre MM. les Chanoines, les confessionnaux d'à côté n'étant là que pour la forme ou pour l'usage des laïques. En 1786 on avoit même converti l'un de ces confessionnaux en bureau, où se plaçoit l'officier d'église dit *vinotier* pour distribuer le pain et le vin des messes (2).

Dans l'embrasure de la porte, en face de la chapelle Saint-Pierre, étoit autrefois une grande armoire, servant à resserrer les archives et les ornements de la Confrérie de Notre-Dame du Puits. En 1774, environ, on a ouvert cette porte pour donner entrée au bureau des archives du Chapitre. Depuis la Révolution cette salle sert de logement à un bedeau de l'église ; il y a une autre porte du côté de la cour qui servoit ci-devant de magasin, par où l'on sort dans la rue. C'est par là qu'on passe quand on veut aller dans l'église aux heures où les autres portes sont fermées.

En suivant ce bas-côté de la croisée on voit sur le mur qui le sépare de la chapelle suivante dont l'entrée est dans le bas-côté de la nef, une suite de quatre arcades gothiques en ogive, dont les pierres découpées se terminent en aiguilles et pyramides. Ces arcades contiennent quatre tableaux en relief de pierres sculptées et dorées. Les figures sont des plus bizarres : il y a parmi elles une quantité de diables de différentes formes. Encore plusieurs ont-ils été supprimés et mutilés pendant la Révolution par des gens qui se piquoient

---

(1) Cet usage existe encore à la Cathédrale pour les *présentations*, c'est-à-dire pour l'entrée d'un corps à l'église, sans le chant d'un service funèbre.

(2) La sacristie dont il est ici question, avait été convertie en salle capitulaire ; elle a été récemment détruite, et son emplacement entre deux contreforts, demeuré libre, est fermé par une grille du côté de la rue *Cormont*. — Les boiseries de la porte et les deux confessionnaux sont restés en place à l'intérieur de l'église ; la menuiserie en est fort remarquable et, dans un style tout différent, le travail pourrait soutenir la comparaison, à cause de sa délicatesse, avec l'œuvre des *huchiers* qui *entaillèrent* les stalles du chœur. La même remarque s'applique à la porte qui donnait accès au logement du bedeau, logement également détruit depuis une trentaine d'années. Il faut surtout attirer l'attention du visiteur sur les feuillages des guirlandes qui sont très bien modelés.

d'effacer les diables en laideur et en méchanceté. Comme il y a longtemps que les inscriptions de ces tableaux sont illisibles, nous allons donner le précis de l'histoire qu'ils représentent.

Saint Jacques le majeur, prêchant à Jérusalem, les Juifs chargèrent un magicien nommé Hermogène et son disciple nommé Philète de confondre le saint apôtre par des arguments captieux et par leurs sortilèges et de profiter de la supériorité qu'ils auroient sur lui pour l'étrangler. Hermogène crut qu'il suffiroit d'y envoyer son disciple Philète. Mais celui-ci, au lieu de séduire et d'enchanter le serviteur de Dieu, fut convaincu par lui, et converti à la foi de Jésus-Christ. Philète ayant obtenu son pardon retourna vers Hermogène, lui fit part du succès de sa commission, et voulut lui persuader de se convertir aussi. Hermagène irrité enchanta Philète, et le rendit immobile. Cela étant venu à la connaissance de saint Jacques, il envoya quelqu'un porter son mouchoir à Philète, et sitôt que celui-ci l'eut devant les yeux, il recouvra la faculté de se mouvoir, et s'en alla rejoindre l'apôtre. Hermagène fit des conjurations, et les démons s'étant présentés à ses ordres, il leur enjoignit de lui envoyer saint Jacques, et Philète, bien liés et garrotés. Ceux-ci se laissèrent transporter en la présence d'Hermogène. Mais Philète ayant prononcé le nom de Jésus de Nazareth, leurs liens se rompirent, et les démons abandonnèrent Hermogène. Alors celui-ci crut au Seigneur et demanda pardon à saint Jacques, qui sans doute le baptisa et même l'admit au nombre de ses collaborateurs, car saint Paul dans son épître à Timothée fait mention d'Hermogène et de Philète parmi les chrétiens dont il loua le zèle.

Ce monument a été fait des libéralités de M° Guillaume Aux Couteaux, bachelier en théologie, et chanoine de la Cathédrale, mort le 2 décembre 1511. Nous avons vu que ce même chanoine Aux Couteaux, avoit fait faire une chapelle sous le jubé, et donné le reliquaire contenant le menton de saint Jacques.

Au dessous de ces sculptures, et dans les petites arcades servant de dossiers au banc de pierre, qui est ici revêtu de menuiserie, étoient des tables de marbre sur lesquelles étoient écrits les Privilèges, les noms, devises et années d'exercice des anciens maîtres de la Confrérie du Puits. Elles avoient été données en 1648 par M. Honoré Quignon, avocat et maître du Puits, et Madeleine d'Airaine son épouse. Ces tables étoient ornées d'encadrements en marbre blanc, dont le haut représentait, en sculptures de Blasset, les mystères de la Sainte Vierge,

Ces petits sujets formoient autant de chefs d'œuvre de correction et de délicatesse. A la révolution on avait commencé à casser les couronnes et autres marques de royauté qui faisoient partie de ces sculptures. Bientôt vint le décret qui ordonnoit de faire disparaître les blasons et inscriptions qui pouvoient rappeler la féodalité. Comme à presque chaque ligne de ces tables il se trouvoit des qualifications alors proscrites, on prit le parti de les enlever tout à fait pour éviter qu'elles fussent brisées. On crut également pourvoir à la conservation des sculptures en les transportant avec le reste dans la salle du Chapitre. Mais cette salle étant restée ouverte, ces objets comme moins volumineux se trouvèrent plus exposés. Partie fut emportée, partie fut brisée par les enfants. À l'époque où M. Rivoire écrivoit sa *Description de la Cathédrale* les tables étoient encore dans un magasin attenant à la salle du Chapitre, mais depuis, ces locaux étant occupés pour le service de l'église, ou loués à des particuliers, il est probable qu'on ne trouveroit plus rien, si, comme les circonstances le permettent, on vouloit rétablir dans leur ancienne place ces monuments qui intéressent presque toutes les familles de cette cité. Le P. Daire a transcrit ces listes dans son troisième volume contenant l'Histoire littéraire de la ville d'Amiens (1).

La Confrérie de Notre-Dame du Puits doit occuper une place notable dans l'histoire, soit civile, soit littéraire de la ville d'Amiens. Au civil, parce que ses chefs et ses membres étoient les plus illustres habitants de cette cité; en littérature, à cause de sa constitution académique.

On est assez d'accord que la dévotion à la Sainte Vierge dont il s'agit ici nous est venue de la ville du Puy-en-Velay. Là étoit révérée une image de la Vierge à laquelle on attribuoit divers miracles, principalement celui-ci : elle avoit retiré d'un puits un enfant qui y avoit été jeté par un juif en haine de ce qu'il avoit chanté dans le quartier des Juifs le répons *Erubescat judæus infelix qui dicit Christum ex Joseph semine esse natum.....* On prétend qu'en 1181, sous l'Evêque Thiébault, un pauvre charpentier qui avoit fait le

---

(1) Fort heureusement l'appréhension exprimée par Baron n'était pas fondée; les tables de marbre et les charmants bas-reliefs de Blasset subsistent encore dans leur intégrité, et ce que l'on pourrait avec juste raison appeler le *livre d'or* de la Confrérie du Puy, a repris à la Cathédrale sa place primitive. Cette heureuse restauration a été opérée vers 1840, grâce au zèle et aux soins de M. Ledieu, l'un des fondateurs de la Société des Antiquaires de Picardie.

pèlerinage du Puy-en-Velay, rapporta à Amiens une copie de la figure de Notre-Dame qu'il avoit reçue dans ce pays-là le jour de l'Assomption. A cette époque on sortoit d'un état d'agitation, de querelles et de guerres, des plus pénibles. On attribua à la présence de cette image le retour de la paix dont on commençoit à jouir. En reconnoissance on lui rendit un culte particulier. Les poëtes ou rhétoriciens rendus à leurs nobles occupations se réunirent en confrérie et fondèrent un prix pour celui qui feroit la meilleure ode ou ballade sur le sujet, dit *fatras divin*, proposé un an auparavant en l'honneur de la Sainte Vierge. La grande fête de cette Confrérie avoit lieu d'abord le jour de l'Assomption, en mémoire de ce que la figure avoit été donnée à pareil jour au charpentier qui l'avoit rapportée à Amiens. Mais, par la suite, on trouva que le jour de l'Assomption étoit surchargé d'offices, et on choisit celui de la Purification ou Chandeleur comme étant plus libre. Ce jour de fête, il se dressoit dans l'église un théâtre sur lequel se récitoient les odes ou ballades présentées au concours et toutes composées en l'honneur de la Sainte Vierge. Le lendemain pendant la messe on donnoit une couronne d'argent à celui qui avoit fait la meilleure ballade, et l'auteur couronné étoit reconduit en triomphe par les maîtres de la Confrérie. En vieux langage, l'échafaud ou estrade sur lequel on se plaçoit s'appelloit *Puy*, PODIUM. C'étoit une troisième raison d'appeler la patronne Notre-Dame du Puy. Les anciens n'y regardoient pas de si près pour l'orthographe. Quant aux Rhétoriciens, il ne faut pas croire que c'étoient des écoliers de Rhétorique ; c'étoient des hommes âgés, qui faisoient leur état de la poésie, ou qui prenoient leur plaisir à faire ou débiter des vers, ce qu'on appelloit ailleurs des trouvères, troubadours, ou ménestrels. Il existe une pièce de vers coupée en stances, ayant la date de 1527, intitulée : *Rhétorique sur le feu de meschef advenu au clocher de la Cathédrale d'Amiens* (1). La forme académique primitive de la Confrérie du Puits est constante. Le recueil des poésies couronnées existoit encore au trésor de la Confrérie en 1791. C'étoit un petit in-quarto de vélin, relié en bois, couvert de veau brun ; il a été déposé au district d'Amiens, et l'un des administrateurs qui l'avoit dans son bureau, en a disposé au lieu de le remettre à la Bibliothèque. Un semblable recueil parut si beau à la duchesse d'Angoulême, mère de François 1er, pendant son séjour

---

(1) Cette pièce a été publiée par M. Ch. Dufour, dans le tome XIX des *Mémoires de la Société des Antiquaires de Picardie*.

à Amiens en 1517, qu'elle pria le Corps de Ville de le lui céder, ce qui lui fut accordé (1). Ce recueil sur velin est encore aujourd'hui à la Bibliothèque du Roi. Par malheur, je n'ai vu ni ce volume ni celui qui étoit resté à Amiens, et je ne puis dire lequel étoit l'original ou la copie. Peut-être y avoit-il deux doubles, dont un à l'hôte-de-ville, et l'autre au trésor de la Confrérie. Peut-être ce dernier contenoit-il les pièces postérieures à celles qui étoient dans le recueil donné à la princesse. Beaucoup d'académies de province ont dû leur origine à des Confréries de la Sainte Vierge, et en ont conservé les usages jusqu'au siècle dernier. L'Académie des *Palinods* de l'Immaculée Conception, à Rouen, entre autres, où l'on ne proposoit pour prix de prose que des sujets de morale, et pour prix de poésie les louanges de la Sainte Vierge. L'Académie des jeux floraux, de Toulouse, rétablie dans ces derniers temps, où l'une des fleurs, le lis, est destinée spécialement à une pièce de vers en l'honneur de la Sainte Vierge.

La Confrérie de Notre-Dame du Puits d'Amiens, quoiqu'on en fasse remonter l'origine à l'an 1181, paroit n'avoir été bien formée qu'en 1388, et les premiers réglements écrits datoient du 15 février 1451. La plupart des membres se qualifioient rhétoriciens, mais d'autres notables habitants s'étoient joints à eux. Il paroit, d'après ces réglements, que la fête se faisoit dans l'église de la paroisse sur laquelle demeuroit le Maître du Puits, qui étoit nommé pour un an, et dont l'exercice commençoit le jour de la Chandeleur, fête principale de la Confrérie. Le maître élu donnoit ce jour-là un dîner, pendant lequel on représentoit un mystère. A la fin du repas, il donnoit à chaque confrère un chapeau vert (une couronne de verdure), avec une copie du *Mystère* ou de la pièce. Le lendemain, la couronne d'argent se donnoit à l'auteur de la meilleure ballade, au jugement des rhétoriciens et des anciens maîtres, comme nous l'avons dit. En 1518, Jean de Saint-Delys, écuyer, sieur de Heucourt, maître du Puits, fonda un second prix pour la meilleure ballade après celle qui auroit eu le premier. Le jour des morts, il y avoit encore un prix à distribuer, et l'on portoit au cimetière de Saint-Denys la couronne destinée à l'auteur de la meilleure des ballades qui avoient pour sujet le *Mystère des Trépassés*. Ces prix ont cessé d'avoir lieu en 1685. Pour rendre la charge de Maître du Puits moins onéreuse, il avoit été arrêté qu'aux

(1) Le recueil dont il s'agit a été exécuté *spécialement* pour être offert à la princesse. Il est orné de miniatures représentant inexactement des tableaux du Puy. Il existe encore à la Bibliothèque Nationale.

repas qui se feroient chez le Maître en exercice, chacun payeroit son écot, à l'exception des rhétoriciens forains et des religieux mendiants. En 1488, l'Evêque Pierre Versé fixa cette Confrérie dans la Cathédrale, et le Chapitre permit d'en faire les services journaliers à la chapelle du pilier rouge, et les offices solennels dans la nef, où l'on élevoit un autel portatif richement décoré de l'argenterie et des ornements de la Confrérie. Le jour de Noël, le Maître en charge, après avoir obtenu l'agrément du Chapitre, exposoit dans l'église le tableau qu'il étoit tenu de faire faire pour constater son exercice. Ce tableau y restoit jusqu'à la fin de son année, après quoi le Maître le reportoit chez lui. Le 9 janvier 1493, il fut décidé que les tableaux resteroient dans la Cathédrale. Cet honneur excita l'émulation des Maîtres, qui étoient les gens les plus qualifiés et les plus riches de la ville. C'étoit à qui en fourniroit de plus beaux et de plus grands. Nous avons vu, et nous verrons encore que des Maîtres du Puits avoient donné même des autels et des clôtures de chapelles. Ces monuments s'étoient multipliés au point qu'ils cachoient les beautés de l'architecture de cet édifice, et que leur poids pouvoient faire crouler les piliers. Au mois de février 1723, on arrêta qu'à l'avenir les Maîtres du Puits ne seroient plus autorisés à laisser leurs tableaux exposés à demeure, et on fit disparoître les anciens.

Un autre usage, qui flattoit aussi les confrères, avoit été abrogé l'année d'auparavant. Le jour de la Chandeleur, fête patronale de la Confrérie, une jeune fille, habillée comme la Sainte Vierge, portant un enfant de cire, se rendoit à l'église, accompagnée de deux jeunes garçons, vêtus en anges, dont l'un portoit un couple de tourterelles, ou colombes. Suivie de la famille du Maître en charge, et des confrères, elle assistoit à la messe, alloit à l'offrande, et récitoit quelques vers en présentant les tourterelles au prêtre. Ces cérémonies innocentes et pieuses dans leur origine n'occasionnoient plus que du tumulte et du scandale. L'autorité ecclésiastique devoit les interdire.

Ces réformes refroidirent beaucoup le zèle. Il arriva plusieurs fois qu'on fut neuf et dix ans sans renouveler le Maître du Puits. On n'attacha plus de gloire à ce titre, car depuis 1729 (1), les maîtres avoient cessé de se faire inscrire sur les tables qui contenoient les noms de leurs prédécesseurs. Les services de la Confrérie se faisoient parce qu'ils

---

(1) Le dernier nom inscrit sur les tables de marbre est celui de Marc-Antoine Damiens de Gomiécourt (1729). Le dernier maître en titre fut, d'après le P. Daire, Louis-Charles Caron, imprimeur-libraire (1755).

étoient fondés par des revenus considérables. Les chantres et autres officiers de l'église y étoient exacts parce qu'à chaque service il y avoit distribution de cire et d'argent. Les vieux rentiers et les dévotes ne manquoient pas l'occasion de recevoir leur bougie, sans cela il n'auroit plus été question depuis longtemps de cette illustre confrérie.

Il y avoit bien des années que les curés de la ville avoient cherché à ramener dans leurs églises les paroissiens que l'Evêque Pierre Versé en avoit distrait lorsqu'il avoit fixé la Confrérie de Notre-Dame du Puits à la Cathédrale. Ils avoient établi les confréries de la Vierge qui étoient moins coûteuses et plus à la portée de tout le monde. Mais ils avoient été prévenus par les moines mendiants, lesquels pour consolider leurs établissements avoient érigé dans leurs couvents des confréries sous le titre du Scapulaire, du Rosaire, du Tiers-Ordre, de la Portioncule, etc., avec de belles indulgences. Les Jésuites, venus les derniers, avoient enchéri sur les autres. Ce n'étoit pas une seule confrérie qu'ils avoient dans leur collège; il y avoit trois congrégations : la congrégation des écoliers, la congrégation des artisans, et la congrégation des Messieurs. Les Jésuites ayant été expulsés en 1763, ni les curés, ni les moines mendiants ne purent en profiter. Le goût des confréries étoit passé. Les écoliers préféroient jouer, les artisans aller au cabaret; quant aux Messieurs, tout en conservant leur mépris pour les moines, ils détestoient leurs pasteurs, comme la cause de l'expulsion des bons Pères. Les Messieurs s'enfermèrent chacun chez eux, lurent Voltaire et les autres philosophes, et préparèrent la Révolution qui devoit renverser toutes les Confréries.

Mais pour terminer ce qui regarde celles du Puits, il reste à examiner sa chapelle que nous avons laissée sur notre route, en quittant le pourtour du chœur. Cette chapelle est dans la croisée, en parallèle à celle de Saint-Sébastien, où étoit érigée une autre confrérie. On nomme cette chapelle-ci Notre-Dame du *Pilier rouge*, parce que le pilier auquel elle étoit adossée étoit enduit de cette couleur. Le dessin est conforme à celui de la chapelle de Saint-Sébastien, et s'en distingue seulement par les sujets et personnages qui représentent le tableau et les statues; ces derniers ouvrages sont du célèbre Blasset.

La Sainte Vierge, représentée au haut de la chapelle tirant un jeune enfant d'un puits, avec cette inscription : *Origo Confraternitatis Putei*, forme ce qu'on appelloit un *rébus* dans ce temps-là. C'est Notre-Dame *du Puits*, si l'on considère le *puits* qui est auprès d'elle; c'est Notre-Dame *du Puy*, étant placée sur une élévation, *Podium*, *puy* au sommet de l'édifice. La Sainte Vierge est accompagnée par le haut des deux rois prophètes, ses ancêtres, qui l'ont prédite et célébrée dans leurs écrits : *David et Salomon.* Au bas est encore la statue de Judith, tenant la tête d'Holopherne, emblème de la victoire remportée par la Sainte Vierge sur le démon. En regard étoit la statue d'Esther, qui a obtenu la révocation de l'arrêt de mort qu'Assuérus avoit prononcé contre les Juifs, pour représenter la grâce des pécheurs que la Mère de Dieu ne cesse de solliciter. On voyoit aussi sculptées dans les ornements de cette chapelle le phénix se régénérant sur son bûcher, et des anges portant le soleil et la lune. Le tableau, peint par Francken, peintre flamand, en 1628, représente l'Assomption, qui étoit l'ancienne fête patronale de la Confrérie. La clôture, qui est de marbre noir et d'airain, fut donnée en 1627 par Antoine Pingré, receveur général des gabelles en la province de Picardie, alors Maître du Puits en exercice. Une partie des sculptures a disparu ; on a scié les rayons de la couronne des deux rois, et la statue d'Esther, vêtue en reine, a été renversée le même jour que celle de Saint Louis à la chapelle correspondante. On a mis à sa place une statue de bois provenant de l'église de la Providence. Cette statue représentoit Sainte Geneviève voilée et portant un cierge. Mais, dans une fête révolutionnaire, on a voulu lui faire représenter la Liberté, et pour cela un sculpteur républicain a taillé sa coiffure et lui a mis une chlamyde de carton, ce qui fait qu'on ne sait plus ce qu'elle représente. Cependant comme elle n'étoit ni indécente, ni difforme, on l'a mise à cette place, en attendant qu'on en refasse une autre (1).

En quittant cette chapelle pour continuer à suivre le bas-côté droit de la nef, on voit au pilier vis-à-vis un monument de sculpture en pierre, donné pour tableau par Frère Claude *Piètre* (sic), religieux de Saint-Acheul, desservant une prébende de la Cathédrale pour son abbaye, et Maître du Puits en 1650. Une gaine terminée en cariatide, par une tête de turc bien caractérisée, soutient une plinthe en forme de tombeau, sur lequel sont quatre figures tirées d'un seul bloc de pierre. Le chanoine régulier est représenté à genoux devant un prie-dieu,

(1) Des études très complètes et fort intéressantes sur la Confrérie de Notre-Dame du Puy, considérée au double point de vue littéraire et artistique ont été publiées à différentes époques par nos historiens locaux. Bornons-nous à rappeler à l'attention du lecteur les remarquables travaux de MM. Rigollot et Breuil, insérés dans les *Mémoires de la Société des Antiquaires de Picardie*. M. de Calonne consacre également à la vieille confrérie des pages d'un haut intérêt dans sa belle *Histoire d'Amiens*.

baisant le pied gauche de l'Enfant Jésus, debout sur le prie-dieu et soutenu par la Sainte Vierge. L'Enfant Jésus pose son bras gauche sur la main droite de Saint Claude, Evêque, patron de ce chanoine, qu'il accompagne. On vient de restituer à cette figure la mitre et le haut de la crosse qui avoient été cassés pendant la Révolution. Au haut est un médaillon orné de têtes d'anges et de guirlandes, représentant en bas-relief ou camée sur un fond bleu, l'Enfant Jésus conduit par la Sainte Vierge et Saint Joseph ; au-dessus, le Père Eternel porté sur des nuages, est censé proférer ces paroles, inscrites autour du médaillon : *Hic est filius dilectus meus.*

La première chapelle qui se rencontre dans le bas-côté à droite de la nef est sous l'invocation de Sainte Marguerite ; cette chapelle est une des plus anciennes ajoutées à cette partie de la nef, puisque Guillaume de Mâcon, cinquante-et-unième Evêque d'Amiens, y fut enterré en 1308. Les armes et le portrait de cet Evêque se voyoient encore il y a quelques années sur les vitres de cette chapelle. Le mausolée de Guillaume de Mâcon étoit tout en cuivre émaillé, et l'un des plus riches de cette église. Le tableau d'autel qui représentoit Sainte Marguerite, vierge et martyre, avoit été donné par M. Benoise, abbé de Saint-Salve-de-Montreuil, et chanoine de cette Cathédrale, décédé en 1725. La clôture en bois de cette chapelle avoit été donnée par Jean Boullet, bourgeois d'Amiens, dans l'année 1603.

Cette chapelle a été renouvelée et décorée en marbre en l'année 1768, par les libéralités de M. Pingré, chanoine et écolâtre. La statue en pierre de Sainte Marguerite est assez bien faite, excepté la main droite, qui est comme estropiée. Cette statue et les médaillons de Saint Pierre et de Saint Paul, au-dessus des portes des sacristies, sont de M. Dupuy, qui a donné le dessin de toute la chapelle. Le local étant fort obscur, et les marbres de couleur sombre, cet ouvrage est peu apparent. Avant la Révolution, il y avoit sur ces marbres des ornements en plomb doré. Partie viennent d'être rétablis en bois par M. Duthoit, sculpteur, dont nous avons déjà parlé.

La chapelle suivante porte le nom de Saint Etienne, premier martyr. La table d'autel avoit été donné en 1629 par Augustin Cordelois, chapelain de cette église, et la clôture en 1610 par Louis Devillers. Feu M. François Caron, chanoine, décédé pendant la Révolution, a fait décorer cette chapelle, de 1770 à 1772 (1). Les ornements

---

(1) C'est par erreur que dans l'*Extrait abrégé* qui précède cette notice, la décoration du chanoine Caron a été portée à la date de 1668. — V. p. 36 du présent volume.

principaux ont été rapportés avec art pour former un tout assez agréable. Les fonds sont en stucs, imitation des marbres précieux. Au-dessus de l'autel est un tableau représentant le Trépas de la Vierge. Elle est soutenue par des anges et Jésus-Christ, son Fils, descend sur les nuages pour venir à sa rencontre et la conduire au ciel. Ce tableau est fort beau. Je soupçonne que c'est le même qui étoit au fond du sanctuaire et dont il est fait mention plus haut dans cet ouvrage. En ce cas, le Frère Luc n'auroit fait que copier un tableau de Vouet, dont une autre copie, peut-être même l'original, étoit dans l'église des religieuses du Tiers-Ordre de Saint François, dites *Sœurs Grises*, au bout de la rue Saint-Germain, à Amiens. Les statues de Saint Augustin et de Saint Etienne, assises sur des draperies, au-dessus des portes de la petite sacristie, faisoient partie de l'ancienne décoration, et sont employées dans la nouvelle. On les dit de Blasset, qui auroit cherché en les faisant, plutôt à montrer la légèreté de son ciseau sur les ornements d'église dont ils sont revêtus, qu'à faire preuve de goût et de discernement dans l'expression des figures et l'observation des costumes du premier martyr et du grand docteur.

Rien n'avertit que la tombe de l'Evêque Feydeau de Brou, qui fait partie du pavé, a été rapportée du sanctuaire en cette chapelle. Il est bon d'en prévenir les curieux, qui sans cela ne comprendroient rien l'épitaphe. Le couronnement de la grille ne paroit pas non plus avoir été fait pour la place où il se trouve. C'est dans cette chapelle qu'on dépose le Saint-Sacrement dans l'intervalle du Jeudi au Vendredi-Saint. Pour cet effet, on la décore de riches draperies, et on en fait une chapelle ardente (1).

La troisième chapelle a le titre de Saint Nicolas, dont la figure est

---

(1) Le reposoir du Jeudi-Saint (improprement appelé par la généralité des fidèles, *tombeau* ou *sépulcre*) n'est plus, depuis longtemps, établi dans la chapelle des Saints Etienne et Augustin. Pendant quelques années, on construisait, pour cet usage, un autel provisoire, luxueusement décoré, que l'on adossait au grand portail et qui faisait par conséquent face à la nef centrale. M. l'abbé Dumont, vicaire de Notre-Dame, mort curé-doyen d'Albert, déployait pour cette construction éphémère, toutes les ressources de son imagination décorative, inspirée plutôt par un zèle pieux que par le bon goût. Plus tard, ce reposoir fut placé dans la chapelle de Notre-Dame de Paix (bas-côté septentrional de la nef). Le Chapitre fit alors construire, en avant de la grille, une sorte de portique à trois arcades, en bois sculpté, de style gothique et d'effet assez gracieux, dont l'ensemble rappelait les niches abritant les groupes des clôtures du chœur. L'intérieur de la chapelle était garni de tentures d'un rouge foncé et d'arbustes verts. Il existe une lithographie, maintenant assez rare, éditée par Hacbeoth et qui reproduit cette décoration, imaginée, croyons-nous, par M. l'abbé Dufourmantel, qui après avoir occupé longtemps un vicariat

au couronnement de la grille (1). L'ancienne clôture avoit été donnée en 1666 par François Quignon et Jeanne Véru, son épouse. M. Dufresne d'Hauteville, chanoine et prévôt de la Cathédrale, mort en 1765, a renouvelé cette chapelle. Le lambris de bois de chêne, au pourtour, a été conservé dans sa couleur naturelle. C'est au retable de cette chapelle qu'étoient les figures en marbre blanc représentant ensemble l'Assomption, que nous avons vues à la Petite Paroisse. Ce tableau en marbre, dont l'encadrement est resté ici, avoit été donné par M. François Dufresne, maître de la Confrérie du Puits en 1637, et par Dame Geneviève Cornet, son épouse. Ils l'avoient fait appendre à l'un des piliers de la nef. On l'en avoit tiré pour le mettre en cette chapelle. Les figures ayant été transportées ailleurs, on a mis à leur place une statue de la Vierge en marbre blanc, qui étoit ci-devant au-dessus de l'autel de la Petite Paroisse. Elle est également de Blasset, et l'un de ses bons ouvrages. Sur le socle on lit ces mots :

MICHEL MARTIN A COMPAGNE MARIE.

Ce qui présente deux sens : ou que le donateur étoit assidu à honorer la Sainte Vierge, ou que sa femme, *sa compagne*, portoit le nom de *Marie*. Ces sortes d'équivoques étoient goûtées dans ces temps-là (2).

Le titre de la quatrième chapelle est Notre-Dame du Jardinet, ou de l'Annonciation. La décoration précédente étoit l'une des plus anciennes de l'église, car sur la pierre de l'autel étoit cette inscription en lettres gothiques :

En l'an 1378, fut cheft autel bénit ; le XI d'apvril furent chy mifes reliques de par les Confrères du Jardinet : tous dont étoient Maiftre Robert Le Barbier....

à la Cathédrale, mourut curé de Saint-Pierre à Amiens. En 1853, la chapelle de Saint-Jean-Baptiste-du-Vœu fut choisie pour servir de reposoir au Jeudi-Saint et le reposoir continua à y être établi pendant assez longtemps. Depuis 1894, c'est l'autel de Notre-Dame de Pitié qui reçoit la Sainte Réserve après l'office du *Grand-Jeudi* jusqu'à la messe des présanctifiés.

(1) Cette figurine a depuis longtemps disparu.
(2) Depuis le rétablissement du groupe de l'Assomption dans le cadre de marbre noir, en 1892, la Vierge, offerte par Michel Martin, a été placée sur l'autel de la chapelle des Saints Étienne et Augustin, en avant du tableau attribué au Frère Luc. Elle a l'inconvénient de masquer cette peinture. Espérons que l'on trouvera bientôt dans la Cathédrale un emplacement plus convenable pour cette statue de Blasset, qui sans être un des meilleurs ouvrages du sculpteur amiénois, n'est pourtant pas dépourvue de mérite.

Cette confrérie étoit de la plus haute antiquité ; on élisoit tous les ans, pour maîtres, un procureur et trois marchands, qui étoient forcés d'accepter ces places. On ignore quand cette confrérie a cessé d'exister, mais on n'en avoit plus souvenir à l'époque de la Révolution. La clôture avoit été donnée par François Couvrechef en 1591. On a vu pendant longtemps dans cette chapelle un tableau de la Tentation de Saint Antoine, où paroissoient trois cochons en chape.

Le tableau d'autel, qui existe encore dans cette chapelle, avoit été fait pour la place même, par le célèbre Nicolas Blasset, en 1655. Cet artiste, dont nous n'aurons plus guère occasion de parler, et dont nous ne pouvions faire un plus bel éloge qu'en désignant avec soin tous les morceaux dont il a orné notre Cathédrale, étoit natif d'Amiens, architecte et sculpteur du roi. Les autres églises, et le cimetière commun de cette ville, renfermoient un très grand nombre de ses ouvrages. C'étoit surtout dans l'église de Saint-Firmin-le-Confesseur, sa paroisse, qu'ils étoient multipliés. Etant décédé le 2 mars 1659, il fut inhumé dans cette église, où étoit son épitaphe en marbre noir. Feu M. Bultel, commissaire-enquêteur au Bailliage d'Amiens, allié de la famille de Blasset, à cause des Dames Hémart et Desachy, ses épouses, avoit retiré cette épitaphe dans sa maison, avec d'autres monuments de sa famille, parmi lesquels étoient plusieurs pièces sculptées de ce même Blasset. Mais les lois révolutionnaires ont occasionné la destruction de presque tous ces objets, à cause des armoiries et qualifications qui y étoient attachées.

Le tableau dont il s'agit représente l'Annonciation. Les figures de la Sainte Vierge et de l'Ange, à demi-bosse, en marbre blanc et de grandeur naturelle, forment camée sur un fonds de marbre de couleur. Elles sont surmontées d'une gloire, au centre de laquelle paroit le buste du Père Eternel, donnant la bénédiction, et d'où sort le Saint-Esprit, sous la forme d'une colombe, dirigeant son vol vers la Vierge. Toutes ces figures sont soignées et finies ; la pose en est très naturelle, les draperies sont bien rendues, et les têtes respirent cet air céleste plus difficile encore à exprimer par le ciseau du statuaire que par le pinceau du peintre. L'ensemble rappelle le style de Jean Goujon ; mais toujours la tête de la Vierge est trop petite, ici comme dans les autres statues du même sujet, faites par notre artiste. Cela n'empêche pas que ce ne soit un de ses meilleurs ouvrages. Cependant cette inscription qui se lit sur le socle des figures :

PIÈCE SANS PRIX VIERGE ET MÈRE SANS TACHE

a moins de rapport au tableau qu'à son donateur. En effet, on lit au bas ces mots qui l'expliquent :

VIENT D'ANTOINE PIÈCE MAITRE DE LA CONFRÉRIE DE N. D. DU PUY ET DE FRANÇOISE DE COURT, SA FEMME. PRÉSENTÉS A LA GLORIEUSE VIERGE EN 1655 CENT TROIS ANS APRÈS QUE LE BISAYEUL DU DIT PIÈCE A ÉTÉ MAITRE DE LA MÊME CONFRÉRIE.

Plus bas, on lit sur l'encadrement :

ET VERBUM CARO FACTUM EST.

En 1765, M. Horard, chanoine, faisant décorer cette chapelle à ses frais, replaça le tableau de l'Annonciation sur le retable du nouvel autel, lequel est peint en marbre. Les lambris de bois de chêne, sont restés dans leur couleur naturelle. Pour voir les variations que les arts du dessin ont éprouvées dans l'espace de vingt ans, il faut comparer les lambris et la grille de cette chapelle et de la voisine, qui sont les plus anciennes avec les mêmes objets traités dans les chapelles de Saint-Honoré et de Saint-Firmin, du côté opposé, qui sont les plus récentes (1).

La dernière chapelle à voir dans ce bas-côté droit de la nef est dédiée à Saint Christophe, martyr. Elle a été bâtie par Enguerrand d'Eudin, gouverneur du Dauphiné, mort l'an 1390, dont le cœur étoit enterré dans l'église de Saint-Martin-aux-Jumeaux, qui fut depuis occupée par les Célestins, au Cloître de Saint-Nicolas, près la Cathédrale. Cet Enguerrand d'Eudin avoit fondé une messe quotidienne qu'on sonnoit à la fin des matines, et qui se disoit en cette chapelle pendant laudes. On appelloit cette fondation la messe du *Breton*, et on disoit que ce Breton étoit un chanoine qui avoit été tué par son neveu sous le portail voisin de cette chapelle parce qu'il avoit donné tout son bien au Chapitre. On ne trouve à cet égard aucun document dans les Archives de la Cathédrale, ni aucun monument soit au-dedans, soit

(1) Sur l'autel de la chapelle de l'Annonciation est un édicule en bronze doré abritant la statue miraculeuse de *Notre-Dame de Foy*. Cette image, vénérée autrefois chez les Augustins d'Amiens, a été apportée à la Cathédrale après la Révolution. Elle fut placée d'abord sur l'autel de Notre-Dame de Pitié, puis dans la chapelle Saint-Pierre. Depuis le 8 décembre 1879, Notre-Dame de Foy occupe l'emplacement actuel et reçoit dans cette chapelle les marques de dévotion et de respect de pieux et nombreux fidèles.

au-dehors de cette église. Car la pierre sculptée portant environ un pied au carré qui est au-dessus d'un accottement en briques dans le petit porche n'a aucun rapport au fait dont il s'agit, cette pierre provenant de quelqu'ancien pavé, est mise là au hasard (1). On y voit un homme renversé parce que la pierre est posée sur le côté. La figure est celle d'un homme qui a un genou en terre et les bras levés comme s'il étoit en garde pour faire des armes. Cet homme est vêtu si serré qu'il paroit tout nu. Cela ne ressemble pas à un chanoine, puisque de tout temps les ecclésiastiques ont porté l'habit long. Au xiv° siècle, les chanoines d'Amiens avoient la chape de laine noire sur les épaules et l'aumusse fourrée sur la tête. D'où il suit que la tradition qui s'étoit perpétuée d'âge en âge étoit l'effet de l'erreur ou d'un malentendu.

Cette chapelle avoit une clôture qui, dit-on, étoit très belle, donnée en 1611 par Florent Bellot, contrôleur au Grenier à sel d'Amiens, et Antoinette Blondin, son épouse. Pour se faire une idée de ces portes de clôtures, il faut voir les dessins qu'en a donnés Lepaute dans ses différents recueils gravés. Ce qu'il y a de sûr c'est qu'elles tenoient une place énorme dans l'église et s'opposoient à ce qu'on distinguât rien dans les chapelles. D'ailleurs les autels étoient sur le côté vers le levant. On ne peut disconvenir que les décorations actuelles sont bien préférables. Celle que nous avons ici sous les yeux fut renouvelée en 1762, aux frais de M. Cornet de Coupel, chanoine, tant de fois cité pour sa munificence envers la Cathédrale.

L'image de Saint Christophe par M. Dupuy est assez estimée. C'est la première fois qu'on a vu dans cette ville l'Enfant Jésus assis commodément et avec grâce sur une des épaules du saint, qui peut ainsi pourvoir à la conservation de son fardeau, qu'il regarde naturellement. Les sculptures de cette chapelle qui avoient souffert du vandalisme sont actuellement en réparation (2).

Au-dessus de la porte, dite de *Saint-Christophe*, est l'emplacement d'une chapelle dédiée à Saint Lambert. Elle fut construite vers le commencement du xiv° siècle, des deniers d'Henri Blancpigné, dont la figure est au-dessus de l'autel, de la même façon qu'à l'extérieur de ce portail. Il paroit, par les inscriptions qui existent encore sur les murs, que dans les temps anciens la dévotion des fidèles envers

---

(1) La pierre en question ne peut provenir d'un pavage. La saillie de la sculpture aurait empêché de marcher dessus.

(2) Signalons aux amateurs de sculpture l'élégance des *chutes* de fleurs et de feuillage qui décorent les panneaux de la boiserie de la chapelle Saint-Christophe.

Saint Lambert étoit très considérable. On montoit à cette chapelle par un escalier de pierres fort incommode, placé auprès de la porte, et ou avoit cessé depuis longtemptemps d'y dire la messe. En 1788 on a supprimé l'escalier et construit les murs qui sont aux deux côtés de cette porte, qui a été agrandie. La Révolution étant survenue, on n'a pas exécuté les sculptures qui doivent orner cette clôture, correspondante à celle de la chapelle vis-à-vis : on pourra les exécuter quand les circonstances le permettront.

Au pilier, vis-à-vis cette porte, est le mausolée de M. Antoine Niquet, chanoine de cette église, mort le 23 août 1652. La statue de Notre-Dame des Sept-Douleurs, qui étoit sur ce mausolée, a été mise dans ces derniers temps à la chapelle de Saint-Sébastien, à la place de celle de Saint Louis, renversée par les terroristes. Le chanoine étoit représenté à genoux et lisant dans un livre, aux pieds de cette Vierge, assisté de Saint Antoine et de son cochon, ce qui faisoit dire que le saint reprochoit au chanoine d'être plus bête que son compagnon, de quoi la Vierge avoit pitié. Le pauvre animal a déplu à nos réformateurs ; c'est sans doute par envie qu'ils lui ont coupé les oreilles et le groin. Peut-être lui fera-t-on l'honneur de lui en remettre d'autres, à cette époque de restauration. Sans plaisanterie, ce monument étoit fort beau : les têtes du saint et du chanoine sont bien caractérisées et l'on peut voir que la Vierge a aussi son mérite. Tout cet ouvrage est attribué au célèbre Blasset (1).

Le mausolée gothique qui est vis-à-vis, mérite attention. Le chanoine qui y est représenté aux pieds de Jésus flagellé, et accompagné de Saint Pierre, est Pierre Burry ; c'étoit un homme célèbre dans son temps ; flamand d'origine, il avoit été précepteur des frères Jean et Louis de Gaucourt, deux de nos évêques, morts jeunes, en 1476 et 1482. Il se plaisoit à instruire la jeunesse et a laissé des poésies sacrées en latin et d'autres écrits estimés de ses contemporains. Ce Pierre Burry, chanoine, est décédé le 22 avril 1504, comme le porte l'inscription. Nous mettrons ici les vers latins qui accompagnent son épitaphe, écrite en français :

Ecce fores juxta templi sum conditus antro
Ut videat subiens, det mihi gratus opem.

(1) Quelques personnes croient que la Vierge n'aurait point été destinée primitivement au monument de Niquet, mais remplacerait une autre statue. Les mutilations signalées par Baron ont été réparées depuis longtemps.

Non aurum, non argentum mihi posco misellus,
Sed ferat ut mentis candida bursa stipem.
Hos Burry memores, pia vota, piosque precatus
Fundite ; non alias flagito Petrus opes.

Ce qui veut dire que Pierre Burry a choisi le lieu de sa sépulture près des portes de l'église pour solliciter de la charité de ceux qui entrent non pas de l'argent, mais le secours de leurs prières (1).

Ici finit la description de la Cathédrale d'Amiens; mais il est à propos de terminer par quelques remarques qui n'ont pu trouver place dans cette description.

(1) Une notice très complète et fort intéressante sur Pierre Burry et son tombeau, écrite par M. J. Garnier, a été publiée dans le tome XXII des *Mémoires de la Société des Antiquaires de Picardie*, pp. 75-115.

APPENDICE

APPENDICE

PREMIÈRE SECTION
Epoques historiques et évènements relatifs à cette église

> Plus d'un grand souvenir
> A ces lieux révérés devra longtemps s'unir :
> Des illustres destins qui furent leur partage,
> Ces murs avec orgueil conservent l'héritage.

Le 14 août 1193 fut célébré dans l'ancienne Cathédrale d'Amiens, le mariage de Philippe-Auguste, roi de France, avec Ingelburge de Danemarck. Le 15 du même mois, cette reine y fut couronnée par Guillaume, Archevêque de Reims et Thibault, Evêque d'Amiens. Cette princesse, seconde femme de Philippe-Auguste, fut répudiée peu de temps après sous prétexte de parenté. Dans la suite elle fut reprise par le roi comme sa légitime épouse (1).

Le 12 juin 1329, Edouard III, roi d'Angleterre, rendit hommage, dans la Cathédrale actuelle au roi de France, Philippe de Valois, pour la province de Guyenne. Les rois de Bohême, de Navarre, de Mayorque, y parurent debout auprès du trône de Philippe. Le roi d'Angleterre s'étant présenté, le vicomte de Melun, grand chambellan, lui commanda de quitter sa couronne, son épée et ses éperons, et de se mettre à genoux comme devant son souverain. Le grand chambellan prit alors les mains d'Edouard, les plaça dans celles du roi Philippe et dit : Sire, vous devez hommage lige (c'est-à-dire, de vassal à souverain), au Roi,

---

(1) Dans notre Notice sur les *Evêques d'Amiens*, nous avons écrit (p. 62) que le roi Philippe-Auguste avait épousé, le 14 août 1193, la princesse Ingelburge de Danemark dans la *Collégiale de Saint-Nicolas*. Nous nous étions fié à l'assertion du Dr Goze (*Histoire des rues d'Amiens*, t. III, p. 7). M. le baron A. de Calonne, dans son *Histoire d'Amiens* (t. Ier, p. 183), dit que le mariage de Philippe-Auguste eut lieu le 14 août et le couronnement de la reine Ingelburge le lendemain 15 août 1193, fête de l'Assomption et que les deux cérémonies s'accomplirent dans la Cathédrale. « Deux lettres insérées au *Cartulaire* du Chapitre d'Amiens (t. Ier, pp. 89 et 90)... ne laissent pas le moindre doute et précisent la célébration du mariage à Amiens, *dans l'église Notre-Dame....* » continue le savant historien. Nous sommes heureux de nous ranger à son avis, et de rectifier ici une assertion défectueuse.

mon Seigneur, qui est ici, comme duc de Guyenne et Pair de France, et lui promettez foi et loyauté. Edouard répondit *Voire*, c'est-à-dire : *vrai, vraiment*, du latin *vere*, je le promets (1).

L'Académie d'Amiens avoit proposé pour sujet du prix de poésie à distribuer à sa séance publique de 1814, l'hommage rendu à Philippe de Valois par Edouard III, dans la Cathédrale d'Amiens. Ce prix a été remporté par M. Saint-Albin Berville, avocat, fils du secrétaire général de la Préfecture de la Somme. C'est de la pièce couronnée que sont tirés les différents vers relatifs à cette église que j'ai rapportés en plusieurs endroits de cette description.

En 1385, l'Evêque Jean Rolandi maria dans son église Charles VI et la fameuse Isabeau de Bavière, sur les degrés du chœur et sous les cloches.

En 1412, sous le règne du même Charles VI, un nommé Collart de Bettempont, meunier, étoit propriétaire du *Moulin le Comte* ou *Baudry*, qui existe encore aujourd'hui au bas du Grand Marché, sur le canal dit *Eau des Tanneurs*. Il fit sur les blés une spéculation qui lui réussit mal ; désespéré il se pendit dans son moulin ; par ordonnance de justice, son corps fut traîné sur la claie. Ses biens, qui étoient considérables, et dont ce moulin faisoit partie, furent confisqués au profit du roi. Charles VI, de l'avis de la reine, fit don de ce moulin au Chapitre, en considération de leur mariage célébré dans la Cathédrale. La donation fut faite à la charge d'un obit annuel, et que le meunier présenteroit tant au roi qu'à ses successeurs chaque fois qu'ils feroient leur entrée dans Amiens, un gâteau de fleur de farine, résultant d'un septier de blé, mesure du Chapitre. Ce moulin fut dès lors appelé *Moulin du Roi*. Le nom et les armes de Sa Majesté qui étoient sculptés sur la porte d'entrée, y restèrent jusqu'en 1792. Les gens du Roi au Bailliage et Présidial d'Amiens, étoient obligés d'assister à la messe et au service qui se célébroient pour le repos de l'âme du monarque, et toutes les fois qu'un de nos rois est venu à Amiens, le meunier et son gâteau se présentoient en tête des dons que le Chapitre avoit coutume d'offrir.

(1) Une peinture sur toile faisant partie des collections du Musée d'Amiens, et due au pinceau d'un artiste picard, M. Ch. Porion, représente l'hommage d'Edouard III à Philippe de Valois. Il existe une autre reproduction de la même scène, dessinée par Démarets et lithographiée par Laroche, Amiens, p'ace du Grand-Marché, n° 39. Cette estampe du format in-folio, n'a d'autre mérite que son originalité ; la fantaisie de l'artiste, qui appartenait à l'école romantique, s'est librement donné carrière. La lithographie porte la date de 1835. Nous la croyons assez rare.

Le 11 février 1549, sous le pontificat de François de Pisseleu, et en son absence, Adrien de la Meth, dit de Hénencourt, doyen de cette Cathédrale, y célébra la messe en actions de grâces de la reddition de Boulogne, et reçut les serments d'Henri II, roi de France et d'Edouard VI, roi d'Angleterre, qui s'étoient réunis à Amiens pour jurer la paix qu'ils venoient de conclure.

Je ne crois pas devoir entrer ici dans le détail des souverains françois et étrangers qui ont visité notre Cathédrale. Ces apparitions des grands et les cérémonies qui les accompagnent occupent au moment où elles ont lieu et sont aussitôt oubliées, vu qu'il n'en résulte le plus souvent aucun avantage pour la suite. Il suffira de dire que, soit par curiosité, soit par dévotion, il est peu de princes qui, passant par notre ville, se soient abstenus de semblable visite. Ainsi, le roi Louis XVIII revenant d'Angleterre, accompagné de Madame Royale, duchesse d'Angoulême, du prince de Condé et du duc de Bourbon, s'est rendu le 28 avril 1814 dans la Cathédrale, avec tout son cortège, et y a assisté au *Te Deum* et à la bénédiction du Saint-Sacrement, démarche que Sa Majesté a faite de bon cœur, et qui a paru toucher l'universalité des citoyens.

Le 3 juin suivant, Alexandre I*er*, empereur de Russie, passant par Amiens pour aller de Paris à Londres, ne s'y arrêta point et ne put voir la Cathédrale, que son père, Paul 1*er*, alors grand-duc de Russie, faisant la même route avec la grande duchesse son épouse, sous les noms de comte et comtesse du Nord, avoit visitée au mois de juillet 1782.

Ce même jour, 3 juin, le prince royal, fils aîné du roi de Prusse, ayant dîné à Amiens, où il attendit l'empereur de Russie, alla incognito voir la Cathédrale.

Le lendemain quatre, le roi, son père, et le prince puîné de Prusse étant venus coucher en cette ville, allèrent sur les huit heures du soir à la Cathédrale, où Mgr l'Evêque et le Chapitre les reçurent sans appareil religieux (1).

---

(1) Frédéric-Louis-Guillaume, second fils de Frédéric-Guillaume III, roi de Prusse, était né en 1797 ; il avait par conséquent dix-sept ans en 1814. Il venait de se distinguer à la bataille de Bar-sur-Aube. Le 2 janvier 1861, il succéda, sur le trône de Prusse, à son frère aîné, mort sans enfants. C'est lui qui soutint, contre Napoléon III, la guerre fatale de 1870-71 et qui usa si sévèrement des droits du vainqueur. Proclamé empereur d'Allemagne par les chefs de son armée victorieuse, le 17 décembre 1880, dans le palais de Versailles, il mourut à Berlin en 1888. — Feu mon père, qui était âgé de quatorze ans en 1814, m'a dit avoir été l'un des témoins des visites des souverains alliés à la Cathédrale à cette époque.

E. S.

SECTION SECONDE

Composition du Clergé de la Cathédrale avant la Révolution

On porte à quatre-vingt-trois le nombre des Evêques qui ont gouverné l'Eglise d'Amiens depuis Saint Firmin jusqu'à Messire Jean-François de Mandolx, qui tient aujourd'hui le siège (1). Mais il est possible que le défaut de renseignements dans les temps les plus reculés, ait fait perdre la trace de plusieurs pontifes, notamment entre Saint Euloge, second Evêque, et Saint Firmin le Confesseur, qui est compté pour le troisième, attendu le long intervalle qui s'est écoulé entre ces deux saints prélats. Il faut laisser aux historiens ces discussions inutiles au sujet actuel (2).

L'Evêque donc étoit à la tête du clergé de son église Cathédrale, comme son successeur est aujourd'hui le chef du clergé actuel. Un Evêque pouvoit et peut nommer plus ou moins de grands vicaires à son gré, mais ces grands vicaires n'ont jamais fait partie du clergé de la Cathédrale. Nos Evêques ont pu et du choisir des grands vicaires parmi les chanoines et dignitaires de leur Eglise, mais ceux sur qui ces choix tomboient n'en avoient ni plus ni moins de prééminence dans le Chapitre. La prééminence appartenoit aux dignitaires, seulement pour les fonctions attachées à leur place.

Les dignitaires étoient au nombre de dix, savoir :

1° Le Doyen, chanoine président le Chapitre ;
2° Le Prévost ;
3° Le Chancelier ;
4° L'Archidiacre d'Amiens ;
5° L'Archidiacre de Ponthieu ;
6° Le Préchantre ;
7° Le Chantre ;
8° L'Ecolâtre (3) ;

---

(1) Dans les notices que nous avons publiées en 1878 sur es Evêques d'Amiens, nous assignons le numéro quatre-vingt-deux à Mgr de Mandolx, dans la série de nos premiers pasteurs ; il y a des divergences d'opinion sur le nombre des prélats.

(2) Ce que dit ici Baron sur la succession des Evêques d'Amiens durant les premiers temps de l'Evangélisation des Gaules est très vrai ; la question, fort obscure, ne sera probablement jamais élucidée d'une manière complète et satisfaisante.

(3) On donnait le nom d'*Ecolâtre* (basse latinité *scholaster* de *schola*, école) au chanoine qui dirigeait l'école primitivement annexée à presque toutes les cathédrales. Plus tard, ce chanoine fut chargé d'exercer une surveillance sur les maîtres d'école du diocèse. — En

9° Le Pénitencier (1) ;

10° Le Trésorier, dont la dignité étoit réunie à l'Evêché depuis 1149.

Tous les dignitaires avoient de plus un canonicat.

Il y avoit trois prébendes sacerdotales et une prébende subdiaconale.

Deux chanoines réguliers de l'Ordre de Sainte Geneviève, desservoient les prébendes affectées aux Abbayes de Saint-Acheul et de Saint-Martin-aux-Jumeaux (2).

Vingt-huit chanoines capitulans, et quatre chanoines vicariaux, au lieu de deux qui avoient existé jusqu'en 1782, comme nous l'avons observé relativement à l'épitaphe de M. Cornet de Coupel (p. 148). Ces quatre chanoines s'élisoient au concours et étoient pourvus par le Chapitre, où ils n'avoient pas de voix. Les deux chanoines réguliers étoient présentés par les prieurs des Maisons de Saint-Acheul et de Saint-Martin. Le Doyen étoit élu par ses confrères, à moins que le Pape n'y pourvût par la résignation du titulaire. L'Evêque conféroit le surplus des canonicats et dignités.

Il y avoit soixante-quatre chapelains (3) nommés aussi par l'Evêque, à l'exception de dix dont les bénéfices étoient affectés au service du chœur. Ces derniers étoient amovibles ; le Chapitre conféroit les chapelles à des chantres, musiciens et autres officiers de l'Eglise. Les titulaires étoient tenus à assister et faire leurs fonctions continuellement

---

certains endroits l'Ecolâtre était appelé *Capiscol (Caput scholæ).* — A Amiens, cette dignité, qui, d'ailleurs, était depuis longtemps honorifique, n'a point été rétablie, lors de la reconstitution du Chapitre, après le Concordat. Le dernier Ecolâtre d'Amiens fut le chanoine François Tayot, nommé le 6 mars 1781.

(1) « La charge de *pénitencier*, ou prêtre chargé, dans les églises cathédrales, d'entendre les confessions et d'imposer les pénitences, fut établie par le Concile général de Saint-Jean-de-Latran, en 1215. L'évêque confessait lui-même, avant cette époque, tous les prêtres de son diocèse et même les laïques, pour les cas réservés. L'institution du *pénitencier* eut pour but de le soulager dans l'exercice de ses fonctions. Dans la suite, le pénitencier fut chargé seulement d'absoudre des cas réservés. » Chéruel, *Dictionnaire des Institutions....* t. II, p. 970.

(2) La prébende affectée à l'abbaye de Saint-Acheul avait été fondée par l'Evêque Roricon en 1085. Celle affectée à Saint-Martin-aux-Jumeaux, eut pour fondateur l'Evêque Thierry en 1148. — Daire, *Histoire d'Amiens*, t. II, p. 155.

(3) « L'association des Chapelains était fort ancienne. Le P. Daire (II, p. 181), dit qu'elle fut formée en 1204. Mais il est constant qu'il faut la faire remonter plus haut. Elle ne possédait, croit-on, à l'origine que dix chapelles désignées sous le nom de chapelles de l'ancienne communauté. En l'année 1216, le 2 des nones d'avril, le pape Innocent III confirma les chapelles, au nombre de 12, qui existaient alors. De Court dit que les chapelains, fondés en différents temps, avaient formé diverses communautés, puisque toutes s'unirent sous le nom d'*université* ». — Darsy, *Bénéfices de l'Eglise d'Amiens*, t. I, p. 86.

à peine d'amende et de destitution. Les autres chapelains n'assistoient aux offices qu'autant qu'ils le vouloient, quittès à ne point percevoir les distributions manuelles, qui, en certains cas, étoient destinées aux chapelains qui se trouveroient aux offices ou cérémonies du Chapitre. Il étoit aussi des occasions où un certain nombre d'entre eux, qu'ils étoient tenus de députer, devoient faire des fonctions au chœur, comme aux messes solennelles, aux processions générales, etc.

La réunion des chapelains portoit le titre d'*Université*; ils avoient un Prévost pour les régir, dans l'acquit des fondations et dans la perception des revenus communs. En outre, chaque chapelain avoit sa manse bénéficiale à part, et ses fondations individuelles à acquitter dans la chapelle dont il portoit le titre.

Le bas-chœur actif de la Cathédrale étoit composé de quinze chantres ou musiciens, la plupart chapelains du Chapitre, dont il y en avoit toujours quelques-uns dans l'ordre de prêtrise. Ceux-ci avoient le privilège de régir le chœur aux fêtes de seconde classe, en chape et portant des bâtons d'argent, dont le haut étoit terminé par un marteau (1).

Il y avoit, à l'époque de la Révolution dix enfants de chœur qui avoient été portés à ce nombre définitivement en 1541 (2). Ils vivoient sous la conduite du Maître de musique, dans une maison canoniale du Cloître de l'Horloge (3).

---

(1) Cette sorte de bâtons cantoraux, usitée au moyen-âge, est désignée sous le nom de *bigorne* dans les anciens inventaires; l'étymologie paraît être *bis cornu*, qui a deux cornes.

(2) Dans presque toutes les Cathédrales, les enfants de chœur étaient au nombre de dix ou douze au plus.

(3) Aujourd'hui rue Porion.

SECTION TROISIÈME

Usages antiques et singuliers observés dans la Cathédrale d'Amiens

Comme il y a déjà vingt-cinq ans qu'on n'a vu de chanoine avec l'habit de chœur, il est à propos d'en faire la description.

En été, cet habit n'avoit rien d'extraordinaire. C'étoit le surplis à ailes, l'aumusse (1) et le bonnet quarré. Le Doyen et les deux chanoines réguliers portoient sous le surplis un rochet de toile à manches serrées.

En hiver, l'habit étoit plus compliqué. Les chanoines avoient une soutane fourrée ; ils mettoient dessus un surplis sans manches et sans ailes, appelé *sarot* ; ils portoient la chape de laine : c'étoit un long manteau de serge noire, à queue traînante, qui étoit plissée, attaché autour du col par une ganse et une boucle, sans collet ; il étoit porté sur les deux épaules et ne venoit pas sur le devant ; les deux bords des côtés étoient ornés de demi-lés de velours, noir ou cramoisy, dont on avoit conservé la lisière. Lorsqu'on entroit au chœur, qu'on y marchoit, comme font les chantres (2), qu'on alloit à l'autel ou à la sacristie, qu'on entonnoit l'office, qu'on récitoit une leçon ou une oraison, enfin à quelque cérémonie que ce fût, il falloit avoir la queue de cette chape traînante. Autrement on en rassembloit tous les plis du bas avec un cordon et on la portoit sur le bras gauche de manière à ce que le demi-lé de velours parût au-dessus et en dehors. Le revers des chapelains étoit de damas rouge ; la chape des chantres non chapelains n'avoit pas de revers.

Outre la chape, on avoit un chaperon ou camail, qui avoit quelque rapport avec le camail d'aujourd'hui. Mais la grande différence étoit

---

(1) Aumusse ou Aumuce. Basse latinité *almucia*, du préfixe *al* ou *au*, qui est l'article arabe, et de l'ancien allemand *muzzet*, bonnet. — Dans certaines cathédrales, l'aumusse était portée sur la tête, du jour de Saint-Michel à Pâques, et pendant l'été elle devait être placée sur l'épaule.... Les membres des parlements portèrent l'aumusse. Le souvenir en est resté dans les fourrures que portent encore aujourd'hui les membres des cours souveraines. — *Dictionnaire* Paul Guérin.

(2) D'après les prescriptions du rit amiénois. (prescriptions que l'on retrouverait d'ailleurs identiques, pour cela comme pour d'autres choses, dans nombre d'églises en France) les deux chantres, ecclésiastiques ou laïques, qui, revêtus de chapes, régissaient le chœur, se promenaient, le bâton cantoral en main, entre les rangs du clergé siégeant dans les stalles, à la messe, pendant le *Gloria in excelsis* et le *Credo*, aux vêpres durant le chant des psaumes. Cet usage a été prohibé dans le diocèse d'Amiens lors du retour à la liturgie romaine.

qu'il couvroit la tête et les épaules, étant formé de deux pièces d'étoffe coupées l'une sur l'autre, selon le profil de la tête et du buste, cousues par derrière et de la nuque au front, et boutonnées au-devant depuis la lèvre inférieure jusqu'au bord qui venoit couvrir les mains, de façon qu'on ne voyoit la figure de l'homme que depuis la lèvre inférieure jusqu'au bas du sourcil. La tête ainsi coiffée présentoit le profil d'un ancien casque, avec son cimier, parcequ'on mettoit une baleine au haut de la tête, dans la couture qui assembloit les deux pièces de ce vêtement. La partie du front et des tempes, au-dessus de l'ouverture, étoit garnie extérieurement d'un bord de fourrure, haut d'environ trois doigts, le poil remontant. En général, les Bénéficiers avoient le bord en petit gris, mais les Dignitaires le portoient en peau de lapin ou d'hermine, ce qui les faisoit désigner sous le nom de *Bords-Blancs*. Les chanoines réguliers avoient ce bord en martre brune, comme les prêtres ordinaires (1) et ceux qui n'étoient pas dans les ordres sacrés n'avoient pas de bords au camail. Au bas de l'ouverture étoit un petit passe-poil de velours rouge ou noir, pour que le visage ne fût pas *démangé* (sic), par la laine. La tête du camail étoit doublée de toile noire par la même raison, pour préserver les cheveux. On mettoit aussi sous le camail une calotte de cuir à oreilles. Ce vêtement étoit terminé par le bas quarrément sur le devant, et par derrière en une pointe qui tomboit sur le gras des jambes.

Tout cet accoutrement rappelloit non seulement le costume primitif des chanoines, mais celui des chevaliers et des nobles du commencement de la troisième race de nos rois. En effet, le bord de peau au camail représentoit l'*aumusse* qui se portoit autrefois sur la tête et les épaules. La poche que les chanoines ont aujourd'hui au bout qui est en dehors de l'aumusse qu'ils portent sur le bras, servoit de capuchon. Ces aumusses étoient d'étoffe fourrée, et souvent de pelleterie en dessus et en dessous. Dans l'ancien temps, les laïcs en faisoient usage comme les prêtres. Les premiers l'ont abandonné, et les seconds l'ont conservé, en changeant sa destination.

Quant au camail, nous avons vu que, sur la tête du chanoine, il représentoit bien le heaume des anciens gens d'armes. C'étoit ici, grâce au fanon de baleine engagé dans la couture, qui exhaussoit la forme de la tête, sur le milieu, du front à la nuque. Mais l'emploi du brin (*sic*)

---

(1) Le camail était, en effet, porté durant l'hiver par tout le clergé, et même par le bas-chœur, à la ville et à la campagne.

de baleine et du bougran étoit une addition moderne, et les vieux chanoines du commencement du xviii° siècle la taxoient d'hérésie, comme de porter perruque et de prendre du tabac. Auparavant, le chaperon qui entouroit exactement le crâne, comme une calotte, étoit conforme à son type primitif, la *Cappe* ou le *Capot de mailles*, armure composée d'un tissu de fil de fer ou de laiton qui couvroit la tête et les épaules et laissoit voir seulement les yeux, le nez et la bouche : restant du harnois de maille dont l'homme d'armes étoit couvert de la tête aux pieds, et son cheval pareillement ; on peut voir cette cappe de mailles à quelques statues conservées à Paris, au muséum des Monuments françois ; on en trouve des figures dans le livre des *Monuments de la Monarchie françoise* par Dom Montfaucon. Avant la Révolution, il se rencontroit encore des paysans et des mendiants qui avoient sur la tête et le col, des capuchons de cette forme, en laine tricotée, de couleur brune ou grise (1).

Lorsqu'un chanoine venoit à décéder, c'étoit l'usage de suspendre au devant du jubé, et depuis la destruction de ce jubé, au haut de l'un des deux murs de l'entrée du chœur, une grande nappe sur laquelle étoient accrochés les habits d'église du défunt, tant d'hiver que d'été. Ces vêtements restoient exposés pendant six semaines, après quoi on

(1) Au mois de décembre 1790, l'ancien Chapitre de la Cathédrale cessa d'exister, de même que tous les autres corps capitulaires du royaume. Les chanoines avant de se séparer rédigèrent une éloquente déclaration, adressée aux membres du Directoire du Département, et protestant contre la mesure inique et impie qui venait de supprimer ces vénérables corporations religieuses, chargées depuis tant de siècles du service divin dans les Cathédrales et les Collégiales.

Le 22 septembre 1802, le culte catholique étant rétabli en France en vertu du Concordat passé le 15 juillet 1801, entre le pape Pie VII et le premier consul, le nouvel Evêque d'Amiens, Mgr de Villaret, rétablit à la Cathédrale, avec l'assentiment du gouvernement un Chapitre qui devait se composer de huit chanoines titulaires et d'autant de chanoines honoraires.

Les nouveaux chanoines n'eurent d'abord qu'un costume assez simple; le rochet et l'aumusse les distinguaient seuls des autres prêtres. Plus tard, ils portèrent une mozette noire. Le 18 novembre 1838, Mgr Mioland, Evêque d'Amiens, rendit une ordonnance en vertu de laquelle, à partir du jour de Noël suivant, MM. les chanoines devraient porter la mozette noire de soie en été et de drap en hiver, avec doublures, boutons, ganses et liserés sur les coutures, en cramoisi. MM. les vicaires de la Cathédrale et les autres prêtres qui seront dans le cas d'assister habituellement au chœur, porteront la mozette noire de laine, été et hiver, avec doublure de soie, boutons et ganses noires. MM. les doyens du diocèse, et MM. les directeurs du Grand Séminaire, porteront la mozette noire, de soie en été, et de drap en hiver, avec doublures, boutons et ganses noires, et une bande en petit gris, cousue à la distance d'un pouce des boutons et des ganses (*Actes de l'Eglise d'Amiens*, t. II, p. 675).

En 1853, sur la demande de Mgr de Salinis, le Pape Pie IX accorda aux chanoines les vendoit à l'encan dans la salle du Chapitre, au profit de la Fabrique de l'Eglise Aujourd'hui, on expose encore les habits de chœur d'un chanoine, titulaire ou honoraire, décédé à Amiens Mais le temps de cette exposition dure plus ou moins, suivant les intentions des héritiers, qui retirent ces dépouilles, pour que l'Eglise en profite.

Une espèce d'ornement qui nous est aujourd'hui inconnue, c'est l'*aube parée*. Les officiants, diacres et sous-diacres en portoient. Ces aubes étoient de lin, comme celles dont on se sert encore, mais elles étoient parsemées de fleurs ou autres dessins, brodés en or, argent et soie ; il y avoit au bas, au bout des manches, autour du col et sur le devant de l'amict qui se portoit en capuchon, ce qu'on appelloit des *parements*. C'étoient des bandes de soie conformes pour l'étoffe et la couleur, à la chasuble et à la tunique dont on se servoit pour la fête du jour. Ces bandes d'étoffe étoient brodées comme les orfrois de l'ornement et la plupart du temps il y avoit sur la broderie des personnages. Ces aubes brodées et parées ne se lavoient jamais. En 1500, on avoit encore dans le Trésor de la Cathédrale d'Amiens, l'aube parée de l'Evêque Guillaume de Mâcon, qui étoit mort en 1308. Mais elle étoit si vieille et si malpropre que les Evêques, pour l'usage desquels Guillaume de Mâcon l'avoit laissée, ne vouloient plus s'en servir. On avoit pris le parti de détacher les bandes de ces anciennes aubes, et on les appliquoit aux aubes neuves et blanchies qu'on employoit ordinairement. Mais comme on n'avoit pas fourni de parements neufs quand on avoit remplacé les ornements manquants, ces bandes, flétries et usées, ne pouvoient plus décemment se mettre avec les chasubles et tuniques

d'Amiens le droit de porter sur leurs habits de chœur une décoration suspendue à un large ruban violet, liseré de blanc. Cette décoration consiste en une croix pectorale d'argent, aux branches trilobées ; la croix est émaillée en violet bordé de blanc, avec liserés d'or. Au centre, sur un médaillon bleu, se voient d'un côté un Christ, de l'autre Saint Firmin, en or. Autour du médaillon, sur un anneau en forme d'exergue, se lisent ces inscriptions : autour du Christ, *Capitulo ecclesiæ ambianensis a Pio IX. Concilium Ambianense primum.* Au revers, *Liturgia Romana instaurata. Translatio Sanctæ Theudosiæ.*

Le 12 décembre 1854, la Cathédrale d'Amiens fut élevée par Pie IX au rang de basilique mineure. Les chanoines prirent alors le rochet de dentelle brodée.

Enfin, le 20 avril 1874, une ordonnance de Mgr Bataille, prescrivit aux chanoines titulaires et honoraires, en vertu d'un Bref du Pape, de porter à partir de la fête de la Pentecôte suivante une mozette en soie noire pendant l'été, en drap noir pendant l'hiver, ayant au bas une bande en hermine de cinq centimètres de largeur. Sur le devant une bande en soie violette, de toute la longueur du camail, sur une largeur totale de quatorze centimètres, avec boutons rouges. A droite et à gauche de cette partie violette et la séparant de l'étoffe noire, une bande d'hermine de six centimètres, marquée de trois queues noires, tournées en bas. Doublure en soie rouge, ainsi que les liserés sur les coutures.

fraîches et modernes : on a donc cessé de les employer dans le milieu du xvii⁰ siècle (1).

Parmi les anciennes rubriques de cette Église, on cite les *Épîtres farcies*. Voici en quoi cela consistoit. A la grande messe, les jours solennels, le sous-diacre commençoit la lecture de l'épître du jour. Dès qu'il en avoit lu le premier verset, il se taisoit, et le chœur chantoit une strophe d'une espèce d'hymne en langue vulgaire, qui contenoit l'explication ou la paraphrase du verset qui venoit d'être lu ; et ainsi alternativement le sous-diacre lisoit un verset de l'épître et le chœur chantoit une strophe de son hymne. Mais outre que le style de ce chant étoit devenu ridicule en vieillissant ; que, composé dans des temps d'ignorance, il contenoit probablement des choses déplacées, et allongeoit considérablement l'office, il y avoit déjà plusieurs siècles qu'on avoit cessé de l'employer. Il est à croire que la Prose, en latin *sequentia*, qui se chante aux fêtes solennelles, entre l'épître et l'évangile, est un reste des *farces* ou fournitures, ou les a remplacées (2).

M. Le Sueur, compositeur célèbre, a publié en 1787, une brochure intitulée *Exposition d'une musique une, imitative, et particulière à chaque solennité*. Il y propose d'y faire des offices des différentes fêtes autant d'*Oratorios*, ou chants dramatiques, dont chaque *heure* ou partie de l'office seroit un acte. Et, pour donner une idée de son système, il en a fait l'application à l'office de la nuit et du jour de Noël, et à celui de l'Assomption. Dans le premier il indique l'imitation des concerts des anges, et la marche des bergers se rendant à la crèche, etc. On ne peut douter que M. Le Sueur, élevé dans l'Église d'Amiens en qualité

(1) Les *aubes parées* sont fidèlement représentées sur un grand nombre de monuments du moyen-âge ; on les remarque surtout aux statues tombales ou dalles tumulaires des Évêques et des prêtres, revêtus de leurs habits sacerdotaux. Les exemples en sont trop nombreux et trop connus pour que nous les citions ici.

(2) L'usage de mêler aux textes liturgiques une sorte de commentaire en langue vulgaire, n'était point particulier à l'Église d'Amiens : il existait dans un très grand nombre d'églises au moyen-âge. M. de Cayrol, dans son *Essai sur la vie et les ouvrages du P. Daire*, publié en 1838, donne d'intéressants détails sur les *épîtres farcies* copiées par le P. Daire, sur un manuscrit provenant du Chapitre de la Cathédrale d'Amiens. Au travail de M. de Cayrol, est annexée une notice par M. J. R. sur ces épîtres, telles qu'on les chantait dans les églises d'Amiens au xiiiᵉ siècle. — Quant aux *Proses*, c'est une sorte d'hymne en vers, qui se chante aux messes solennelles, après le graduel et l'alleluia, et qui en est censé la suite, c'est pourquoi dans les missels les proses sont nommées séquences (*sequentia*). On en attribue, mais à tort, l'invention à Notker, moine de Saint-Gall. Il y en eût pour toutes les fêtes et chaque dimanche de l'année, excepté depuis le Septuagésimo jusqu'à Pâques, mais la liturgie romaine n'en admet que cinq, celle de Pâques, celle de la Pentecôte, celle du Saint-Sacrement, celle de la Compassion de la Sainte-Vierge, et celle des messes pour les morts.

d'enfant de chœur, ait eu connaissance des anciennes rubriques de cette Eglise, dont nous allons rendre compte, où le mystère célébré étoit mis en action.

En effet, à la fin des matines de Noël, le diacre alloit en cérémonie porter une figure de cire représentant un enfant nouveau-né dans une espèce de cage, représentant la crèche, laquelle demeuroit suspendue au milieu du chœur pendant tout le temps qui s'écouloit entre Noël et la Purification. A minuit, on alloit à l'adoration du Messie, et on allumoit une quantité de cierges à la crèche. On en a exposé une semblable pendant le temps de Noël dernier, dans l'église succursale de Saint-Remy, de cette ville (1).

Toute la musique qui se chantoit dans l'Avent et les fêtes de Noël étoit sur les airs des cantiques français dits *cantiques nouveaux*, qui ont la plupart plus de quatre cents ans de date. Aujourd'hui, l'orgue exécute encore de ces vieux airs dans les mêmes jours. Mais autrefois les musiciens chantoient en français les cantiques même dans le courant de l'office. Michel Quignon, maître de musique, en avoit introduit l'usage en .... (2); au siècle dernier il n'avoit plus lieu qu'après les laudes. Les musiciens chantoient chaque jour un Noël au lutrin : cela finit entièrement en 1734. Ce ne fut qu'en 1745, lorsque M. de la Mothe réforma le Bréviaire, qu'on abandonna l'usage et la représentation de la crèche.

Le jour des Innocents se célébroit la fête des Fous. Les chantres qu'on appeloit alors vicaires, étoient maîtres, ce jour là, du chœur de

---

(1) L'usage d'établir au temps de Noël une crèche dans laquelle est déposée une statuette de l'Enfant-Jésus, le plus souvent en cire, s'est conservé jusqu'à nos jours dans la plupart des églises et chapelles de la catholicité. Ces crèches sont ordinairement entourées d'arbustes verts et de lumières. Souvent des statuettes représentant la Vierge et Saint-Joseph, et même les mages et les bergers sont placées auprès. Les enfants déposent autour des jouets et des friandises qui sont distribués aux enfants pauvres. A la Cathédrale, la crèche est ordinairement disposée dans la chapelle de Saint-Sauve.

A Rome, à la messe de minuit, l'exposition de l'Enfant-Jésus, du *Bambino*, se fait avec une grande solennité, dans l'église de l'*Ara-Cœli*. Au moyen-âge et même jusqu'à la fin du siècle dernier les crèches étaient quelquefois des ouvrages de ferronerie non dépourvus de mérite artistique. Il y avait tout récemment encore dans l'église d'Hangest-sur-Somme, une crèche en fil de fer, ornée d'arabesques et de rosaces enroulées. Cette crèche se trouvait avant la Révolution dans l'église Saint-Pierre, à Amiens. Une inscription formée de lettres percées à jour dans la tôle, relatait que ladite crèche avait été donnée par Charles Lejeune et Marie Briaut, sa femme, tous deux de la paroisse Saint-Pierre, en 1734. Malheureusement cet objet d'art a été vendu par la Fabrique il y a quelques années à des marchands de curiosité : nous ignorons ce qu'il est devenu.

(2) Date non indiquée dans le manuscrit, et que nous n'avons pu retrouver.

la Cathédrale. Les enfants de chœur, dits alors *petits vicaires*, y présidoient ; un d'entre eux étoit choisi pour évêque, les autres étoient ses officiers, et même ses cardinaux. Le Chapître prêtoit à l'évêque des fous, *stultorum*, les ornements pontificaux laissés par Guillaume de Mâcon Un grand repas pour lequel le Chapître donnoit quarante-cinq livres, terminoit la cérémonie. On n'étoit pas toujours à jeun quand elle commençoit, et l'on sait toutes les extravagances qui s'y faisoient. Cette fête fut abolie vers l'an 1500, par l'Evêque Pierre Versé. Tout ce qu'il en restoit à la Révolution, c'est que le plus petit enfant de chœur battoit la mesure à la messe en musique du jour des Innocents, chantée par ses condisciples seuls. Aujourd'hui, ce sont encore les plus jeunes enfants qui entonnent l'antienne qui se chante en mémoire des Saints Innocents (1).

Suivant les anciens titres de la Cathédrale, la fête des *Fous* se célébroit le jour de la Circoncision, qui n'étoit pas alors le premier de l'an. C'étoit un Pape, que les Chapelains et Vicaires élisoient. Celui-ci nommoit des cardinaux et autres prélats, à l'instar de la Cour de Rome, et parmi les insignes pontificales confiées (sic) par le Chapître, se trouvoient un anneau et un sceau, qui servoient à signer les provisions que le Pape délivroit à ses suppots, qui conservoient leurs titres pendant l'année. Les anciens Papes avoient une place distinguée dans la cérémonie. Du reste, si la fête des Fous étoit différente de celle des Innocents, les raisons de les supprimer étant les mêmes, elles n'ont pas duré plus l'une que l'autre.

Le jour de l'Epiphanie, pendant le *Gloria in excelsis* le bedeau de la paroisse de Saint-Firmin-en-Castillon, vêtu d'une espèce de tunique couverte de feuilles vertes, portant entre ses mains un cierge garni de fleurs, appelé *le petit may de la Confrérie de Saint-Firmin* entroit dans le chœur de la Cathédrale, par la porte collatérale à gauche ; après avoir salué l'autel et le chœur, il prenoit séance dans une des stalles basses devant le Pénitencier, et se retiroit après l'évangile. C'étoit pour annoncer la fête de l'Invention de Saint-Firmin le Martyr, dite vulgairement de *Saint-Firmin l'Amoureux* qui se

---

(1). Les enfants de chœur du Chapître de la Cathédrale sont toujours en possession du privilège d'entonner les principaux morceaux de plain-chant, les antiennes et les psaumes à la messe et aux vêpres le jour des Saints-Innocents. A la Saint-Nicolas, c'est aux enfants de chœur de la paroisse que revient cet honneur : deux d'entre eux remplissent au lutrin les fonctions de chapiers ; ils sont revêtus d'ornements à leur taille. A l'une et à l'autre de ces solennités, un petit régal est offert aux enfants, à l'issue du dernier office de la journée.

célébroit le 12 du mois de janvier (1). Aux premières vêpres de cette fête, pendant qu'on chantoit le répons avant l'hymne, les chanoines alloient quitter leurs habits d'hiver, et revenoient au chœur en surplis comme dans l'été pour assister au reste de l'office tant de la veille que du jour. Alors on découvroit la châsse de Saint Firmin ; l'Evêque ou l'officiant bénissoit le feu nouveau qu'on allumoit devant la châsse dans un grand foyer où l'on mettoit brûler beaucoup d'encens et de parfums. On jettoit du haut de la voûte des fleurs et des oublies, et il étoit prescrit au peuple de faire des acclamations. Le bedeau qui s'étoit rendu au chœur avec la même tunique et le même cierge, distribuoit aux chanoines pendant le *Magnificat* des couronnes de fleurs qui étoient dans un bassin d'argent. Toutes ces pratiques tendoient à rappeler la douce température et l'odeur suave qui s'étoient manifestées lors de la découverte du corps de Saint Firmin ; au point que les champs d'alentour s'étoient couverts de verdure et de fleurs en un instant malgré qu'on fût dans la saison la plus froide de l'année. Mais il y en avoit là plus qu'il n'en falloit pour exciter du tumulte et porter à commettre des irrévérences, d'abord en pillant les fleurs et les oublies qui tomboient de la voûte, et ensuite en courant après l'homme vert dont le rôle se terminoit d'une manière assez désagréable. En effet, si le bedeau de Saint-Firmin-en-Castillon venant en cérémonie de son église à la Cathédrale pour y distribuer des couronnes pouvoit se regarder comme un personnage d'importance, il devoit au retour trouver ces honneurs bien à charge ; car la dévotion attachoit un grand prix aux feuillages dont il étoit couvert, et chacun se piquoit d'en avoir un débris. La distribution devoit s'en faire en rentrant dans la paroisse, vis-à-vis de l'Hôtel de Ville. Mais dans les derniers temps, de peur d'y manquer, on faisoit au carrefour de la rue des Jeunes-Matins et de celle des Verts-Aulnois un batardeau ou un amas de neige qui devoit retarder la marche de l'homme vert et c'étoit dans cette place qu'on mettoit la tunique en pièces et qu'on en pilloit les feuillages. Je laisse à penser si la personne de l'homme vert se sentoit du désarroi de sa tunique et combien il désiroit alors qu'un autre se fut trouvé dans son pourpoint, heureux s'il en étoit quitte pour quelques contusions, sans parler de la boue dont il étoit couvert. C'étoit le cas de lui dire : ce matin tu portois des roses, à présent tu portes du fumier (2).

---

(1) L'Invention des reliques de Saint Firmin eut lieu le 13 janvier ; la fête a été renvoyée au 14, à cause de l'occurence de l'octave de l'Epiphanie.

(2) V. sur les cérémonies de la fête de l'Invention de Saint Firmin, le beau livre consacré par Ch. Salmon au saint patron du Diocèse (pp. 153-155).

Mgr Sabathier et le Chapitre abolirent cette cérémonie le 16 janvier 1727. Le bedeau de Saint-Firmin-en-Castillon eut à se féliciter de ne plus être chargé de représenter l'homme vert. Depuis le nouveau bréviaire le Clergé ne changeoit plus d'habit pour la fête de l'Invention de Saint Firmin, réunie à celle de sa Translation, et fixée au 14 janvier.

Nous avons remarqué en parlant de la Confrérie de Notre-Dame-du-Puits la cérémonie de la jeune fille portant un enfant de cire et suivie de jeunes garçons habillés en anges dont l'un portoit des colombes. C'étoit encore une représentation dramatique qui devoit être abolie et qui le fut en 1722.

Le quatrième dimanche de Carême les vicaires et chantres jouoient sur le parvis le mystère ou scène de Joseph. Cet usage fut abrogé en 1496.

Pendant le Carême, on suspendoit en travers, dans le sanctuaire, un grand rideau qui cachoit l'autel à ceux qui étoient dans le chœur, et on l'entrouvroit à la messe, un peu avant la consécration. A la semaine sainte, ce rideau ne s'ouvroit plus du tout ; le mercredi saint pendant l'évangile, lorsque le diacre chantoit ces paroles de la Passion : *Tunc velum templi scissum est*, des gens préparés faisoient tomber le rideau de la hauteur de vingt-cinq pieds environ où il étoit suspendu à une poutre et on ne le remettoit plus. Ce rideau et l'usage de le faire tomber ont été conservés jusqu'en 1756 environ, époque où l'on ôta les vieilles décorations du sanctuaire, et l'on détacha la poutre où l'on avoit coutume de suspendre le rideau. Cette poutre étoit là depuis trois cents ans, et l'on avoit cru la solidité de l'édifice intéressée à ce qu'elle y restât (1).

L'office du Saint-Sépulcre étoit la représentation du mystère de la Résurrection. Le jour de Pâques entre les matines et les laudes, deux prêtres en aubes, la tête couverte d'amicts, qui les faisoient paroître

---

(1) L'usage de tendre un voile devant le maître-autel pendant le Carême, et de le faire tomber le mercredi-saint durant l'Evangile de la Passion, existait encore à la Cathédrale de Chartres en 1860 ; peut-être même n'est-il pas aboli. — Quant à la poutre transversale enlevée en 1756, elle n'était point spéciale à la Cathédrale d'Amiens ; désignée par les anciens liturgistes sous le nom de *trabes* (du latin *trabs*, poutre); on le trouvait dans le plus grand nombre des églises importantes, abbatiales, collégiales, ou cathédrales ; outre le voile qu'on y accrochait pendant le Carême, ces poutres supportaient durant toute l'année des flambeaux allumés pendant les offices; on y suspendait aussi des lampes. L'usage des *trabes* date des premiers temps du christianisme. Il a été conservé dans l'église grecque ! — V. Du Cange, *Gloss*; Viollet-le-Duc, *Dict. d'Arch.* t. IX, p. 196 ; Viollet-le-Duc signale (*loc. cit.*) les restes d'une *trabes* qui existent encore dans la petite église conventuelle de Saint-Jean-au-Bois, forêt de Compiègne.

voilés comme les saintes femmes, et que pour cette raison on appelloit les *Maries*, se rendoient derrière l'autel de la Cathédrale, l'encensoir à la main, comme pour embaumer le Corps du Seigneur. Ils trouvoient là un coffre où il y avoit seulement un corporal déployé, et feignant l'étonnement des *Maries* accourant dans le chœur, les voiles flottants, agitant leurs encensoirs, ils disoient à celui qui se trouvoit dans la première stalle de chaque côté : *Resurrexit Dominus ; Gaudeamus !* répondoit celui-ci, puis il le disoit de même à son voisin, et la nouvelle paroissoit se répandre de proche en proche. Aussitôt les enfants de chœur représentant les anges, élevant la voix faisoient retentir l'église du chant de l'*Alleluia*. Ce fut encore Mgr de la Mothe qui abolit cette cérémonie qui de son temps se faisoit par l'Evêque assisté des deux archidiacres, lesquels, à la vérité, n'étoient plus accoutrés en Maries, depuis environ 1720. Les vieux chanoines prétendoient que ces démonstrations étoient propres à entretenir la dévotion des fidèles ; il falloit être sourd et aveugle pour ne pas s'apercevoir qu'elles produisoient l'effet contraire (1).

Le même jour de Pâques, aux vêpres, l'une des Maries figuroit encore. Au retour de la procession des fonts, pendant la station dans la nef, on chantoit la Prose *Victimæ Paschali*. A la strophe :

Dic nobis, Maria !
Quid vidisti in via ?

L'archidiacre voilé paroissoit sur le milieu du jubé, assisté de deux enfants de chœur qui avoient aussi la tête enveloppée de leur amict pour représenter des anges. Lorsqu'on chantoit :

Angelicos testes

l'archidiacre étendoit les mains pour indiquer les deux enfants. Ceux-ci aux mots suivants :

Sudarium et vestes

---

(1) Peut-être trouvera-t-on que Baron se montre bien sévère pour les coutumes naïves et les cérémonies un peu étranges qui plaisaient tant à nos pères ; toutefois, il faut convenir que l'affaiblissement de la foi chez un trop grand nombre d'hommes enlevaient à beaucoup de ces vieux usages le prestige qu'ils avaient eu autrefois ; ces cérémonies n'étaient plus considérées que comme un spectacle suranné ; nous croyons donc que l'autorité ecclésiastique a bien fait de les abolir.

déployoient sur la balustrade du jubé un linge sur lequel étoit peint le Corps de Notre-Seigneur. L'ordre de cette cérémonie est expliqué dans un livre anciennement à l'usage du Chapitre, intitulé *Liber Ordinarius* rédigé en 1291 (1). On ignore quand cet usage a cessé ; il est probable que c'est vers la fin du xiv° siècle, lorsque l'on a commencé à chanter la Prose dont il s'agit dans le courant des vêpres avant la procession des fonts. Le linge peint ne s'est pas conservé dans cette Cathédrale. Mais d'après cet usage, qui pouvoit très probablement s'observer ailleurs, il est aisé de concevoir d'où proviennent les Saints Suaires de Bourges et d'autres églises qu'on prétend être ceux dont Notre-Seigneur fut enveloppé dans son tombeau. Les critiques jusqu'à présent ont attribué l'origine de ces Saints Suaires, comme des Saintes Faces et Voiles de Sainte Véronique aux jeux de théâtres religieux nommés *Mystères*. Mais le fait appuyé de preuves que je rapporte ici, peut servir à jeter un nouveau jour sur ces antiquités.

Le jour de la Pentecôte, lorsque l'Evêque ou le doyen entonnoit le *Veni Creator* on lâchoit ordinairement de l'une des clefs de la voûte une colombe ou pigeon blanc qui voltigeoit dans l'église ; on jetoit par la même ouverture et les autres semblables des oublies et des étoupes enflammées en mémoire de ce qu'à pareil jour le Saint-Esprit descendit sur les apôtres en langues de feu. Cette autre occasion de tumulte fut supprimée en 1721 (2).

(1) Conservé à la Bibliothèque communale d'Amiens, sous le n° 184, ce beau manuscrit forme un volume in-folio de 356 ff. à deux colonnes, 28 lignes par page, réglées à l'encre, belle écriture avec initiales de couleur ; la reliure est en bois, couvert de basane, coins en cuivre, quatre bossettes sur chaque plat. Il y avait deux lanières de cuir pour fermoirs : une a été enlevée. « Cet inappréciable volume, dit M. Charles Salmon, dans son *Histoire de Saint Firmin*, est un véritable trésor dont l'impression serait bien à désirer ». On y trouve indiquées avec les plus grands détails, toutes les cérémonies qui s'accomplissaient à chaque fête dans la Cathédrale d'Amiens. On peut, en le lisant, se croire transporté à la fin du xiii° siècle, sous les voûtes encore neuves de notre basilique, et assister aux offices tels qu'ils se célébraient alors. » — La date de la confection du manuscrit est rappelée par les vers suivants :

Annum millenum plus uno dicere plenum
Et ducentenum poteras novies quoque denum,
Scriptor dum Christi finem libro dedit isti ;
Nomen scriptoris libri Theroudus habetur,
Et nomen detur Radulphus compositoris.

(2) La plupart des cérémonies et des usages que Baron vient de décrire, n'étaient point

Le peuple prenant une part très active à la procession du Saint-Sacrement qui se fait le jour de la Fête-Dieu il n'est pas étonnant que dans les temps d'ignorance, il s'y soit introduit des pratiques ridicules, de sorte qu'au lieu d'une cérémonie auguste elle n'ait présenté qu'un amas de scènes dérisoires et scandaleuses. Il y a encore des restes considérables de ces pompes mal ordonnées aux processions qui se font dans les différentes villes de la Belgique et des bords du Rhin, telles que Bruxelles, Gand, Cologne, Aix-la-Chapelle, etc. Ici la plupart des usages répréhensibles de la procession dont il s'agit n'étoient point à imputer à l'Evêque ni au Chapitre de la Cathédrale ; les Corps et Communautés d'arts et métiers de la ville, obligés d'assister à la procession y faisoient porter leurs *Mays* : les Mays étoient des pyramides de bois sculpté peint et doré, terminées par un gros cierge orné de l'écusson aux armes de la Confrérie. Ce cierge étoit entouré d'autres cierges entre lesquels étoient groupés les outils et ouvrages du métier et mêmes des figures mécaniques dont les mouvements représentoient, les travaux de ce même métier. Il falloit plusieurs personnes pour porter ces *Mays*, et de peur que les porteurs ne manquassent, tous les *Maîtres* de chaque communauté entouroient leur *May*, tenant en main des torches ou des bâtons pareils à ceux sur lesquels les porteurs se soutenoient.

Des gens vêtus en prophètes, en apôtres, en rois, en anges, et même en juifs faisoient également partie de la procession et leur marche figuroit quelque mystère.

En tête étoient portées des machines appelées *papoires* (1) qui sembloient poursuivre ceux qui se trouvoient sur la route ; ces papoires étoient dans l'origine les enseignes des peuples barbares qui avoient envahi l'empire romain. Elles représentoient des dragons ou serpents ailés ; c'est le premier type des guidons, qui paroissent avoir fait donner le nom de dragons à l'une des armes de la cavalerie française. Nos *papoires* offroient la figure, en relief de bois et de carton peint, de têtes d'animaux portées au bout d'une perche dans une position horizontale. Tantôt elles alloient la gueule béante, tantôt elles la refermoient et faisoient claquer leurs mâchoires l'une contre l'autre. La partie supé-

exclusivement particuliers à la Cathédrale d'Amiens ; ils étaient observés, avec quelques légères variantes dans la plupart des églises catholiques, en France et à l'étranger ; ils disparurent peu à peu, surtout à partir du xviiie siècle ; mais en nombre d'endroits il en subsiste encore des restes et des vestiges.

(1) Du vieux mot *papoire* paraît être dérivé de celui de *barboire* sous lequel le peuple d'Amiens désigne encore les masques du Carnaval.

rieure de la tête, le crâne et le museau étoient en carton monté sur une carcasse de bois. La mâchoire inférieure étoit une planche assujettie par des charnières de sorte que le menton étant abaissé, la gueule paroissoit ouverte, une corde tenue à cette machoire alloit se tendre dans un anneau qui étoit dans le crâne, et passant par le trou occipital de la figure descendoit dans la main du porteur, qui tenoit la perche : celui-ci en tirant cette corde, fermoit la gueule, et en la retirant la laissoit se rouvrir, de sorte qu'avec un peu d'adresse de la part du porteur de la papoire, il lui faisoit saisir et emporter dans la gueule le chapeau d'un homme qui ne se découvroit pas devant la procession, un pain ou un autre objet qu'un marchand auroit mis à l'étalage, malgré la sainteté du jour. La papoire avoit une langue de laine rouge. Quant au corps et à la queue du dragon ils étoient formés d'étoffes légères tenues par des crochets au col de la tête en bois ; le vent devoit tenir le plus souvent ces étoffes étendues ce qui contribuoit à l'illusion. Les divers scandales commis par les apôtres, les porteurs de mays et de papoires déterminèrent Monseigneur Sabathier à en interdir l'usage par mandement du 14 mai 1727. Restoient douze garçons habillés en anges qui jetoient des fleurs devant le Saint-Sacrement ; on les réforma en 1750. Il ne faut pas croire que ces prétendus anges aient été nus : au contraire, ils étoient très décents et couverts d'aubes, des pieds à la tête. C'est ainsi qu'on représentoit les anges du xiv° au xvi° siècle. Les seuls syndics et égards des communautés assistoient aux processions générales portant les flambeaux où étoient les écussons de leurs confréries, jusqu'à la suppression des jurandes par M. Turgot en 1775. Lorsqu'on rétablit les communautés d'Arts et Métiers, on leur interdit les confréries, et par conséquent les nouveaux maîtres n'avoient plus de rang aux processions.

On voit encore dans nos processions actuelles des restes des momeries anciennes que Messieurs les ecclésiastiques n'ont pas le crédit d'empêcher : ce sont de petits garçons habillés en Saint Jean-Baptiste, de petites filles vêtues en religieuses, que leurs pères, mères ou domestiques trainent ou portent avec une constance des plus niaises ; il y a aussi des étendards tenus par des bambins qui marchent à l'ombre d'énormes chapeaux à plumets, ou traversés de la plus longue rapière qu'on peut trouver. On a beau les faire aller en avant des tambours, qui, pour cause, sont les plus éloignés du clergé ; ces figures grotesques et leurs imbéciles conducteurs, reviennent tous les ans et croient avoir remporté une grande victoire quand ils sont parvenus à usurper le rang qui étoit réservé aux personnes respectables choisies pour décorer la marche et honorer le Saint Mystère, tant il est vrai de dire que pour le vulgaire ignorant, les cérémonies religieuses sont un spectacle sans attrait lorsqu'il n'y a point de rôle : il dit qu'on détruit la Religion dès qu'on le détourne des pratiques superstitieuses (1).

Faute de mémoires je ne dirai rien d'une tradition qui rapporte qu'au jour de l'Assomption une personne représentant la Vierge, tandis que les musiciens crioient à tue-tête *Ascendit ! Ascendit !* fit une culbute très dangereuse d'une machine destinée à la porter au ciel, où le Père Eternel, autre personnage humain, se préparoit à la couronner.

A Paris, c'étoit dans les églises, et par les prêtres et ensuite par les confrères de la Passion que les mystères, moralités et autres pièces de théâtre avoient commencé. Nous avons vu tout à l'heure les vicaires de la Cathédrale d'Amiens jouer sur le parvis la scène de Joseph. Les confrères du Saint-Sacrement furent ensuite chargés de ces exercices réputés pieux, et donnèrent sur ce même parvis leurs représentations auxquelles, sans doute, le Chapitre s'associoit par le prêt des ornements de l'église, puisqu'il trouvoit si simple de prêter à l'Evêque ou Pape des fous les insignes pontificaux de Guillaume de Mâcon.

En juin 1425, pour récréer le régent oncle d'Edouard VI, roi d'Angleterre, appelé alors sur le trône de France, et le duc de Bourgogne qui favorisoit et partageoit cette usurpation, les confrères du Saint-Sacrement représentèrent les mystères de la Passion appelés les *Jeux Dieu*.

Aux fêtes de la Pentecôte de l'an 1459, on représenta la vie de Saint Firmin le Martyr. Dans le mois de juin 1483, les mêmes confrères jouèrent les mystères des *dix mille martyrs* et de *la vie de Saint Nicolas*. On joua *les travaux d'Hercule* en 1568. Je ne puis en dire plus sur ces usages abrogés ; ceux qui suivent subsistoient encore à la Révolution.

(1) Tout ce que Baron dit ici relativement aux usages qui étaient jadis observés aux processions reflète sans doute quelque peu les opinions rationalistes, en faveur de son temps : nous sommes loin de partager la manière de voir des hommes imbus des idées du xviii° siècle, en matière de pratiques et de cérémonies religieuses : nous persistons néanmoins à louer l'autorité ecclésiastique d'avoir supprimé grand nombre de ces coutumes qui pouvaient jadis convenir à la piété sincère et naïve de nos aïeux, mais qui, aujourd'hui ne seraient plus qu'un sujet de risée et de scandale.

Nous avons rapporté à l'endroit convenable une inscription qui constate que quatre Evêques voisins assistèrent Saint Salve à l'invention du corps de Saint Firmin le Martyr. En mémoire de cela, on sonnoit la grosse cloche de la Cathédrale à l'arrivée en cette ville des Evêques de Beauvais, Noyon, Cambrai et Boulogne ; ce dernier représentoit celui de Thérouenne, (sic) dont la ville fut détruite en 1522.

C'étoit à la même invention faite en 687 que devoient leur origine les oblations de cierges de cire jaune pesant chacun cent livres qui se faisoient à la messe de la fête de la Décollation de Saint Firmin le 25 septembre et à celle de son Invention le 12 janvier. Le premier de ces cierges étoit dû par le seigneur de Beaugency-les-Orléans. Simon, seigneur de ce lieu, étant, disent les chartes, à la fenêtre de son château, fut frappé de l'odeur suave qui se répandit dans l'air lorsqu'on découvrit le corps de Saint Firmin, et se sentit guéri de la lèpre dont il étoit attaqué. En reconnaissance, il donna à l'église d'Amiens des propriétés considérables, dont son château faisoit partie. L'Evêque et le Chapitre remirent ces biens aux successeurs de Simon, à condition de payer différents cens et redevances parmi lesquels étoit le cierge dont il s'agit. Ce cierge fut longtemps envoyé par les princes français de la maison d'Orléans-Valois, qui étoient devenus propriétaires de Beaugency. Henri III, l'un d'eux, ayant réuni cette seigneurie au domaine de la couronne en 1589, cette oblation cessa d'avoir lieu. Depuis ce temps on appeloit toujours le seigneur de Beaugency à l'offertoire de la messe de la Décollation de Saint Firmin, et comme il ne paroissoit point, le Baillif des justices de l'Evêque et du Chapitre en dressoit le Procès verbal. A la même occasion le Baillif de Picquigny fit relever sa terre du bras de Saint Firmin, et se constitua le vidame, avoué ou défenseur de l'Evêque. Comme tel il faisoit présenter un cierge par les maitres des stelliers du vidame (ces stelliers étoient les mesureurs d'office des grains en la ville d'Amiens) ; le baron de Boves, le chatelain de Vignacourt, le seigneur du marquisat de Raynoval, faisoient faire la même offrande par leurs baillifs. Le roi faisoit aussi présenter deux cierges de cinquante livres chacun, l'un pour le comté, l'autre pour la Prévoté d'Amiens. Le chatelain de Poix devoit aussi un cierge de cent livres, mais par rapport aux difficultés qui s'étoient élevées pour la préséance, ce cierge étoit présenté particulièrement le jour de l'Invention de Saint Firmin.

Une cérémonie moins imposante excite encore aujourd'hui les regrets des habitants qui l'ont vue cesser à la Révolution. C'étoit une station que le Chapitre faisoit processionnellement dans la nef tous les samedis entre vêpres et complies. On y chantoit le répons *Gaude Maria*... et la prose *Inviolata*, suivie des oraisons d'usage. Les laïques habitués à la Cathédrale s'empressoient de s'y rendre pour voir de près le clergé et entendre les voix des chantres dans le répons. L'habitude étoit si bien établie qu'encore aujourd'hui des personnes viennent aux vêpres du samedi à la Cathédrale. En faveur de cette assistance Messieurs les chanoines font toucher l'orgue, et les chantres s'appliquent à faire de leur mieux. J'ai cru que rappeler ici cet ancien usage ce seroit faire plaisir à mes concitoyens. Puissé-je leur avoir plû également dans toute l'étendue de mon travail sur la Cathédrale, qui, grâce au Ciel se trouve enfin terminé (1).

(1) Cette cérémonie de la Station dans la nef entre vêpres et complies n'était point observée pendant le Carême parce que durant la sainte quarantaine les vêpres sont psalmodiées le matin et on chante les complies après-midi. Après *Inviolata* suivie des versets et oraisons convenables au temps, on chantait, en rentrant au chœur, de la Nativité à la Purification, l'antienne *O beata Infantia*; de Pâques à la Pentecôte, *Regina Cœli*; l'antienne *Joannes* ou celle *Secundum gratiam* étaient chantées pendant le reste de l'année. — On a jusqu'à présent maintenu à la Cathédrale l'usage de toucher l'orgue aux vêpres du samedi, à cause de la solennité du dimanche, dont elles sont le prélude, mais, hélas! les harmonieux accords de l'instrument n'ont plus le privilège d'attirer les *laïques* à un office trop déserté de nos jours, même les dimanches et jours de fête, par ceux qui pourtant passent pour les fidèles de l'Eglise! — A la Cathédrale de Rouen on a conservé la station de l'*Inviolata* le samedi et les veilles de fête. La fondation en a été faite en 1368 par Thomas Le Tourneur, chanoine de Rouen et de Paris, archidiacre de Tournay; elle a été approuvée par le Pape Clément VI. Anciennement, la veille des grandes solennités, l'archevêque présidait la cérémonie; la Station se fait devant une statue de la Sainte Vierge, désignée sous le nom de *Vierge du Vœu* qui surmontait autrefois l'un des deux autels placés sous le jubé, et qui est maintenant à droite de l'entrée du chœur. — A Notre-Dame de Paris, le Chapitre fait aussi, le dimanche, une station analogue devant une image de Marie, appliquée contre le pilier voisin de la porte principale du chœur, du côté du midi. Il est probable que cette coutume a existé ou existe encore dans plusieurs cathédrales.

FIN.

ADDITIONS

ADDITIONS

I

Histoire du Crucifix de Saint Sauve

Ce crucifix, dont il a déjà été parlé, est connu en la ville d'Amiens sous le titre de *Crucifix miraculeux*. Il fut donné dans le vii° siècle par l'Evêque Saint Salve. Il porte six pieds de haut ; il est couvert d'une longue robe qui lui descend jusqu'aux talons, avec une ceinture à l'endroit de l'estomac ; il a une couronne sur la tête ; son visage est doux et en même temps plein de noblesse. — On n'a aucune certitude sur l'origine de cette sainte image. Un dire populaire avance qu'elle auroit été trouvée dans la mer. Tous ceux qui ont parlé de ce crucifix rejettent cette diction. — Un ancien manuscrit, en la possession de M. Devisme, ancien prévôt d'eaux, demeurant dans la paroisse Saint-Michel, porte que ce crucifix avait été travaillé par ordre de l'Evêque Saint Honoré et qu'après la mort de ce prélat il avoit passé à Saint Salve. Tout ce que l'on peut conclure de certain, c'est qu'il y a environ 1200 ans que ce crucifix existe dans la ville d'Amiens et que ce fut Saint Salve qui le donna à l'église Saint Pierre et Saint Paul, qu'il avoit fait bâtir dans cette ville pour la première paroisse, et qu'après la destruction de cette église, il passa dans celle de Saint-Firmin-le-Confesseur, où il fut grandement révéré, sous le nom de Crucifix miraculeux de Saint Honoré, vulgairement appelé Saint Sauve ou Sauveur. L'époque où Saint Salve donna ce Christ à son église, dédiée sous le nom de Saint Pierre et Saint Paul, est dans le courant du vii° siècle, époque à laquelle le saint prélat transféra son siège épiscopal de l'ancienne église de Saint-Acheul en la ville d'Amiens, en laquelle il fit aussi apporter les reliques des saints qui y étoient et qu'il plaça en une chapelle souterraine de cette nouvelle église et il fit mettre le crucifix de Saint Sauve sur la clôture qui séparoit le chœur d'avec la nef, où il resta jusqu'en 1236, que cette église fut démolie pour faire place à la Cathédrale que l'on commençoit à bâtir. — Ce crucifix étoit donc dans l'église de Saint-Pierre et Saint-Paul quand, l'an 1068, l'Evêque Guy fit apporter de Port-en-Ponthieu dans la ville d'Amiens le corps de Saint Honoré, qu'il plaça dans sa Cathédrale. — Une tradition de plus de 600 ans subsiste dans Amiens, jointe aux anciens bréviaires et monuments qui se voient dans la Cathédrale et fait preuve encore aujourd'hui d'un miracle éclatant que l'on prétend s'être opéré par ce saint crucifix au sujet de la châsse de Saint Honoré. On en rapporte ainsi l'histoire, sans cependant en déterminer l'époque, que suivant toute apparence on suppose avoir eu lieu vers le milieu du xie siècle, ainsi qu'il est dit ci-après. — Un jour que l'on portoit en procession la châsse de Saint Honoré, le clergé entra pour faire station dans l'église de Saint-Pierre et Saint-Paul, maintenant Saint-Firmin-le-Confesseur, les fidèles étant pour lors à la messe paroissiale. Ce fut alors que le saint crucifix de Saint Sauve salua d'une inclination de tête les reliques du saint prélat à la vue des assistants qui, voyant ce prodige louèrent le Seigneur par des cantiques de joie pendant que la procession s'en retournoit à la Cathédrale. — Pour transmettre la mémoire de ce miracle à la postérité, le Chapitre de la Cathédrale continua depuis ce temps de venir en procession avec la châsse du saint Evêque dans cette église tous les ans, le jour de la fête. Cet usage a cependant cessé à la réforme de l'ancien bréviaire en l'année 1750, sous prétexte que ce miracle n'étoit pas assez avéré par les auteurs. On prétendit alors ce miracle comme incertain en ce que Bollandus n'en parle pas dans son histoire, où cependant il fait mention de la guérison opérée par les mérites de Saint Honoré dans le cloître, vis-à-vis Saint-Martin-aux-Jumeaux. — D'autres personnes pour prouver l'authenticité du miracle opéré par Saint Sauve, observent qu'il en étoit parlé dans les plus anciens bréviaires et missels d'Amiens, qu'il étoit représenté sur la châsse de Saint Honoré, sur le portail du Midi, sur une vitre en la chapelle de ce saint et qu'on voit dans le trésor de la Cathédrale un crucifix d'argent représentant cet évènement de Saint Sauve.

L'église de Saint-Pierre et Saint-Paul ayant été rebâtie sous le nom de Saint-Firmin-le-Confesseur et achevée à diverses reprises dans les années 1418 à 1474, on plaça le crucifix de Saint Sauve au-dessus du jubé, entre le chœur et la nef, où il resta jusqu'en 1519 qu'il en fut ôté et placé en une tribune sur le grand portail ; au sujet de cette translation, l'Evêque François de Halluin accorda quarante jours d'indulgence. — L'an 1749, cette sainte image fut ôtée de cette tribune pour y placer les orgues et elle fut replacée en une chapelle où elle continua plus que jamais à être révérée du peuple et plus principalement d'attirer la grande dévotion des gens de mer et de rivière tant des environs d'Amiens que des endroits plus éloignés qui y viennent souvent en pèlerinage. Dans la dite année 1749 fut rétablie l'ancienne confrérie sous le titre du Crucifix miraculeux. — L'an 1777, le dimanche 14 septembre, le crucifix de Saint Sauve après avoir été redoré fut porté en procession dans toute l'étendue de la paroisse Saint-Firmin; plusieurs personnes pieuses l'ont porté alternativement avec des matelots venus tout exprès de Saint-Valery pour cette cérémonie; le clergé étoit très nombreux; l'Evêque suivoit cette procession; les rues étoient tendues sur son passage, plus de vingt reposoirs furent faits pour recevoir cette image du Sauveur. Les hortillons construisirent un pont de bateaux sur la Somme pour avoir l'avantage de recevoir dans leurs hortillonnages ce Christ miraculeux. Pour donner plus d'éclat à cette cérémonie les quatre compagnies des Privilégiés étoient sous les armes. Enfin ce Christ après avoir été exposé pendant huit jours consécutifs dans le chœur de la Paroisse à la dévotion et vénération d'un grand concours de fidèles, fut encore porté en procession dans l'église par les matelots. Après la bénédiction du Saint-Sacrement et le *Te Deum* chanté, ce saint crucifix fut remis en sa place. On remarqua que peu de cérémonies religieuses attirèrent une aussi grande affluence de monde que celle qui eut lieu à l'occasion de cette procession.

Manuscrits d'Ach. Machart, t. 2, pp. 113-115 (1).

---

(1) M. Rigollot *(Essai historique sur les arts du dessin en Picardie, — Mémoires de la Société des Antiquaires de Picardie*, t. III, p. 388), trouve beaucoup de rapports entre la tunique des prophètes des fonts baptismaux de la Cathédrale et celle de Saint-Sauve; il croit que la tunique du crucifix serait du XIIe siècle, mais le caractère de la tête et la forme des pieds lui font croire que ces parties ont été refaites à une époque moins reculée.

Il n'est pas douteux que notre Sauveur, selon la coutume romaine, n'ait été crucifié nu. Cependant, par un sentiment de respect et de pudeur, les pasteurs de l'Eglise primitive, exigèrent, selon toute probabilité, qu'il fût représenté vêtu. Pour diverses raisons, qu'il serait trop long d'énumérer ici, on ne représenta qu'assez tard Jésus attaché à la croix. Quelques archéologues pensent que ce serait seulement à la fin du VIe siècle qu'apparurent les premières images du Divin Crucifié. Plus tard, le vêtement qui d'abord couvrait le corps entier, se réduisit à une tunique ou jupon, partant de la ceinture et enfin devint un simple linge, enroulé autour des reins.

Outre le Crucifix conservé à la Cathédrale d'Amiens, il existe encore quelques autres images de Jésus en croix et vêtu d'une longue robe. Bornons-nous à citer celui, objet d'une grande vénération, que l'on conserve dans la Cathédrale de Lucques et qui aurait été, d'après la tradition, sculpté par Nicodème, disciple du Sauveur. En France, dans la

II

Hôtel de la rue Gloriette

Nous croyons intéresser nos lecteurs en leur donnant connaissance de notes sur l'hôtel de la rue Gloriette, où Charles Nodier séjourna pendant quelque temps et où il eut occasion de voir souvent Baron, ainsi que nous l'avons rappelé. Nous devons la communication de ces notes à l'obligeance de M. Robert de Guyencourt, qui habite actuellement cet hôtel.

« La rue Gloriette, ou de la Gloriette, prit son nom des cabinets élégants qu'on pratique ordinairement dans les jardins, et qui existaient dans ses environs. On l'appelait aussi rue de Hardiville, du nom d'un fief voisin ». — Goze, *Histoire des rues d'Amiens*, t. IV, p. 39.

L'hôtel dont il s'agit est situé au n° 1 de cette rue. Il faisait partie au moyen-âge du lieu dit « *la vingne l'Evesque* » et dépendait de l'Evêché. On voit dans les *Anciens usages d'Amiens* de l'an 1300 environ, publiés en 1840 par M. Marnier, sur quelle partie de la ville s'étendait la juridiction de l'évêque : « (le) Hocquet, (le) Riquebourg ? (et) le Vingne l'Evesque... Chest terre l'Evesque, si en appartient à li le justiche en toutes coses ». — Darsy, *Bénéfices de l'Eglise d'Amiens*, t. I, p. 1.

Au XVI° siècle, le chanoine Adrien de Hénencourt, doyen du Chapitre, semble y avoir eu son habitation et y être mort. (Voir à ce sujet une citation du testament du chanoine, faite par Monsieur H. Antoine président de la Société des Antiquaires de Picardie, dans la séance publique du 17 juillet 1887, *Mémoires*, t. XXX. p. 379 (1).

---

chapelle *Saint-Sauveur*, au château de la Bourgonnière (Maine-et-Loire), il y a un grand Christ vêtu et couronné, qui ressemble beaucoup à celui d'Amiens, seulement il est très remarquable que ce Christ est simplement *adossé* à la croix, mais qu'il n'y est point *attaché* par des clous. Il semble que cette figure de Jésus, vêtu d'une élégante tunique et le front ceint d'un diadème, représente la royauté conquise sur le calvaire par l'immolation de l'Homme-Dieu sur la croix : *Regnavit a ligno Deus*. — Cf. Martigny, *Dictionnaire des Antiquités Chrétiennes*, pp. 190-191 ; *Annales archéologiques*, t. XXVI, pp. 138-139 ; *Notes d'Art et d'Archéologie*, 12° année, pp. 25 et suiv., article du R. P. Crosnier S. J., etc., etc.

(1) Voici quels sont les termes du testament d'Adrien de Hénencourt, copiés par M. Antoine sur l'original déposé aux Archives du département de la Somme : « Je donne à mon nepveu Jacques et à son fils Maistre Adrien ma maison et jardin séant à Amyens en la rue que l'on dit Gloriette avec tous les cens que j'ay dans la ville d'Amyens que j'estime valoir cinquante à soixante livres de rentes, pour être incorporez et unis avec la maison

L'hôtel dut passer ensuite à la famille de Lameth, avec tous les autres biens du chanoine.

Quoiqu'il en soit, en 1756, la maison s'appelait encore dans les titres l'Hôtel de Hénencourt. A cette époque il appartenait à François Le Cousturier et à sa fille qui le vendirent à J.-B. Robert Boistel d'Welles.

L'habitation fut reconstruite en 1763 et continua d'appartenir aux Boistel d'Welles jusqu'en 1818. Mais les propriétaires y résidaient peu et la maison fut souvent louée. Elle compta parmi ses habitants le peintre paysagiste, Pierre Thuillier, Sir Herbert Croft, Charles Nodier et lady Hamilton. « Hâtons-nous de dire qu'il ne s'agit point de Lady Emma Hamilton, cette scandaleuse beauté tirée des bouges de Londres, que le caprice sénile d'un ambassadeur éleva jusqu'à lui, qui devint l'idole de la cour de Naples et dont le funeste amour deshonora Nelson, associé par elle aux pires excès de la première restauration napolitaine. Celle dont il s'agit naquit à Edimbourg en 1739. Apparentée aux plus grandes familles d'Angleterre et d'Ecosse, alliée de la maison royale, elle s'était fixée en France..... » Elle vivait, septuagénaire, auprès de sir Croft, dont elle charmait la vieillesse par son esprit fin et délicat ». — Tivier, *Deux années de la vie de Ch. Nodier*, passim.

En 1818 (14 décembre), des religieuses dispersées par la Révolution s'y installèrent. Elle s'appelaient sœur Duneufgermain, sœur Dufour, sœur Duquesnoy. En 1821, elles allèrent demeurer rue du Loup.

et jardin, et que la dite maison et jardin soit toujours et à jamais appelée la maison d'Hénencourt et que toujours celuy qui sera Seigneur de Hénencourt s'il est de mon lignage ait la dite maison et jardin. » — Ce passage paraît bien formel : il est toutefois en contradiction avec d'autres assertions de chroniqueurs et historiens amiénois. Citons d'abord Pagès, (Edit. L. Douchet, t. II, p. 58). Il raconte l'incendie du clocher de la Cathédrale et la panique causée par ce sinistre : « Un chanoine, neveu de M. de Hénencourt, doyen, porta avec révérence la Très Sainte Eucharistie dans la maison de M. son oncle qui demeuroit dans celle qui prend pour enseigne *La Levrette*, derrière l'église St-Michel. » — D'autre part nous lisons dans l'*Histoire des rues d'Amiens* par le Dr Goze, t. IV, p. 21 : La maison du *Blanc Lévrier* occupée par le généreux doyen du Chapitre de N.-D. Adrien de Hénencourt, comprenait, d'après ce qu'on trouve à ce sujet dans les Archives capitulaires, l'espace où se trouvent les maisons n°s 14, 16, et 18 de la rue Neuve (*rue de l'Amiral Courbet*). La noble et ancienne famille de La Meth à laquelle le doyen laissa son riche héritage, devait d'après son testament occuper cette maison ; dans l'avant dernier siècle, une partie fut vendue en 1686 à M. Le Boucher, seigneur d'Ailly-le-Haut-Clocher. La famille Morgan, qui en hérita y fit de grands embellissements et en particulier une très belle entrée au n° 16 (*Hôtel de Madame de Larochefoucauld*). Le n° 14 dont la façade (*style Louis XV*) est très élégante, continua de servir d'habitation à la famille de La Meth. » Cet hôtel appartenait encore dans ces dernières années à Mme la comtesse de Rieucourt, née de La Meth. Il est actuellement habité par M. Degouy, avocat.

C'était le couvent des Clarisses qui reprenait à Amiens son existence d'autrefois. Le 25 avril 1821, les Clarisses avaient vendu leur immeuble de la rue Gloriette à François-Casimir d'Hangest, époux de Caroline-Joséphine Guidé. Ces époux démembrèrent leur propriété en 1832, mais immédiatement elle fut rachetée en totalité par M. Alphonse Fouache d'Halloy, ancien magistrat, chevalier de la Légion d'Honneur, qui y fit diverses améliorations et y construisit des annexes qui furent louées. C'est dans une de ces habitations que mourut Lefort, premier médecin en chef de la marine, sous le premier empire et la restauration.

M. d'Halloy revendit son hôtel le 18 avril 1864 à Madame de Guyencourt, sa sœur, de qui le tient son petit-fils M. Robert de Guyencourt.

La porte principale de l'hôtel était primitivement rue des Cannettes dans le pan coupé qui se trouve à l'angle, sous le marronnier. A l'origine, une seconde porte s'ouvrait rue de Corbie, et une troisième sur le rempart.

La porte principale, d'aspect monumental, a été transportée au centre de la façade de la propriété, rue Gloriette. Démolie et reconstruite avec soin, elle présente encore un beau spécimen de l'architecture de la fin du xviiie siècle. Le chambranle de pierre très bien sculpté, représente une guirlande de lauriers; il mérite particulièrement d'attirer l'attention.

Les salons étaient jadis lambrissés de boiseries sculptées qui ont été rabotées pour permettre l'application de papiers peints de médiocre valeur. Ces boiseries existent encore sous les dits papiers.

Une grange existait dans le jardin de M. Boistel d'Welles : il s'y trouve un platane, dont le tronc à 1 mètre au-dessus du sol mesure 3 m. 90 c. de tour. Il fut planté vers 1760 par M. Boistel d'Welles ; il a donc environ cent quarante ans.

La maison est construite en partie en pierres de Vaux sous Corbie, dont les carrières étaient la propriété des Boistel d'Welles.

TABLE

	PAGES
Avant-propos de l'Editeur.	I à IX
Extrait abrégé sur l'antiquité et les décorations de l'Eglise Cathédrale d'Amiens, tiré d'un manuscrit.	1 à 38
Description de la Cathédrale, par J. Baron, Avertissement.	43
Vers de M. Berville	44
Sommaire de la Description.	45 à 54
Avant-propos de J. Baron	55 à 60
Proportions et mesures de l'édifice	61 à 63
Première partie de la Description. — Extérieur	65 à 92
Seconde partie de la Description. — Intérieur.	93 à 101
Troisième partie de la Description. — Décorations et monuments.	103
Appendice. — Première section : Epoques historiques	215 à 217
— Seconde section : Composition du Clergé	218 à 220
— Troisième section : Usages antiques	221 à 236
Additions. — I. Histoire du Crucifix de Saint-Sauve	239 à 241
— II. Hôtel de la rue Gloriette	242 à 244

www.ingramcontent.com/pod-product-compliance
Lightning Source LLC
Chambersburg PA
CBHW062019180426
43200CB00029B/1913